国家自然科学基金青年项目"企业双元性跨项目基于结构化理论"（项目编号：71502003）

企业跨项目知识转移的影响因素

赵大丽◎著

知识产权出版社
全国百佳图书出版单位

图书在版编目（CIP）数据

企业跨项目知识转移的影响因素/赵大丽著. —北京：知识产权出版社，2017.7
ISBN 978–7–5130–4936–8

Ⅰ.①企… Ⅱ.①赵… Ⅲ.①企业管理—技术转移—影响因素—研究 Ⅳ.①F273.1

中国版本图书馆 CIP 数据核字（2017）第 124637 号

内容提要

鉴于跨项目知识转移对企业业务价值提升的重要性和理论研究的缺口，本书聚焦于研究企业跨项目知识转移的影响因素，并以 IT 服务企业作为调研对象。基于文献回顾结果，本书构建研究模型，采用问卷调查研究和多案例分析方法探索和检验企业跨项目知识转移的多方面影响因素。然后，基于社会认知理论，本书重点探讨组织情境、项目情境和转移主体对企业跨项目知识转移的影响机制，并采用基于问卷调研的大样本实证研究方法对研究模型进行验证。本书对丰富跨项目知识转移理论研究和促进跨项目知识转移实践探索具有重要意义。

责任编辑：江宜玲　　　　　　　　责任校对：谷　洋
装帧设计：邵建文　　　　　　　　责任出版：刘译文

企业跨项目知识转移的影响因素

赵大丽◎著

出版发行：知识产权出版社有限责任公司	网　　址：http：//www.ipph.cn
社　　址：北京市海淀区气象路 50 号院	邮　　编：100081
责编电话：010–82000860 转 8339	责编邮箱：jiangyiling@cnipr.com
发行电话：010–82000860 转 8101/8102	发行传真：010–82000893/82005070/82000270
印　　刷：三河市国英印务有限公司	经　　销：各大网上书店、新华书店及相关专业书店
开　　本：720mm×1000mm　1/16	印　　张：17
版　　次：2017 年 7 月第 1 版	印　　次：2017 年 7 月第 1 次印刷
字　　数：276 千字	定　　价：58.00 元
ISBN 978-7-5130-4936-8	

出版权专有　侵权必究

如有印装质量问题，本社负责调换。

目　　录

第一章　绪　　论 …………………………………………（1）

第一节　研究背景及意义 ………………………………（1）
第二节　研究问题 ………………………………………（5）
第三节　理论基础 ………………………………………（7）
一、企业资源基础观 ………………………………（7）
二、企业能力理论 …………………………………（9）
三、企业知识管理理论 ……………………………（12）
四、社会认知理论 …………………………………（15）
第四节　本书结构 ………………………………………（23）
一、研究内容 ………………………………………（23）
二、研究方法 ………………………………………（24）

第二章　相关研究综述 ……………………………………（26）

第一节　文献综述范围界定 ……………………………（26）
第二节　知识转移影响因素研究回顾 …………………（27）
一、项目情境下的知识转移研究 …………………（27）
二、一般情境下的知识转移影响因素维度分析 …（33）
三、各维度的知识转移影响因素分析 ……………（36）
第三节　一般情境下知识转移的维度与测量 …………（46）
一、知识转移的维度 ………………………………（46）
二、知识转移的测量 ………………………………（48）

· 1 ·

第四节　跨项目知识转移影响因素研究回顾 ……………………… (50)
　　一、跨项目知识转移研究概况 ………………………………… (50)
　　二、跨项目知识转移影响因素研究回顾 ……………………… (54)
第五节　相关研究评述 …………………………………………… (60)

第三章　跨项目知识转移的内涵分析 ……………………………… (63)

第一节　跨项目知识转移的概念 ………………………………… (63)
第二节　跨项目知识转移的关键要素 …………………………… (66)
第三节　跨项目知识转移的类型 ………………………………… (70)
第四节　跨项目知识转移的特征 ………………………………… (73)

第四章　IT服务企业跨项目知识转移影响因素的初步探索 …… (77)

第一节　IT服务企业跨项目知识转移的对象界定 …………… (77)
　　一、IT服务企业跨项目转移知识的类别 …………………… (77)
　　二、IT服务企业跨项目转移知识的特征 …………………… (83)
第二节　研究模型与理论假设 …………………………………… (87)
　　一、研究模型 …………………………………………………… (87)
　　二、理论假设 …………………………………………………… (91)
第三节　问卷调查研究及结果 …………………………………… (96)
　　一、量表开发 …………………………………………………… (96)
　　二、量表内容效度检验 ……………………………………… (100)
　　三、调查问卷设计 …………………………………………… (104)
　　四、数据收集 ………………………………………………… (107)
　　五、数据处理与统计结果 …………………………………… (109)
第四节　案例研究及结果 ………………………………………… (116)
　　一、案例选择与案例背景 …………………………………… (117)
　　二、案例数据收集 …………………………………………… (121)
　　三、案例数据分析 …………………………………………… (124)
　　四、案例研究发现 …………………………………………… (128)
第五节　实证研究综合结果分析 ………………………………… (132)

第五章　IT服务企业跨项目知识转移影响因素的内在作用机理研究 …… (135)

第一节　研究模型与理论假设 …… (135)
一、研究模型 …… (135)
二、理论假设 …… (139)

第二节　量表开发与数据收集 …… (151)
一、操作化定义界定与量表开发 …… (151)
二、量表效度检验 …… (165)

第三节　数据处理与模型检验 …… (191)
一、样本描述性统计 …… (191)
二、测量模型检验 …… (193)
三、结构模型检验 …… (200)

第四节　实证结果分析 …… (207)
一、项目团队因素 …… (207)
二、组织情境 …… (207)
三、项目情境 …… (209)

第六章　研究结论与讨论 …… (211)

第一节　研究结论 …… (211)
一、企业跨项目知识转移影响因素的初步探索结果 …… (211)
二、企业跨项目知识转移影响因素作用机理的研究结果 …… (212)

第二节　理论贡献 …… (215)
第三节　实践意义 …… (217)
第四节　研究局限 …… (223)
第五节　研究展望 …… (224)

参考文献 …… (226)

附 录 ……………………………………………………………（252）

一、IT 服务企业跨项目知识转移影响因素的访谈提纲 ………（252）

二、IT 服务企业内部跨项目知识转移影响因素初步探索
调查问卷 A ……………………………………………………（253）

三、IT 服务企业内部跨项目知识转移影响因素初步探索
调查问卷 B ……………………………………………………（256）

四、IT 服务企业内部跨项目知识转移影响因素内在作用机
理调查问卷 ……………………………………………………（259）

第一章 绪 论

第一节 研究背景及意义

在知识经济时代，知识已成为一种关键资源，对促进企业发展起着至关重要的作用。重视知识并充分利用内部已有知识已成为企业谋求运作效率和市场竞争优势的一种关键途径。在项目型企业，如何有效地利用已有项目积累的知识提高组织的运作效率已日益引起业界实践者的关注。而且，理论研究者和企业实践者的关注焦点正在逐渐发生变化，原来主要关注如何在单个项目内部整合和利用有用知识以提高项目实施效率，现在慢慢转向关注如何依托多个项目、重新整合和再用不同项目产生的有用知识和经验以提高项目实施效率。于是，探索如何将一个项目的有用知识转移和再用到另一个项目的跨项目知识转移的研究话题已经浮现，并引起学者们的关注。

跨项目知识转移的理念早已在项目管理知识体系中得到体现，只是早期尚未被作为明确的概念提出。比如，1997年推出的国际标准ISO 10006明确地将"项目管理经验总结"作为独立的知识模块，美国项目管理协会推出的PMBOK Guide（2008）规定，要将一个项目的范围变更控制的文本存入组织知识库，以备执行组织其他项目所用，等等。其实，不管是项目管理经验总结，还是项目管理经验编码化并进行文本存储，都是为了将一个项目实施过程中的习得知识积累下来，为后续项目选择使用，这实质就是跨项目知识转移。

IT服务企业是典型的项目型组织，为不同的客户提供信息化服务。无论是开发新的软件，还是实施既有的套装系统，IT服务工作多以项目为单位、依靠一定的项目团队来完成。但 IT 服务项目又不同于制造业等传统行业项目，项目团队主要通过整合各种领域知识（包括技术、业务和项目管理等领域）提供 IT 产品或服务。在此过程中，一个 IT 服务项目积累的知识和经验往往是其他项目所需知识的来源。因此，有效地促进跨项目知识转移对 IT 服务企业是非常重要的。举个例子，房地产公司建第一座房子和再建一模一样的第二、第三座房子都需要花 1000 万元和 500 天，而 IT 服务企业设计开发第一个软件系统可能也需要花费 1000 万元和 500 天，但在完成第二、第三个类似的系统时，就不一定都需要投入 1000 万元和 500 天了。一个主要原因是 IT 服务项目是知识密集型项目，不同项目所需的知识存在一定的通用性，有些知识可复用。这些知识包括嵌入在每个 IT 项目实施过程中的各种知识，包括设计知识、开发方法、程序语言等信息技术知识，系统所支持的业务领域知识，项目管理知识，等等（Rus, Lindvall, 2002; Tiwana, 2004）。

知识通用性是企业内部不同项目进行跨项目知识转移的一个重要前提。Disterer（2002）在深入剖析 IT 项目实践后认为，尽管每个 IT 项目解决的都是涉及跨学科知识的新任务，所产生的经验和知识也相应地具有创新性和独特性，但这些经验和知识对 IT 服务企业内部其他项目的成功实施还是非常重要的。比如，第一次使用新软件工具后所掌握的知识、项目需求分析后所产生的洞察商业规则和捕捉市场机会的经验、与企业外部的项目干系人有效沟通的技巧等，这些知识的再用将会大大地提高其他项目的实施效率，并有利于提高 IT 服务企业的市场竞争力。项目通用性知识是指脱离具体项目情境的、具有普适性的、可以被广泛应用的知识（Williams, 1997; 2008）。从某个具体项目实施中提炼出来的"最佳实践"就是典型的通用性知识。在同一个 IT 服务企业中，尽管不同 IT 项目的终端产品不同，但不同 IT 项目的实施程序有其共性之处。比如，每个 IT 项目的实施都要经历项目需求调研、系统设计、系统实施、系统运行与维护等步骤，同一家企业的各个 IT 项目的技术实现手段也很相似，等等。因此，知识通用性是 IT 服务企业进行跨项目知识转移的重要条件和促进因素（Williams, 1997; 2008）。

跨项目知识转移对提高 IT 项目工作效率和成功率具有重要意义。跨项目知识转移有助于企业及时地获取所需要的项目实施经验和知识模板，避免重复创造知识和资源浪费，避免重蹈过往项目发生过的错误，有利于提高项目实施效率和降低实施成本，进而提高项目成功率（Newell et al.，2006）。有经验的人在接收和处理新信息时，会根据他们过去的经验快捷地整合和创造出新知识。调研报告指出，97%的成功项目都是由有经验的项目经理经营出来的（Standish Group，2001）。一个掌握丰富的实施技术经验和管理经验的项目经理，在执行新项目时能够依赖过去的经验确保项目按计划进行并满足预算、功能和质量目标，项目经理经验知识的再用与分享被证实是提高IT项目成功率的一个关键因素（Petter，Vaishnavi，2008）。Landaeta（2008）的实证结果亦表明，跨项目知识转移对提升项目实施能力与绩效具有显著的促进作用。鲁萨克（Prusak，1997）也指出，跨项目知识转移为项目实施团队提供了快速而有效地获取所需知识的渠道，使其能够灵活应对新任务和新问题，因而对于企业管理者尤其具有吸引力。斯卡伯勒（Scarbrough et al.，2004）也认为，在组织内部进行跨项目知识转移与学习是企业提高项目绩效的重要渠道，并通过案例研究证实了这一观点。总而言之，跨项目知识转移有助于IT服务企业敏捷高效地解决项目问题，应对知识经济时代激烈的市场竞争，进而提升企业经济价值。

由于一个组织在某一段时间内往往会同时或先后实施多个同类或不同类的项目，从长远看，在组织内部进行跨项目知识转移更有利于组织知识和能力的积累，进而促进企业成长与发展。根据企业成长理论（Firm Growing Theory），一个企业的成长既有内生动力，也有外生动力。而在内生动力上，彭罗斯（Penrose，1959）认为，将公司日益惯例化的知识释放并再用于其他活动是公司生存和成长的主要原因。安东尼（Antoni，2000）也强调，虽然一个项目的任务和创新性不同于另一个项目，但随着时间推移，跨项目知识转移与学习必然会促进项目管理实践和提升项目实施效果。对IT服务企业而言，跨项目知识转移有助于将知识源项目产生的有用知识释放和再用到知识接受方项目，使知识接受方项目的实施团队无须"重新创造轮子"（Recreate Wheel）就能够及时而有效地获取所需的项目实施知识。更重要的是，知识接受方项目可利用由此节省下来的资源捕捉新的项目机会和开发、挖掘新的项目实施方案，为新一轮的项目工作做准备。随着时间的推移，一次次的跨项目知识转移活动将有助于提高IT服务企业的整体项目实施能力，推动IT服务企业的内生性成长。

此外，IT服务行业是当今知识经济时代的支柱产业。国家高度重视并采取一系列支持政策推动我国 IT 服务市场快速发展。2015 年 7 月，经李克强总理签批、国务院印发的《关于积极推进"互联网+"行动的指导意见》明确提出，"到 2018 年，互联网与经济社会各领域的融合发展进一步深化"。"互联网+"将推动中国 IT 服务步入融合创新服务的新阶段。基于国家政策的大力支持和当前转变经济发展方式的需求推动，近年来，中国 IT 服务行业蓬勃发展。根据一份近期的 IBIS 世界报告，中国 IT 服务产业在过去五年的年均增长幅度为 7.1%，2016 年的市场总额达到 1346 亿美元，比 2015 年的市场总额提升了 5%。❶ 随着 IT 服务企业成长为我国新兴产业的主角并在全球 IT 市场面临激烈的竞争，企业必须思考如何有效地管理项目知识，如何有效地进行跨项目知识转移以快速应对新业务环境的发展变化。

然而，由于项目具有动态性、临时性的特征，作为典型的项目型组织，IT 服务企业的跨项目知识转移面临不少问题。我们通过实地访谈了解到，多家 IT 服务企业都不同程度地存在以下现象：当某个关键项目成员离开时，其所掌握的经验和知识随之流失；当新的项目成员刚加入时，其所面对的是一堆杂乱甚至不一致的资料；某个 IT 项目会重犯其他项目曾经碰到的错误，且往往会投入大量的重复劳动探索解决方案；当项目成员打开组织知识库时，发现里面存储的大多是项目产品知识（如 ERP 系统使用手册），而不是具有借鉴作用的项目实施经验；等等。还有，很多 IT 项目团队存在这样的一种现象，团队成员平时加班加点学习知识，而当项目结束时，团队快速解散，之前的习得知识和经验往往未能得到及时总结，因而不能留为后续项目所用，从而造成严重的知识流失。还有，跨项目知识转移活动的缺失，会导致一个项目的实施团队重蹈其他项目已出现过的问题，并投入大量的重复劳动去探索问题解决方案，而不是去规避这些问题（Newell et al.，2006）。以上这些问题的实质是 IT 服务企业内部没做好跨项目知识转移工作，而这往往是 IT 项目难以高效实施的一个制约因素。

综上分析，很有必要关注 IT 服务企业跨项目知识转移及其促进和制约因素。因此，本书将对 IT 服务企业跨项目知识转移的影响因素及其影响路径进行研究，此研究将具有一定的理论和实践意义。

---

❶ https://www.ibisworld.com/industry/china/it-services.html.

在理论上，首先，据我们所知，对 IT 服务企业跨项目知识转移影响因素的研究，在国内外属于比较前沿的研究课题，明显有别于以往文献聚焦于对单个软件项目内部知识转移的影响因素的研究。其次，本课题在初步探索 IT 服务企业跨项目知识转移多维度影响因素之后，以社会认知理论为依据，深入地研究组织情境和项目情境如何通过影响项目团队认知进而影响跨项目知识转移的内在机理。而已有研究大多只是较为简单地探索知识特征、主体因素、转移方式和转移情境等对跨项目知识转移的直接影响关系。最后，本课题将注重分析知识源项目团队和知识接受方项目团队的因素分别对跨项目知识转移的不同影响效应，这是以往研究很少关注到的。因此，本课题将有助于丰富跨项目知识转移影响因素的理论研究。

在实践上，首先，本课题对 IT 服务企业跨项目知识转移的影响因素及其影响路径所做的研究将有助于增强软件企业管理者对跨项目知识转移成效机理的理解。其次，本课题研究得到的跨项目知识转移的关键影响因素及其作用机理将能够给软件企业选择合适的多项目知识管理机制（如项目团队人员配备、制度管理等）提供借鉴。最后，本课题同时考察知识源项目团队和知识接受方项目团队的因素对跨项目知识转移的影响关系的思路，将为软件企业兼顾这两方项目团队因素开展项目知识管理实践提供有益的启发。

第二节　研究问题

知识转移的研究起源于技术转移的研究，由提斯（Teece）于 1977 年首次提出。鉴于其在促进知识应用与创新、人员能力提升和组织绩效提升等方面的重要作用，近十几年来，知识转移已引起学术界和企业界的广泛关注。目前对知识转移的研究已不少，分析单元涵盖个人之间、团队之间、组织之间等多个层面（Alavi, Leidner, 2001），内容包括知识转移的过程、方式、影响因素等。其中，对知识转移影响因素的实证研究，逐渐扩展到 IT/IS 领域。这些研究有的聚焦分析知识转移的某个影响因素，如知识特征（Zander, Kogut, 1995）、关系情境（Kostova, 1999）等，有的同时研究了知识特征、知识源和知识吸收方特征、转移活动和转移情境等因素，并且，这些多维因素逐渐构成了比较成熟的知识转移影响因素理论研究的集成框架（Szulanski，1996，2000；Cummings，Teng，2003；Ko et al.，2005）。国内学者也大多采用集成框架研究 IT 项目实施过程中的知识转移影响因素问题（徐青，2006；谭大鹏，等，2005）。

然而，现有研究主要聚焦于发生在单个 IT 项目内部进行的知识转移的影响因素（Ko et al.，2005；Joshi et al.，2007），对跨项目情境下的知识转移，更多地分析了其内容、过程和方式等。比如，Fitzek（1999）分析了跨项目知识转移的过程及其涉及的多个维度，包括组织维度、知识维度、人员维度和工具维度；Björkegren（1999）分析了组织内部跨项目知识转移的内容对象及过程；索德奎斯和普拉斯塔克斯（Soderquist，Prastacos，2002）研究了不同新产品开发项目之间的隐性知识转移问题；纽维尔等（Newell et al.，2006）研究了跨项目知识转移的方式，比较分析了基于信息通信技术的方法和基于社会网络的方法对跨项目知识转移的有效性。

对于跨项目知识转移的影响因素，总体而言，现有的研究状况和不足可归纳为以下几个方面：从研究内容看，现有文献所研究的跨项目知识转移影响因素较为零散，其中对项目相关因素（如时间紧迫性）和嵌入其他因素中的显著"项目化"（Projectised）特征（Meo et al.，2010）的研究很少。从研究情境看，中国情境下的跨项目知识转移实践必有其自身规律，但现有文献多基于其他国家的 IT 项目实践而展开实证研究，很少对中国 IT 服务企业跨项目知识转移的影响因素进行深入的分析和探索。从研究层面看，现有文献对个人层面跨项目知识转移的影响研究较多（Petter，Vaishnavi，2008；Petter，Randolph，2009），对团队层面跨项目知识转移的研究很少。从研究关注点看，现有文献大多笼统地分析某些因素（如治理机制）会影响某一情境下的跨项目知识转移，但很少区分知识源项目团队和知识接受方项目团队并做比较分析（如尚未分别研究知识源项目团队采用的知识治理努力和知识接收方项目团队采用的知识治理努力）。从研究方法看，关于跨项目知识转移影响因素的现有文献或采用主观推理方法，但各因素的影响关系及其作用大小无法得到验证；或采用案例分析方法，但所分析的跨项目知识转移影响因素较为零散；或采用定量实证方法，但往往未能深入揭示形成各因素之间关系的背后原因。因此，有必要综合使用定量检验与案例研究的方法，系统地研究跨项目知识转移的各影响因素的内在关系。

综上分析可知，对中国 IT 服务企业跨项目知识转移的影响因素展开深入研究具有实践探索的需求和理论研究的必要。针对目前对我国企业跨项目知识转移研究还主要停留在定性的理论演绎分析、研究结论实用性较弱的情况，有必要对跨项目知识转移进行深入的实证研究，以揭示企业跨项目知识转移实践规律。本书采用基于问卷调查的定量检验和基于访谈的案例分析相结合的方法，以国内 IT 服务企业为调研对象，深入研究企业跨项目知识转移的影响因素，以深化对这些因素影响机理的理解，并提高研究结果的实践应用价值。具体而言，主要探索以下两个研究问题：在我国 IT 服务企业内部，可能影响跨项目知识转移的因素主要有哪些？这些因素对 IT 服务企业跨项目知识转移的影响路径如何？

第三节　理论基础

本研究涉及的理论基础主要有企业资源基础观、企业能力理论、企业知识管理理论和社会认知理论，下面对这些理论进行阐述。

一、企业资源基础观

企业资源基础观（Resource – Based Theory，RBT）作为企业战略管理理论之一，认为企业是资源的集合体，解释企业如何通过内部资源的获取、配置、使用以便持续保持竞争优势的问题。对于"资源"一词，最初提出者彭罗斯（Penrose，1959）侧重于关注"生产型资源"，认为企业是"生产型资源"的集合体，这些资源包含物质资源（厂房、装备、土地、原材料等）和人力资源（一线员工、管理层、工程师等）。后来，沃纳菲尔特（Wernerfelt，1984）将资源界定为"企业所拥有的、有形的和无形的永久性资产，如品牌、内部的技术知识、技能型员工、贸易关系、机器、高效率的程序和资本等"；巴内（Barney，1991）认为企业资源是"一个企业所控制的、并能够用于制定、执行改进效率和效能之战略的所有资产、能力、组织过程、企业特性、信息和知识等"。

企业资源基础观建立在一定的理论假设之上。在竞争优势理论中，波特

(Porter，1980）假设处在同一产业的企业是没有区别的，它们拥有同样的资源，因而可以实施同样的企业战略；即使企业资源具有异质性，但这种异质性因为资源的高度流动性而不可能长期存在（Barney，1986）。与竞争优势理论不同，企业资源基础观提出的假设是：①不同企业拥有的各种有形和无形的资源具有异质性，资源在企业间是不可流动、难以复制的；②资源的异质性能够持续存在，是企业获取持久竞争优势的根源，原因是异质的企业资源不是完全流动的、具有不可模仿性。如果企业资源完全流动，不同企业获取资源的壁垒或门槛不复存在，那么一个企业的成功战略就会立即被竞争对手复制，从而丧失竞争优势地位。但由于企业资源实际上是一系列资源的组合，因而不同企业几乎不可能存在完全相同的资源组合。资源的流动性往往也受到合约约束、信息缺乏、定价困难等多重因素的限制。可以看出，与竞争优势理论相比，企业资源基础观的理论假设更为接近现实，更强调基于资源异质性发展持续的、不可复制的企业竞争优势。

根据企业资源基础观，要维持企业的持续竞争优势，企业资源必须具有战略性，并不是所有资源都能带来这种竞争优势。企业战略性资源必须具备四个特征：价值性、稀缺性、不可模仿性和不可替代性（Barney，1991）。价值性体现为企业拥有的资源可被用于制定和执行企业战略、提高工作的效率和效能。稀缺性是指一个企业拥有的资源是其他企业所没有的，否则，资源即使再有价值，一旦为大部分企业所拥有，它就不能为企业带来竞争优势。巴尼（Barney，1991）指出，资源的价值性和稀缺性能够为企业带来竞争优势，但不能确保这些优势是否能够持续，要带来持续的竞争优势，资源还需要具备不可模仿性和不可替代性。不可模仿性指企业资源的历史条件独特、它与企业持续竞争优势之间的因果性模糊，同时具有社会复杂性。不可替代性指企业资源难以替代，不存在一种既可复制又不稀缺的替代性资源，否则，这些不同资源可用来制定和执行相同的战略，就不能带来竞争优势。

综上所述，企业资源基础观聚焦于企业内部所拥有的资源，认为企业的持续竞争优势来源于对其内部各种战略性资源的配置和高效利用。对于知识密集型的IT服务企业，知识是典型的战略性资源，根据企业资源基础观，对这些知识资源进行高效的配置和利用，将有利于IT服务企业提高项目成功率和市场竞争力。因此，企业资源基础观对研究IT服务企业跨项目知识转移与再用问题具有重要的启发意义。

二、企业能力理论

彭罗斯（Penrose，1959）认为，尽管战略性资源能够给企业带来竞争优势，但这还不够，企业需要拥有特殊的能力以更好地利用这些资源。能力是指企业配置资源以达到特定目标的过程性能力，可以随着企业资源间的复杂作用而发展。因此，随着企业资源基础观的发展，能力作为一种"资源"日益受到广大研究者的关注。作为企业资源基础观的延伸，企业能力理论也得到较好的开发和发展，其中，核心能力理论和动态能力理论最具影响力。

（一）企业核心能力理论

1990年，普拉哈拉德和哈默（Prahalad，Hamel，1990）在《哈佛商业评论》上发表的关于企业核心竞争力的研究被理论界视为核心能力理论的里程碑。这两位学者首次提出了核心竞争力的概念，认为这是一种"能使企业为顾客带来特别利益的一类独有的技能和技术"，是企业通过有效整合内外部资源、要素、技能而获得的、独特的关键性能力，这种能力可使企业保持持续竞争优势、获得稳定超额利润。

与将厂房、设备、人力资源等作为基本分析单元的传统企业资源基础观不同，企业核心能力理论分析的基本单元是核心能力。核心能力是企业拥有的最主要的资源，它从本质上把企业能够承担和进行内部处理的各种活动界定清楚，其储备状况决定企业的经营范围，特别是决定企业多元化经营的广度和深度。因此，企业核心能力理论分析对象的最小单元是反映企业本质的核心能力，而非企业组织以及企业组织内部"物"的因素、规则因素。

企业核心能力理论与传统企业资源基础观亦具有相同之处，前者延承后者的基本假设。因此，能够给企业带来持续竞争优势的核心能力必须具备价值性、稀缺性、不可模仿性和不可替代性。企业核心能力理论还认为，企业在本质上是各种能力的综合体，而"能力是组织中的累积性学识（Learning），特别是关于怎样协调各种生产技能和整合各种技术的学识"，是企业长期积累和学习的结果，其发展具有明显的路径依赖性。正因为如此，核心能力的积累、保持和运用是企业保持持续竞争优势的决定因素（Prahalad，Hamel，1990）。

核心能力对企业持续竞争优势的具体作用机制，是企业拥有的核心能力使企业能够比竞争对手更加卓有成效地从事生产经营活动和解决各种难题，从而不断带来企业的竞争优势。换句话说，核心能力是企业保持持续竞争优势的源泉，而积累、保持和运用核心能力是企业的长期根本性战略。

可以看出，与传统企业资源基础观相比，企业核心能力理论已将企业持续竞争优势的来源定位于整合各种资源的能力，并强调能力的持续积累特征。然而，企业核心能力理论也存在一些不足。比如，企业核心能力理论隐含地假设核心能力是静态的、固定不变的，是对历史事件的总结归纳，并未深入讨论核心能力对企业未来竞争优势的预测情况，忽略了核心能力的动态演变。而基于企业内部历史事件发展得到的核心能力容易陷入"核心刚性"，往往使企业无法适应新环境的变化，这时企业的核心能力就会阻碍企业发展（Lieberman, Montgomery, 1988; Leonard Barton, 1992）。而这些主要与该理论延承企业资源基础观的假设有关。

(二) 企业动态能力理论

为克服企业核心能力理论的缺陷，理论界提出了企业动态能力理论。其实，早在20世纪50年代，彭罗斯就提出了企业能力动态发展的观点，认为企业在经营中开发的"未被充分利用的能力"（Underutilized Capabilities）是一种不断发展的能力，这种能力对于扩展企业规模、决定企业边界起到至关重要的作用，也为企业进行多样化经营提供了可能（Penrose, 1959）。后来，劳伦斯和洛施（Lawrence, Lorsch, 1967）提出了对资源的"整合能力"（Integrative Capabilities）概念，阿密特和休梅克（Amit, Schoemaker, 1993）则隐含地提出"动态"的能力，他们认为："能力是配置资源的才能，通常采用与组织的流程相结合的方式来实现一个预期的结果……这种能力可被视为企业内部所产生的一种中间产品，能提高资源使用效率或者提供战略柔性。"也就是说，该概念不是明确的动态能力，但实际上已包含了动态能力。此外，也有其他学者提出相近的能力概念。

提斯等人（Teece et al., 1997）提出了较为完整的动态能力理论框架，对动态能力的概念进行更具可操作性的界定，并分析了其内涵。他们将动态能力定义为企业整合、建立以及重置各种企业内外部能力以适应环境快速变化的能力，强调能力的动态性，即企业不断更新内部和外部的组织技能、资源和功能性能力等方面的能力对于应对外部环境不断变化的至关重要性。再后来，有学者（Subba Narasimha，2001）从组织知识的视角来界定动态能力的概念，认为组织其实是一个知识的集合体，而动态能力是组织知识的一种特殊属性，这种属性体现为一种产生变革的能力，用以应对动荡的环境。

提斯等人（Teece et al.，1997）还深入分析了动态能力的内涵，提出动态能力具有如下四个特征：①开拓性。企业动态能力是改变企业内外部能力的能力，其不仅基于企业特有的组织惯例，重点更是在于克服能力惯性的创新和开拓上。而这种进行创造性创新的能力正是企业获得持续竞争优势的坚定基础。②开放性。动态能力理论强调建立从企业外部吸纳知识的特殊能力，以避免能力的"核心刚性"，相对应地，动态能力是企业整合了内部知识与外部资源与知识的产物。这与强调企业能力内部化积累的企业资源基础论和企业核心能力论有很大的不同。③复杂性。企业的经营管理流程与外部动态环境均具有明显的复杂性，基于此二者发展起来的动态能力必然具有复杂性。④难以复制性。能力嵌入企业业务流程中，加上能力包含隐性知识，因而涉及内部结构的模糊性和与企业业务流程的相互关联性。当企业内某些经营管理流程发生改变，就会相应地引起其他流程的改变，而嵌入经营管理流程中的企业能力也就相应地发生复杂的、系统性的变化，此时，动态能力就难以复制。还有，知识产权保护、商业秘密、企业风格等因素，也是竞争对手难以模仿的。

从上面分析可知，企业能力理论对本研究主要具有几点启发作用：首先，知识是静态的，要有效发挥作用，需要企业员工（如技术人员）具备对其整合、配置、使用等能力。在当今的知识经济时代，组织员工的这种能力已成为企业的一种核心能力。这种能力在跨项目知识转移过程中体现为企业员工进行跨项目转移、分享、吸收、利用知识的能力。显然，根据企业能力理论，这种能力是企业跨项目知识转移有效开展乃至企业发展的核心要素。其次，随着时间的推移，一个又一个项目之间的知识转移在使已有项目知识得到再用的同时，还能促进知识整合和新知识产生。这赋予项目知识一种动态成长属性，进而有助于作为知识集合体的企业组织形成动态能力。因此，企业能力理论对本书研究企业跨项目知识转移及项目团队认知能力在其中的影响作用具有重要的启发作用。

三、企业知识管理理论

从上面分析可以看出，多位学者在提出动态能力理论时，或多或少论及知识与知识学习在企业发展动态能力和形成竞争优势过程中的作用。动态能力的形成主要根源于知识，知识创造与生成的动态过程也是动态能力的演变过程。也就是说，企业的知识是决定企业能力强弱和企业获得持续竞争优势的关键资源。与其他资源相比，企业成功越来越依赖于企业所拥有的知识资源。因此，如何管理好企业的知识资源，如何利用企业所拥有的知识为企业发展动态能力和保持竞争优势显得更为重要，也是企业面临的一大挑战。

（一）知识基础观

企业知识基础观视角将企业战略性资源的探讨转移到组织的知识资源，强调通过对企业知识本质的深入思考来认识竞争优势来源。著名的管理学家彼得·德鲁克对知识基础观有丰富的论述，认为在知识社会，能够创造经济价值的基本资源不再是资本，或自然资源，或劳动力，而是知识，现在是，将来也是（竹内弘高，野中郁次郎，2005）。知识基础观强调知识是组织的基础性资源，企业所拥有的内部知识和所能获取的外部知识是企业构筑动态能力的基础，进而是企业获取竞争优势的真正根源。企业通过整合和应用内外部相关知识及相关资源，创造新知识、形成新能力、获取新市场机会、带来产品和服务的新附加价值，也即形成动态的竞争能力，以持续获取竞争优势（Kogut，Zander，1992；Nonaka，1994；Grant，1996）。换句话说，持续竞争优势来源于企业卓越的知识创造与获取能力。

最经典的观点要数竹内弘高和野中郁次郎（2005）提出的知识创造螺旋理论。他们认为，知识创造是通过隐性知识（Tacit Knowledge）与显性知识（Explicit Knowledge）在个人与组织间持续不断地转换而实现的，整个过程是一个螺旋上升的过程。隐性知识与显性知识通过共同化、表出化、联结化、内在化四种模式的交互运作，不断地转换与重组，进而实现知识创造的循环。共同化是隐性知识间的转化，通过共享经验的方式将他人的隐性知识变成自己的隐性知识，最典型的就是师傅带徒弟的过程。表出化是隐性知识到显性知识的转化，通过将隐性知识写出来或存储在计算机上等方式，将隐性知识表达出来。联结化是显性知识间的转化,将各种不同知识和信息联结起来,通过整理、分类、重构而形成系统化知识。内在化是显性知识到隐性知识的转化,个人将从多种媒体渠道得到的显性知识进行消化、吸收,转化成个人隐性知识。通过这四种模式的动态循环交替和螺旋上升,不断促进新知识的产生。

新创造的知识需要共享等途径得到再用,而能够带来企业竞争优势的动态竞争能力的形成过程是对企业内外部各种知识的处理过程。首先,企业是一个开放系统,其所需要的知识不局限于内部各个部门和团队,还来源于外部,企业通过与外部其他组织的互动能够整合不同来源的知识,以创造出新知识(Lane, Lubatkin, 1998;罗珉, 2007)。其次,能够给企业带来竞争优势的知识包括显性知识和隐性知识,并且主要源于后者(Grant, 1996)。以人为载体,企业内外的显性知识通过文本、信息通信技术等实现共享与传播,隐性知识通过言传身教等方式实现共享与传播,综合起来创造经济价值(Brauner, Becker, 2006)。因此,知识需要借助于管理才能得到利用,才能促进企业发展。

(二) 知识管理理论

20世纪60年代初,现代管理学之父彼得·德鲁克首先提出了知识工作者和知识管理的概念,并预言"知识将取代土地、劳动、资本与机器设备,成为最重要的生产因素"。随后,彼得·德鲁克对知识管理做了大量的开拓性研究工作,提出"未来的典型企业以知识为基础,由各种各样的专家组成,这些专家根据来自同事、客户和上级的大量信息,自主决策和自我管理"。

所谓知识管理,就是在组织中构建一个知识系统,让组织中的知识通过创造、转移、分享、获取、整合、更新等过程,不断地回馈到知识系统内,不断地积累个人知识与组织知识,形成组织的智慧资本,以帮助组织做出正确决策和适应市场变化。简而言之,知识管理是组织对知识及知识活动进行规划和管理,目的是通过促进知识的共享与创新进而发挥知识对于提升企业核心竞争力的作用。

对于知识管理,中国人民大学左美云教授等人(2003)将其划分为三个学派:行为学派、技术学派、综合学派。行为学派认为"知识管理就是对人的管理",研究的内容包括知识型组织、不同层次的知识学习模式等。技术学派认为"知识管理就是对信息的管理",研究的内容包括知识的组织(如知识表示、知识库)、基于知识共享的团队通信与协作技术、知识管理技术(如知识地图系统、知识分类系统、经验分享系统、统一知识门户技术)等。综合学派认为"知识管理不但要对信息和人进行管理,还要将信息和人连接起来进行管理",强调知识管理是企业的一套整体解决方案,是一种基于信息技术的、关于知识的管理系统,它涉及知识管理观念、知识管理战略、知识型组织结构、知识管理制度等问题。

(三) 知识治理理论

知识治理(Knowledge Governance)的产生,源于人们对知识与组织的内在关系的研究。企业能力理论和知识基础观将企业本质视为"知识集合体",认为由于分工,企业具有知识分散分布性、不完备性和互补性等特征,而企业作为知识分工体系中的一部分,本质上就成了"知识处理器"。因此,有必要分析如何通过有效协调来实现企业对知识的"组织"。因此,有学者就提出"知识治理"的概念,认为它是通过正式和非正式的组织结构和治理机制的设计,对知识的获取、转移、创新和应用等活动进行促进或引导,以最优化知识活动的效益(Grandori, 2001)。

知识治理理论产生的重要原因在于知识活动存在风险,这些风险主要有:①因知识显示的困难或知识隐藏行为产生的信息不对称而导致的逆向选择和道德风险问题;②因知识的公共物品属性而产生的"搭便车"现象所引致的"公共的悲剧";③因知识活动表现出的互动关系的专用性投资产生的锁定效应而导致的事后机会主义行为——要挟行为;④因知识的溢出效应及价值评估的困难而导致的知识专有权与共有权平衡的难以实现;⑤因知识的公共物品性和社会网络的嵌入性而导致的知识共享的社会困境等(任志安,2007)。为了应对知识活动过程中的上述风险,学者们从不同的视角对知识治理的形式和机制进行了有益的探讨。

比如,格兰多里(Grandori, 2001)针对知识的差异性、知识的复杂性和利益冲突程度提出多种知识治理机制,包括直接、独立的交流,非正式的、无支持的交流,实践社区,科层制,价格等。Nickerson 等人(2004)从问题出发,分析了市场、权威型科层和共识型科层三种治理机制,其中市场机制适用于解决可分解的问题，共识型科层制适用于解决高度复杂的不可分解的问题，权威型科层制适用于解决中等复杂的问题。Cheng 等人（2006）提出促进知识转移和流动的三种治理机制，包括交换、合法资格和赠予。安东内利（Antonelli，2006）根据知识的特征提出了三种治理机制，包括适用于隐性与黏性知识的准科层（Quasi－hierarchies for Tacit and Sticky Knowledge）机制、针对可表达知识建立起的互动（Constructed Interactions for Articulable Knowledge）机制以及适用于可编码知识的协调交易（Coordinated Transaction for Codified Knowledge）机制。

可以看出，知识治理是针对知识管理实践中存在的一些突出问题所做的一种制度性安排，其主要目的是实现组织内乃至组织间知识转移、知识共享和知识利用的最优化。现有的知识治理研究主要涉及两方面内容，即知识特性和知识活动如何影响组织结构和治理机制的选择，以及组织结构和治理机制对知识活动效果的影响效应（王健友，2007）。

从上面分析还可知，知识治理与知识管理是两种不同的活动。知识治理侧重于对知识行为的治理，即通过各种组织形式和组织机制及正式、非正式的组织实践等，影响和塑造知识行动者的各种行为和动机，促进知识活动，防范知识交易中的风险。它特别关注组织在知识创造和利用中所扮演的角色。相对而言，知识管理更多地强调知识获取、运用和创造等具体的知识活动及其与企业绩效的关系，即强调通过知识的共享、创造、运用等来增强组织绩效，但较少关注知识活动有效开展所依存的组织环境的重要性。因此，知识治理是知识管理活动的一种制度保障，是在制度层面上对知识行为的引导、激励和约束，以维护知识活动各方的利益平衡、促进知识活动效益的最优化（李维安，2007）。

跨项目知识转移发生于项目型组织，依托于项目实施实践而开展，是两个项目的实施团队之间进行知识转移的活动。在跨项目知识转移过程中，也可能存在转移主体参与动力不足、组织激励欠缺、项目团队之间缺乏信任等问题，因而也需要治理。因此，本课题也借鉴知识治理理论研究成果，关注跨项目知识转移的治理问题。

四、社会认知理论

社会认知理论（Social Cognitive Theory，SCT）作为心理学领域的一个较为成熟的理论，强调社会环境和个体认知都会影响个体行为，描述环境、认知和行为三者之间存在的因果关系（Bandura，1978；Bandura，2001），使人们能够对这三个要素之间的内在关系产生更为深刻的感知和理解。因此，社会认知理论作为一种基础理论，在组织管理、计算机应用、教育等多个领域得到广泛的应用（Wood，Bandura，1989；Brown，2003；周文霞，郭桂萍，2006）。本研究尝试将社会认知理论作为建构 IT 服务企业跨项目知识转移的影响因素研究模型的理论依据。

（一）社会认知理论的基本观点

社会认知理论最初是由美国著名心理学家阿尔伯特·班杜拉（Bandura，1978）提出来的，最初用于研究个体行为。这一理论论述了环境、个人因素和行为这三个因素之间的交互作用，其中环境因素指个人所处的外部环境，个人因素主要指个人内在的认知因素，并强调个人认知在这一交互作用中的重要性，已引起了人们广泛的重视和研究。

社会认知理论的提出源自班杜拉对解释个人行为的主流观点的批判和剖析。其中，个人决定论和环境决定论是用于解释说明个人行为的两种主要理论。个人决定论认为，有意识的需求、内驱力、冲动等内部认知因素是驱动个人行为的主要动力，因而也被称为驱力理论。但班杜拉认为，这一理论存在以下缺点：首先，个人决定论中的内部因素是从其所要说明的行为推测而来的，如成就动机是从成就行为中演绎过来的。这导致个人决定论虽能解释发生在过去的行为，但不能预测未来的行为，而能否预测未来恰恰是一种理论具有说服力的重要支撑点（张爱卿，2006）。其次，个人决定论把个人行为简单化，忽视其复杂性。这是因为，个人行为是随着环境、时间和对象而发生变化的，而不只是因为人的需求、冲动等内在因素而变化的。

环境决定论则与个人决定论相反，认为外部环境是个人行为发生的决定因素。班杜拉认为，这一观点虽有合理之处，但也存在不足。这种理论把人视为被动的存在物，机械地受环境因素的制约。这一观点的一个推论是个人行为必然随环境的变化而变化，其实，个人行为很大程度上受到自身认知的影响。还有一些学者认为，个人行为并不是由个人自身的内在认知或外部环境单独决定的，而是由这两个因素相互作用决定的。

对于个人认知、环境和行为之间的关系，班杜拉在总结和分析了学者们的不同理解之后，将其细分为三种观点：第一种观点认为个人认知和外部环境相互独立，它们都单向地作用于个人行为；第二种观点认为个人认知和外部环境相互作用、相互依存，共同作用于个人行为；第三种观点认为个人认知、外部环境以及个人行为三者交互作用。1978年，班杜拉提出了环境因素（Environment Determinants）、个人因素（Personal Determinants）和行为因素（Behavior Determinants）三者交互作用的关系模型（Bandura，1978），如图1-1所示。

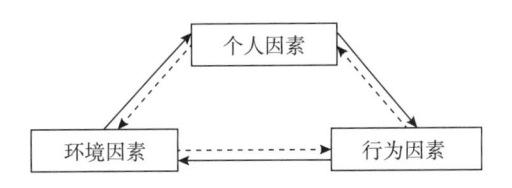

图1-1 班杜拉的社会认知理论框架

图1-1是班杜拉的三元交互论观点，是社会认知理论的核心内容。其中，个人、环境和行为是三个关键要素，它们之间存在交互的因果关系。环境既会影响行为，也会影响个人认知，个人认知也会影响行为。行为执行的结果也会反过来影响个人认知，并对环境产生反作用。因此，环境、个人和行为三者之间是双向的交互关系。对三元交互论，班杜拉做了详细阐述。

1. 个人行为

对个人行为的研究，班杜拉侧重于讨论观察学习。他认为，个人行为有两种不同的习得方式：一种是通过自身的直接经验获得行为反应，即"通过反应的结果而进行的学习"，简称为直接学习；另一种是通过观察他人的示范行为产生某种行为反应，即"通过示范而进行的学习"，简称为观察学习（Bandura，1977；Bandura，2001）。传统行为主义者强调个人主要通过直接学习获得行为反应，但班杜拉认为，大部分的个人行为得益于观察学习。这是因为，个人具有认知能力和观察能力，能够通过观察他人已有的行为及其结果来强化或修正自己的行为。通过观察学习，个人能够避免重复试错带来的风险，因而能够避免他人走过的弯路。

具体地，观察学习是指通过观察他人行为及其结果，个人获得某些新的行为反应，或者个人已有的行为反应会在某种程度上得到修正。它经历四个子过程：①注意过程，即个人对他人示范行为的关注；②保持过程，即个人将他人的示范行为以符号的形式储存在记忆里；③产生过程，即个人将记忆中的他人示范行为转化为自己的行为；④动机过程，当个人习得某一示范行为后，如果预期会得到奖励和强化时，就会把这种行为表现出来，否则会放弃这些习得行为。这四个过程联系在一起，整体上是一个从信息输入到信息加工、再到信息输出的过程。观察学习的这四个子过程如图1-2所示。

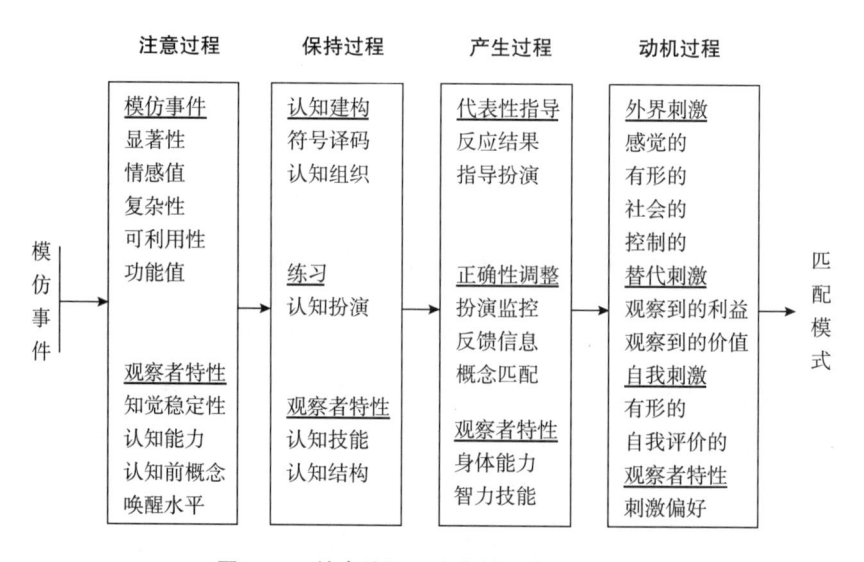

注意过程	保持过程	产生过程	动机过程
模仿事件 显著性 情感值 复杂性 可利用性 功能值	认知建构 符号译码 认知组织	代表性指导 反应结果 指导扮演	外界刺激 感觉的 有形的 社会的 控制的
	练习 认知扮演	正确性调整 扮演监控 反馈信息 概念匹配	替代刺激 观察到的利益 观察到的价值 自我刺激 有形的 自我评价的
观察者特性 知觉稳定性 认知能力 认知前概念 唤醒水平	观察者特性 认知技能 认知结构	观察者特性 身体能力 智力技能	观察者特性 刺激偏好

模仿事件 → ... → 匹配模式

图1-2 社会认知理论中的观察学习过程

观察学习具有几个特点。首先，它不同于个人亲身经历的试错学习，个人只需要通过观察就可获得某种行为反应。其次，观察学习蕴藏着重要的认知过程。最后，观察学习不同于简单的、机械的模仿，个人能够在观察他人不同行为或经验之后，对这些行为或经验进行整合，形成独特的、更优的行为方式，因而这种观察学习也被称为创造性学习（Bandura，2001）。

2. 个人因素

在个人因素方面，尽管班杜拉及其合作伙伴分析了性别、年龄等要素会对行为产生影响作用（Bussey，Bandura，1999），但他们侧重于分析个人的认知因素，强调认知的重要性，认为认知是影响行为实现的一个触发因素（Bandura，1978；1981）。班杜拉对个人认知的论述很丰富，主要可归纳为两个方面：一个是能力方面的认知，对应于自我效能感；另一个是期望方面的认知，对应于结果期望。

班杜拉认为早期的期望价值理论侧重于研究个人对执行某一特定行为所产生结果的预期，他也承认这一观点，因而将其引入社会认知理论中，并将之称为结果期望。结果期望会影响行为，当所有条件都平等时，个体会选择能使积极结果最大化和消极结果最小化的行为（Bandura, 1977）。因此，结果期望对于激发行为的执行是非常重要的，如果个人没有得到相应结果的激励，就不会轻易地执行某一行为（Bandura, Schunk, 1981）。在后面的研究中，班杜拉进一步将结果期望细分为三种形式，即身体结果期望（如对心情愉快、身体健康等的预期）、社会结果期望（如对物质报酬、社会地位等的预期）和自我评估结果期望（即对自我满意程度的预期）。而且，每一种结果期望的积极的一面都可被视为激励因素，调节或激发个体行为（Bandura, 1997）。

与早期期望价值理论研究者不同的是，班杜拉还认为，个人的行为不仅受到结果期望的影响，还会受到对自身是否具备对完成特定任务的能力的主观预期的影响。比如，学生选择主动学习，一方面源于其对取得好成绩的预期，另一方面源于其对自身学习能力的评估。班杜拉将这种个人对自身完成特定任务的能力水平的预期，称为自我效能感（Bandura, 1977）。他认为，自我效能感在调节个人行为上起着非常重要的作用，因而花了很多笔墨对此进行论述，用以解释个人复杂的内在动机。

个人的能力认知和期望认知在观察学习过程中得到鲜明的体现（Bandura, 2001）。比如，在观察学习中涉及的个人能力认知有认知前概念（即认知基础）、认知技能等，期望认知主要是个体持有的偏好，如利益刺激偏好、社会比较偏好等。这两方面的认知要素是影响个人进行观察学习的重要个人（即观察者）特性。

3. 环境因素

社会认知理论也承认外部环境是影响个人行为的一个重要因素。但是，与环境决定论不同，社会认知理论强调主体认知因素会影响环境与行为的关系。班杜拉认为，个人并不是自身所处环境的被动接受者，而是能够结合自身的期望水平发挥知识技能来调节外部环境的刺激，从而能够调控自己的行为。在这一交互因果关系中，个人认知承担着重要的任务，大部分的外部环境通过个人认知对行为产生影响作用。比如，他人的示范行为是如何被注意和观察到、如何得到保持、如何得到组织以备后续使用等，都要依靠个人认知来实现。

总之，班杜拉吸收了认知心理学的研究成果，强调认知因素对个人行为的影响作用；同时注重吸收社会心理学的研究成果，考虑环境因素也会对个人行为产生影响；并且，认知与环境之间还存在作用路径，环境会通过认知对行为产生影响作用。班杜拉提出的行为、认知和环境这三个要素之间存在交互因果关系的思想是社会认知理论的核心贡献。班杜拉从认知角度论述了个人行为的触发因素及其运行机制的理论思维，为解释个人行为开辟了新思路和新视角。

当然，社会认知理论也有其自身的局限性。首先，班杜拉对理论中各个部分内容的阐述较为分散，比如对观察学习、自我效能感等内容分模块论述，尚未将这些内容模块整合成系统的、具有较强内在关系的知识框架。其次，班杜拉对行为、认知和环境这三个关键因素之间关系路径的阐述也比较笼统，未形成明确的定论。然而，我们认为，这些局限性实际上并不会被视为该理论应用的一种约束，它们反而提供了重要的研究启示和进一步拓展研究的广大空间。比如，班杜拉自己在后续研究中将分析单元延伸到团队层面，研究了团队效能感问题（Bandura, 1997）。

(二) 社会认知理论在群体层面的研究

社会认知理论的最初定位是分析个体层面的问题，研究个人的行为和认知。随着对认知研究的深入，对认知的研究逐渐由个体层面扩展到团队层面。一个最典型的例子是该理论创始人班杜拉对集体效能感的研究。班杜拉通过研究发现，与个人一样，群体同样具有效能感，它是群体成员对整个群体所拥有的用于完成特定任务的技能或知识的感知和评价。因此，他在《自我效能：控制的实践》一文中提出了集体效能感（Collective Efficacy）的概念，并对集体效能感做了较为系统的阐释，将其定义为"群体成员对群体成功地完成特定任务或取得特定成就的能力的共同信念"（Bandura, 1997）。随后，集体效能感的问题引起很多学者的关注和研究，并已成为教育、社区、组织行为等多个应用领域中新的研究热点（Whyte et al., 1997; Brown, 2003; Walumbwa et al., 2005）。

其他对群体行为和群体认知做较多研究的是组织行为学领域。这一学科领域的学者们在研究团队作业（Team Work）问题时认为，团队拥有能力和意识。比如，Stevens 和 Campion（1994）认为，团队需要具备完成任务所需的技能，这些技能是团队成员所拥有的知识和技能的整体集成。同样地，Marks 等人（2001）研究发现，团队作业中存在团队意识（Team Awareness），它是所有团队成员所拥有的将自己融入整个团队思考问题的认知状态，是一种主动性的、整体性的意识状态。可以看出，团队能力并不是成员个体能力的简单相加，而是由成员个体的能力和成员间的协作与相互评价决定；团队意识也是团队成员共同持有的一种信念。根据班杜拉在社会认知理论中对主体认知的论述，这些团队能力和团队意识都属于团队认知。

对于团队认知，国内外学者主要从共享心智模式与交互记忆系统这两个方面进行研究和解释，并取得了一系列成果。Cannon-Bowers 等人（1993）研究了团队的共享心智模式，并将其定义为团队成员所形成的对于任务的准确解释和期望，有利于协调团队成员的行为以适应团队作业行为的需要和其他团队成员的需求。Mohammed 和 Klimoski（1994）则把共享心智模式看作团队内部一致或共享的知识结构，是团队成员共同拥有的有组织的理解方式和心理表征。与强调团队内部成员知识结构一致性或相似性的共享心智模式不同，交互记忆系统（Transactive Memory Systems）强调的是团队成员知识专长的差异性和平衡性（Yoo, 2001）。Cacciatori（2008）就从交互记忆理论角度研究了项目型组织内部项目知识的存储、提取和利用的问题。

综上分析可知，社会认知理论也适合于解释群体或团队层面的问题。这是因为在社会认知理论中，主体认知是最为核心的变量。而班杜拉本身对集体效能感的研究以及其他学者对团队认知的丰富研究都有力地说明，群体认知或团队认知是存在的，并会影响群体或团队的行为。

（三）社会认知理论在知识管理领域的应用研究

近年来，越来越多的学者将心理学理论和社会学理论应用到知识管理领域，用于研究知识转移或知识共享问题。这些理论包括社会交换理论（Watson, Hewett, 2006）、理性行为理论（Bock et al., 2005）、计划行为理论（Ryu, 2003）等，它们的确提供了扎实的理论基础。但是，与这些理论相比，社会认知理论在解释知识管理问题上更有优势（廖成林，袁艺，2009）。

一方面，社会认知理论强调个人认知对于行为的重要影响作用，认为个人认知不仅会直接影响行为，而且还对环境与行为之间的关系起中介作用。而知识管理的核心要素是人，知识依附于人，并通过人发挥效用。罗伯茨（Roberts，2000）认为，在成功知识共享的影响因素中，技术相关的因素只占20%，其他80%的因素都与人有关。据此推知，要有效地实现知识转移，不能仅仅依靠IT，要更多地依靠管理，通过管理策略发挥人的重要作用。知识管理的这一核心思想与社会认知理论强调个人认知重要性的核心思想相吻合。另一方面，社会认知理论具有很强的解释力。比如，社会认知理论中的结果期望可用于解释动机或意愿对行为的刺激作用（Zhang，Hiltz，2003）；该理论中的三元交互作用机理可用于解释任务特征等环境因素对行为产生影响作用的路径（Lin，Huang，2008）；等等。也就是说，很多研究变量间的关系以及研究结论可以在社会认知理论框架下得到统一的解释。

因此，社会认知理论被不少学者应用到知识管理领域的相关研究中。在个体层面，Lin和Huang（2008）结合社会认知理论与技术任务匹配理论，研究了知识管理系统使用的影响因素，并对192个使用者进行调研。实证结果是任务相依性、感知的技术匹配度、使用系统的自我效能感以及结果期望都对知识管理系统使用有显著的影响作用，其中自我效能感的影响作用最为显著。其他不少学者应用社会认知理论解释了知识共享行为，认为个体在虚拟社区分享知识是出于各种结果期望，如获取和丰富自己的知识、寻找其他帮助、结交朋友（Zhang，Hiltz，2003），促进虚拟社区的知识库建设、运作与成长（Kolekofski，Heminger，2003），等等。Chiu（2006）也以社会认知理论为基础，对虚拟社区知识共享问题做了深入的研究。Compeau和Higgins（1995，1999）在应用社会认知理论的基础上，提出了与绩效相关的结果期望和与个人相关的结果期望，前者指对"个人行为对组织或团队绩效可能产生的影响结果"的预期，后者指对"个人行为对自己可能产生的影响结果"的预期。国内学者借鉴这两种结果期望，深入研究和分析企业内部个体的知识共享问题（廖成林，袁艺，2009）。

在团队层面，较少有文献应用社会认知理论研究知识管理问题。但是，有不少学者从团队认知视角研究和解释知识转移、知识共享等问题（唐宁玉，王重鸣，2007；王岚，王凯，2008；彭正龙，陶然，2009）。这恰好说明，对于团队层面知识转移问题的研究，社会认知理论提供了一个较新的研究视角。因此，以社会认知理论为理论依据研究团队层面的知识转移问题将是一个值得尝试的研究方向。跨项目知识转移是典型的项目团队学习活动，因而可用社会认知理论解释该活动的影响因素问题，详细的推演过程见第五章第一节。

第四节 本书结构

一、研究内容

本书认为知识是 IT 服务企业最基础但又最核心的资源，项目团队彼此之间的知识互补构成完成工作任务的关键，这些知识的管理对项目团队构筑项目能力进而提升项目绩效具有重要的作用。因此，本书基于企业资源基础观、企业能力理论和企业知识管理理论，识别 IT 服务企业跨项目知识转移的关键影响因素，基于社会认知理论构建这些因素之间的内在作用机制模型，并进行实证检验。本书的研究内容框架及各部分之间的逻辑关系见图 1-3。

第一部分是绪论，是本书第一章，主要内容包括研究背景及意义、研究问题、理论基础、研究内容的逻辑结构和研究方法。

第二部分是相关研究综述及跨项目知识转移的内涵，包括本书第二章和第三章。在相关研究综述部分，涉及知识转移影响因素研究回顾、知识转移的维度及测量的研究回顾以及跨项目知识转移影响因素的研究现状评述。在跨项目知识转移的内涵部分将对跨项目知识转移的概念、类型、特征等做详细的阐述，这部分的分析主要是为研究问题的提出奠定理论基础。

第三部分是 IT 服务企业跨项目知识转移影响因素的初步探索，对应本书第四章。研究内容主要包括界定 IT 服务企业跨项目转移的知识对象，提出研究模型及理论假设，进行问卷调查研究以及案例研究。这部分研究的主要目的是较系统而全面地识别出 IT 服务企业跨项目知识转移效果的关键影响因素。

第四部分是 IT 服务企业跨项目知识转移影响因素的作用机理研究，对应本书第五章。研究内容主要涉及以社会认知理论为基础构建研究模型并提出相应的理论假设，然后进行量表开发与数据收集，最后进行数据处理与结果分析。此部分研究的主要目的是在第三部分研究的基础上，深入检验多方面的因

```
                    ┌──────────┐
                    │   绪论   │
                    └────┬─────┘
             ┌───────────┴───────────┐
      ┌──────┴──────┐         ┌──────┴──────────┐
      │ 相关研究综述 │         │跨项目知识转移的内涵│
      └──────┬──────┘         └──────┬──────────┘
             └───────────┬───────────┘
                         ▼
     ┌────────────────────────────────────────┐
     │ IT服务企业跨项目知识转移影响因素的初步探索 │
     │   ● 界定跨项目转移的知识对象              │
     │   ● 提出研究模型及理论假设                │
     │   ● 问卷调查研究                         │
     │   ● 案例研究                             │
     └────────────────────┬───────────────────┘
                          ▼
     ┌────────────────────────────────────────┐
     │IT服务企业跨项目知识转移影响因素的作用机理研究│
     │   ● 研究模型及理论假设                    │
     │   ● 量表开发与数据收集                    │
     │   ● 数据处理与结果分析                    │
     └────────────────────┬───────────────────┘
                          ▼
            ┌──────────────────────────┐
            │  研究结果及研究意义讨论    │
            └──────────────────────────┘
```

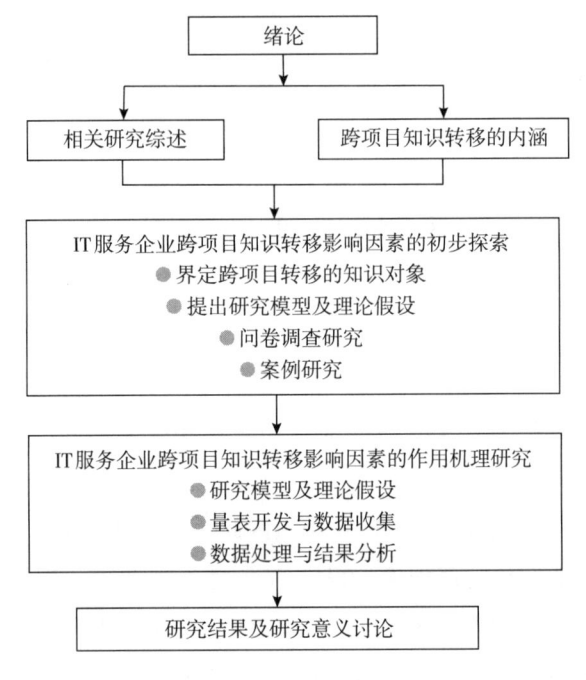

图1-3　本书研究内容的逻辑框架

素如何作用于跨项目知识转移的内在机理。

第五部分是综合分析实证研究结果，并讨论研究意义，为本书第六章。对第三、四部分的研究结果进行总结，得到综合的研究结论，并与已有的理论研究结果进行比较分析，指出本书研究的理论贡献和实践意义，并指出了在该领域值得进一步研究的问题。期望本书研究能丰富跨项目知识转移的理论研究，为后续研究提供借鉴，同时为企业跨项目知识管理实践提供参考。

二、研究方法

为完成上述研究内容，本书主要采用了以下多种研究方法。

（1）文献研究。本书基于已有文献，以研究问题为出发点，对相关的企业资源基础观、企业能力理论、企业知识管理理论和社会认知理论的内涵及其应用研究进行阐述；对知识转移的影响因素、维度及测量、跨项目知识转移影响因素等相关方面的研究进行回顾，目的是为了分析研究机会、提出研究问题、构建研究模型。

（2）问卷调查研究。基于理论研究模型，明确研究变量的定义，开发研究变量的量表并编制问卷，以 IT 服务企业为研究对象，通过问卷调查获取数据，以识别企业跨项目知识转移的多方面的影响因素，并检验这些因素的内在影响机理。

（3）案例研究。本书在采用问卷调查研究方法初步识别 IT 服务企业跨项目知识转移的影响因素的基础上，进一步采用案例研究方法分析和探索其中理论假设得到支持和未得到支持的背后原因。这样，案例研究结果与问卷调查研究结果相辅相成，相互印证，以提高研究结论的说服力和实用性。

总之，本书在文献研究和确定研究问题之后，先采用问卷调查研究方法识别出 IT 服务企业跨项目知识转移的多方面的影响因素，并用案例研究方法加以验证。在此基础上，再采用问卷调查研究方法进一步验证多方面因素对 IT 服务企业跨项目知识转移的影响机理。

第二章 相关研究综述

第一节 文献综述范围界定

为提高研究质量，本书遵循科学的文献检索规则，对相关的中外学术性文献资料进行查询。中文文献通过中国期刊全文数据库（CNKI）和维普中文科技期刊数据库（VIP）这两个数据库进行查询。采用与研究主题相关的题名或题名组合进行检索的方式，即用"知识转移""IT 企业""项目""影响因素""跨项目""项目间"等关键词，在"题名或关键词"中进行单一题名检索或两个及两个以上题名组合检索。外文文献通过 Proquest、Elsevier SDOL、Springer LINK、EBSCO、IEEE Xplore、学术 Google 等数据库进行查询，用"Knowledge""Knowledge Transfer""IT Project""Between Projects""Inter - project""Multi - project"等关键词，同样采用单一题名或题名组合的检索方式。检索时，未对文献发表时间做限制，但关注最近几年刊发的文献。

为了得到质量较高的论文，我们主要查询与本研究主题相关的信息系统、项目管理、组织管理与技术创新、知识管理等领域较权威的学术期刊论文和学术会议论文，涉及相关领域的书籍较少。这些期刊和会议主要有：信息系统领域的 *MIS Quarterly*，*Information System Research*，*Journal of Management Information Systems*，*Information Systems Journal*，*Decision Support Systems*，*Information & Management*，*European Journal of Information Systems*，*Communications of the Association for Computing Machinery*，*Journal of Information Technology*，*International Conference on Information Systems*、《信息系统学报》等；组织管理与技术创新领

域的 Administrative Science Quarterly，Academy of Management Journal，Academy of Management Review，Management Science，Strategic Management Journal，Organization Science，Organization Study，Decision Sciences，Journal of International Business Studies《管理世界》《科研管理》《科学学研究》《科学学与科学技术管理》等；项目管理领域的 International Journal of Project Management，Project Management Journal，Journal of Management in Engineering 等；知识管理领域的 Journal of Knowledge Management，Journal of Intellectual Capital，Knowledge Management Research & Practice，Internal Journal of Knowledge Management，Knowledge and Process Management，Journal of Information and Knowledge Management，Journal of Knowledge Management Practice，Internal Journal of Learning and Intellectual Capital 等。如果通过初步查询判断相关文献较少，如通过初步查询发现跨项目情境下知识转移的现有研究偏少，那么，就放宽文献查询范围，所查文献不仅局限于期刊论文和会议论文，还包括学位论文。

围绕研究目的对检索文献进行内容筛选时，主要聚焦在知识转移影响因素研究，尤其是 IT 领域知识转移的影响因素研究，以及跨项目知识转移的研究。当然，这几大方面的文献可能存在一定的交叉，但我们主观上加以取舍或保留。另外，尽管我们尽最大努力检索相关文献，但还是有可能会遗漏一部分文献，而且，相关的论文还在不断地发表出来。但我们已尽最大努力获取相关的文献，以用于本书以下部分的文献综述和实证研究。

第二节 知识转移影响因素研究回顾

一、项目情境下的知识转移研究

根据 Alavi 和 Leidner（2001）的研究，企业知识管理系统涉及个体、团队和企业三个层面的知识活动。对于项目型组织，其知识转移活动同样发生在个体、团队和企业三个层面。

1. 个体层面的项目知识转移研究

对于项目型组织，个人层面的知识转移研究主要是探索项目知识转移活动的核心人物或关键节点，以及如何促进个体间的项目相关知识的转移。其中，项目经理是项目知识转移的一个关键人物（Blackburn，2002），处在 IT 项目网络的中心位置，在项目知识转移过程中扮演着重要的角色。此外，项目管理办公室中其他的主管技术、业务、生产等方面的管理人员也是项目知识转移的重要人物（Desouza，Evaristo，2006）。鉴于项目经理及其他管理者对项目工作及其相关知识转移的熟悉程度和他们在企业知识网络中所处的重要位置，现有的项目知识转移实证研究多选择项目经理及其他主要负责人作为访谈和问卷调查的主要对象，由此获取的实证数据也被证实具有较高的信度。

对于个体间的项目知识转移，现有文献主要研究其影响因素及促进对策。比如，Eskerod 和 Skriver（2007）基于对一家公司的深度案例研究发现，尽管公司采取一系列激励机制来促进五个全时项目经理之间的知识转移，但并没有实现预期结果，一个可能的原因是公司内部的亚文化抑制项目经理参与知识转移和经验共享的意愿。Petter 及其合作伙伴（Petter，Vaishnavi，2008；Petter，Randolph，2009）也对项目经理间的知识转移做了较深入的研究。他们通过实验、案例研究等方法得到，软件项目经理的沟通、项目管理等"软技能"（Soft Skills）可以通过技术手段、经验分享等方式方法实现跨项目转移，以发挥项目经理经验的再用，促进项目成功。因此，探索项目经理如何利用在 IT 项目网络中的中心位置优势来促进跨项目知识转移的开展，依然是一个有趣的、值得研究的问题。

2. 团队层面的项目知识转移研究

不少文献研究了项目团队知识转移问题。有学者分析认为，影响 IT 项目成员在团队内部进行知识共享的因素有项目成员认为知识共享是否有价值、是否被提供所需的资源（包括时间）、工作状态（Status）是否在变差、工作安全感是否在下降、是否会获得更多的自尊、是否会获得更多的知识、别人是否期望他们这样做、是否有提高项目成功的可能性、是否会有物质奖励九个方面的主要因素，并采用案例研究方法开发了相应构念的测量量表（Jewels et al.，2005）。

Joshi 和 Sarker 等人对虚拟情境下和面对面合作情境下的 IT 项目团队知识转移的影响因素做了较深入的系列研究。侧重于知识源视角，对虚拟信息系统研究团队的实证研究结果得到，远程团队伙伴感知的提供知识的项目成员的可靠性、项目成员与远程团队伙伴的沟通数量以及团队知识分享文化氛围与该项目成员向远程团队伙伴转移知识数量之间存在显著的正相关关系；而且，远程团队伙伴感知的提供知识的项目成员的可靠性还在项目成员与远程团队伙伴沟通数量与其向远程团队伙伴转移知识数量之间的关系中起调节作用；但是，知识源的信息系统开发能力和项目管理能力与其向远程团队伙伴转移知识的数量之间并没有显著的影响关系，并没有在团队知识转移中发挥显著的影响作用（Sarker et al.，2005；Joshi et al.，2007）。对于面对面合作的信息系统研究团队，同样地，知识源与其他项目伙伴的沟通数量对其向其他项目伙伴转移知识数量具有显著的影响关系，知识源的信息系统开发能力和项目管理能力对转移知识数量没有显著的影响关系；不同的是，知识源的可靠性对其向其他项目成员转移知识数量有一定的影响作用，但明显较弱（Joshi et al.，2004）。

侧重于知识接受方视角，对面对面合作信息系统开发团队成员知识转移的实证研究得到，知识接受方的吸收能力、知识接受方感知的知识源转移意愿、知识接受方与其他团队成员的沟通程度均与转移知识数量存在正相关关系，但知识源感知到的知识接受方有意愿将其转移知识进行内化的程度对转移知识数量的影响不显著（Joshi，Sarker，2006）。

其他实证研究表明，良好的项目团队文化对激发和调动IT项目成员参与知识转移的积极性具有非常重要的促进作用，知识的系统性对知识转移绩效有着显著的影响作用，而且，与其他研究结论不同的是，知识的内隐性对知识转移的阻碍作用并不明显（Karlsen，Gottsehalk，2004）。Timbrell 等人（2001）借鉴 Szulanski（1996），利用调查昆士兰州 SAP R/3 使用人员得到的 479 份有效问卷进行实证检验，检验了多个维度因素对 IT 项目实施中最佳实践转移的影响关系，得到结论：信息系统配置项目中的知识因果模糊性较小，对最佳实践转移的影响不显著，知识未证明性也只在信息系统上线阶段的影响关系才显著；知识源的不可信任性与信息系统实施阶段的知识转移显著负相关，知识接受方缺乏吸收能力和吸收动机也都是重要的阻碍因素，但知识源缺乏转移动机不是阻碍因素；知识源与知识接受方之间的紧张关系对信息系统启动、上线、实施和整合四个阶段中的最佳实践转移都没有产生影响作用，这说明 IT 项目中知识源与知识接受方之间的关系较为和睦；组织的良好制度、程序和文化对知识转移具有显著的正向影响关系，而信息技术的影响关系不显著，原因在于

IT 人员对信息技术平台比较熟悉，很少存在使用方面的障碍。

此外，少数文献研究了项目团队之间的知识转移问题。比如，Goyette 等人（2014）研究了 ERP 后实施（Post – implementation）项目中的知识转移过程，尤其是 ERP 项目团队与 IT 支持团队之间的知识转移过程。他们通过单案例和跨案例分析，研究了正式和非正式知识转移机制的重要作用，以及 IT 支持团队文化与基于不同知识类型的知识转移机制使用之间的关系。

由上面分析可知，根据是否跨越不同项目，项目层面的项目知识转移研究可分为项目内知识转移研究和跨项目（或项目间）知识转移研究两大部分。在项目实施过程中，及时地将学习和产生的个体知识转化为项目团队知识是积累项目知识、提升项目管理水平的重要前提。同时，个体及时地从项目团队及其他成员获取有用信息以解决项目业务问题是提高项目工作效率的重要环节。因此，项目内知识转移研究文献主要探索的问题是，在单个项目内部，如何实现项目成员个体知识与项目团队知识之间的相互转化（Slaughter，2006；Eriksson，2013）。而跨项目知识转移研究文献更多地关注如何实现知识由一个项目向另一个项目转移（Landaeta，2008；Cacciatori et al.，2012）。在很多非正式交流、任务紧急等情况下，两个项目的实施团队往往通过电话沟通、现场沟通等方式直接进行跨项目知识转移，这种知识转移方式更快速、有效。此外，跨项目知识转移研究也会关注如何实现知识在项目与组织之间的转移（Disterer，2002），但这涉及企业层面的知识转移。也就是说，项目层面的知识转移研究与企业层面的知识转移研究存在一定的交集。从总体上看，项目层面的知识转移研究，尤其是跨项目知识转移研究，正日益成为项目知识转移研究的核心问题。

3. 企业层面的项目知识转移研究

企业层面的项目知识转移主要研究项目型企业知识如何形成和转移。根据知识转移行为是否跨越企业边界，该方面的研究可分为企业内知识转移研究和企业间知识转移研究。企业内知识转移的相关文献主要研究了企业与项目成员、项目团队之间的知识转化问题，即项目型企业如何从项目成员和项目团队收集和积累有用知识、项目成员和项目团队反过来如何从企业知识库搜寻和获取所需知识以及该过程中的促进和阻碍因素（Disterer，2002；Bakker et al.，2011）等。从组织知识积累的角度看，跨项目知识转移需要借助组织知识库作为知识中介才能得以实现（Disterer, 2002）。

企业间项目知识转移是指有项目合作和业务往来的不同组织在项目实施过程中进行的知识转移行为。现有文献研究了跨组织项目知识转移的过程、影响因素等。比如，Bakker 等人（2011）基于对 12 个跨组织项目知识转移案例的对比研究，分析和归纳出影响跨组织项目知识转移成功的关键要素。目前，企业间项目知识转移的现有研究主要关注 IT 外包情境下跨组织知识转移问题。

比如，在影响因素方面，Ko 等人（2005）采用定量实证检验方法，深入研究了 ERP 项目实施过程中从顾问到实施用户知识转移的影响因素，这些因素包括知识因素、沟通因素和动机因素三个维度，结果得到吸收能力、共享理解、紧张关系这三个知识因素，沟通编码能力、沟通解码能力、知识源能力这三个沟通因素以及知识源的内在动机、知识接受方的内在动机这两个动机因素都会对实施用户与顾问之间知识转移具有显著的影响关系，而且沟通编码能力、沟通解码能力分别通过共享理解和紧张关系的完全中介而作用于知识转移，知识源能力通过紧张关系的部分中介而作用于知识转移，另外，知识源和知识接受方的外在动机对知识转移的影响都不显著。在国内，有学者采用从制造企业已实施上线 ERP 项目关键用户调查得到的 152 份问卷，实证研究了 ERP 实施过程中从实施顾问到关键用户的知识转移的影响因素，发现 ERP 知识的内隐性和因果模糊性都与知识转移效果显著负相关（尹洁，等，2011）。另有学者研究了知识源的沟通解码能力和转移意愿、知识接受方的吸收能力、沟通编码能力和获取意愿对 ERP 项目实施中实施顾问与关键用户之间双向知识转移的影响（徐青，2006）。

中国人民大学毛基业教授研究团队深入调研了 IT 离岸外包项目中从海外客户到国内供应商的知识转移的影响因素，定量研究检验了海外客户的不同控制模式、供应商的吸收能力对 IT 离岸外包项目中知识转移的影响机制，结果发现：客户的正式控制对显性知识转移的影响作用强于非正式控制，吸收能力对隐性知识转移和显性知识转移产生的影响作用不同，对前者产生显著的、正相关的影响，但对后者无积极的影响作用，显性知识转移对隐性知识转移有积极促进作用（邓春平，毛基业，2012）。进一步，通过案例研究方法分析了压力机制和组织惰性对海外客户控制与 IT 离岸外包项目中知识转移之间关系的影响作用，揭示了控制性和信息性压力机制对认知惰性进而对知识转移产生的不同影响，为解释正式控制对知识转移、外部环境压力对组织惰性的影响关系提供一个新视角（邓春平，等，2015）。

另有学者从社会资本视角考察了德国公司 IT 开发者与印度附属单位海外合作伙伴之间知识转移的影响因素，他们通过对一家大型的德国跨国公司的案例研究，提炼出社会资本、效能、结果预期对离岸外包中 IT 开发者的知识转移能力和意愿的影响关系理论模型，并解释了社会资本、效能、结果预期如何作用于知识转移成功的三个交互作用环与自我加强环（Zimmermann, Ravishankar, 2014）。

在影响机制方面，在企业系统实施项目中，有田野调查（Field Survey）研究证实，在客户与实施顾问之间的相互信任对项目结果的影响关系中，知识转移起中介作用，也就是说，客户与实施顾问之间的知识转移对项目结果具有重要的促进作用（Ko, 2014）。特希等人（Tesch et al., 2009）研究了信息系统项目的开发者与用户之间的共知常识（Common Knowledge）对最终的项目实施结果的影响。基于问卷调查的研究结果显示，客户和息系统开发人员所拥有知识的共性程度对项目成功实施的影响关系是显著正相关的，也就是说，信息系统开发者所拥有的应用领域的知识与用户所拥有的信息系统开发方面的知识之间的共性程度越高，对项目成功实施的影响越显著；而且，这一关系受到项目实施团队问题解决活动的调节，即团队在解决问题时的互动越多，项目实施得越成功。但是，这两种知识之间的冗余度过高，信息系统项目开发者与用户之间的知识交流就显得不重要。

另有一些文献研究了 IT 服务外包中知识转移的阻碍因素。巴茨等人（2014）采用专家访谈方法，对六个离岸外包软件开发项目中的知识转移进行实证研究后发现，语言障碍、文化差异、时差、方法和实践经历不同、设备和基础设施独特性等因素都可能阻碍知识转移，进而对项目整体成功产生负面影响。姚树俊和郭娜（2015）通过理论分析和实证检验得出，转移主体的知识转移意愿不强烈、知识转移能力低、知识吸收能力低，所转移知识的内隐性高和复杂性高，以及知识转移平台构建不完善、知识转移渠道选择不恰当、知识转移规则不健全都可能带来知识转移风险，并探索了这些风险对企业创新绩效的影响路径。卢新元（2013）认为，IT 服务供应商可能存在机会主义心理而不花时间和精力去努力学习、吸收发包方发送的知识，这会导致在知识转移最后反馈阶段给发包方造成损失,并针对类似的风险提出了相应的激励机制。

区分不同层面的知识转移活动有助于对知识转移研究进行定位,但有些文献对研究定位并未明确。因为知识转移活动可能在个人、项目团队和组织之间交互进行,企业间知识转移既可能发生于项目团队层面,也可能发生在个体之间。因此,本课题在回顾一般情境下知识转移和跨项目知识转移的影响因素研究文献时,不对研究层次做区分。

二、一般情境下的知识转移影响因素维度分析

在本课题中,一般情境下的知识转移指非跨项目情境下的知识转移活动,包括个体之间、团队或项目层面以及企业层面的知识转移活动。在本部分的下文中,若未提及"跨项目","知识转移"均指一般情境下的知识转移活动。知识转移影响因素的实证研究相对比较成熟。不同学者的研究角度不同,对知识转移影响因素的关注点各有侧重。从分析单元看,已有相关研究涉及个人、团队、组织等不同层面知识转移的影响因素。从研究内容看,有些文献集中分析影响知识转移的某个维度的因素,如制造企业车间生产过程的复杂性(Lang et al., 2014)、虚拟培训环境(Moskaliuk et al., 2013)、知识治理机制(Andersson et al., 2015)、网络特征(Xie et al., 2016)等;有些文献同时研究知识转移的多个维度的影响因素,如有文献同时研究知识特征、主体特征、转移情境等对知识转移的影响(Cummings, Teng, 2003; Ko et al., 2005; Frank et al., 2015)。

对知识转移影响因素进行较系统的实证研究的典型例子要数 Szulanski(1996)的研究。他同时考虑沟通过程和情境,较早地提出影响组织内部最佳实践转移的因素包括所转移知识特征、知识源因素、知识接受方因素以及转移情境四个维度因素,并实证检验了这些因素与知识转移有效性之间的关系。其中,知识特征包括所转移知识的因果模糊性(Casual Ambiguity)和未证明性(Unprovenness),知识源因素包括知识源的转移动机和可信任度,知识接受方因素包括知识接受方的吸收动机、吸收能力和保持能力,知识转移情境因素包括知识源与知识接受方之间的关系质量和组织情境。Szulanski(1996)提出的研究模型为后续学者们分析知识转移影响因素提供了非常有益的参考。

Gupta 和 Govindarajan(2000)基于沟通过程与信息理论的视角,提出影

响知识转移的五个关键要素：对知识源知识价值的感知、知识源的动机倾向、知识转移渠道及其丰富度、知识接受方的动机倾向及知识接受方的吸收能力。与 Szulanski（1996）的研究相比，Gupta 和 Govindarajan 这两位学者对知识特征的关注侧重于知识价值感知，同时拓展影响因素维度，增加考察了知识转移渠道因素。Cummings 和 Teng（2003）则将 Szulanski（1996）、Gupta 和 Govindarajan（2000）等提到的各种影响因素视为知识转移的情境，在系统回顾知识转移研究文献的基础上提出，研发团队的知识转移会受到知识情境、关系情境、接受方情境和活动情境的影响，其中，知识情境包括知识的可表达性和嵌入性，关系情境包括组织距离、物理距离、知识距离和规范距离，接受方情境包括接受方持有的项目优先性和学习文化，活动情境指知识转移活动或机制，并采用定量实证研究方法检验了这些情境对研发团队知识转移的影响关系。值得注意的是，在 Cummings 和 Teng（2003）的研究中，转移活动包括评估知识的形式和嵌入性、建立知识转移的组织管理架构以及选择和使用相应的知识转移方式（如文档、会议、培训、参观等），但他们在具体测量时侧重于第三个内容，未涉及前两个内容，因此，他们所研究的转移活动与 Gupta 和 Govindarajan（2000）研究的转移渠道具有相似的含义。

Frank 等人（2015）系统地研究了研发团队之间知识转移的影响。他们综合采用文献研究与质性访谈资料分析的方法，从一百多个影响新产品研发团队间知识转移的研发环境因素中提炼出 16 个主要因素，归纳为四个维度，即人员因素、技术因素、工作设计和外部环境。其中，人员因素细分为工作环境和开发团队能力两个维度，前者包括激励与个人兴趣、文化与组织气氛、人员管理的领导权力与组织战略，后者包括人员与技术方面的技能、团队管理实践、研究中心之间的关系；技术因素细分为技术架构和物理架构，前者包括信息通信技术和数据库集成、用户使用信息技术与数据库的可接近性、项目开发设备，后者包括工作地点配置和空间充足度；工作设计主要指产品开发管理，包括产品战略、结构组织和项目活动、新产品研发工作和方法的使用；外在环境指外在影响，包括与供应商等其他业务单元的关系、知识政策、人力资源与区域文化的形成。

国内不少学者也对知识转移的多维影响因素进行探索。比如，叶舒航等（2014）研究了转型企业从外到内的知识转移的影响因素，包括知识特性、

(企业)主体因素、转移方式、转移情境,其中,知识特性包括内隐性、模糊性、嵌入性,(企业)主体因素包括企业的接收意愿、吸收能力、企业学习和激励机制,转移情境包括知识基差异、关系强度、信任程度、冲突协调、沟通交流。

在 IT 领域,知识转移的多维影响因素也得到证实,一个典型的例子是 Timbrell 等人(2001)的研究。Timbrell 等人将 Szulanski(1996)的框架模型引入信息系统领域,以澳大利亚昆士兰州信息系统实施过程中发生的知识转移为调研对象,探索了阻碍组织内部最佳实践转移的相关因素。他们原封不动地采用 Szulanski 提出的研究框架,采用与 Szulanski 相同的研究方案,只是对研究变量的测量指标做情境适应性的改动。在修改好测量指标后,这两位学者展开大样本调研和验证。研究结论与 Szulanski 得出的结论存在较大的差异。比如,Timbrell 等人研究得出,在信息系统实施时进行最佳实践转移的过程中,因果模糊性的影响比较小,接受方缺乏获取知识和吸收知识的动机所起的阻碍作用较大,贫瘠的组织环境所产生的阻碍作用最大,等等;而 Szulanski 的研究结果却是,阻碍组织内部最佳实践转移的前三大主要因素是知识的因果模糊性、接受方缺乏吸收能力和主体间的紧张关系。由此可知,信息系统领域的知识转移与其他领域的知识转移还是存在差异,这更加说明了本书研究 IT 服务企业的跨项目知识转移问题的必要性。

从上面分析的研究可知,知识转移的影响因素是多方面的,尽管不同学者关系侧重点有所不同,但也有共同之处。综合这些研究文献,知识转移影响因素可系统归纳为知识因素、主体因素、转移活动和转移情境❶,可用图 2-1 简单地表示。

当然,图 2-1 只是简要地展示知识转移影响因素的主要维度,实际上,各维度的因素对知识转移的影响路径是复杂多样的。比如,Ko 等人(2005)深入研究了知识源与知识接受方共享理解和紧张关系在沟通编码能力、沟通解码能力和知识源能力对知识转移效果的中介作用,Gorovaia 和 Windsperger(2013)研究了信任在系统知识复杂性与知识转移机制之间的调节作用。

---

❶ 这里的情境是狭义的,指知识转移赖以发生和开展的环境,不同于 Cummings 和 Teng(2003)研究中的广义情境。如无特殊说明,本书中的情境都是指狭义情境。

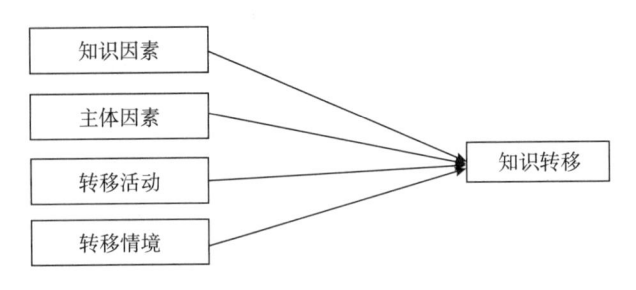

图 2-1 一般情境下的知识转移影响因素维度框架

三、各维度的知识转移影响因素分析

借鉴已有研究对知识转移影响因素的系统分析框架（见图 2-1），下面从知识因素、主体因素、转移活动、转移情境四大方面，详细回顾和分析一般情境和项目情境下知识转移的各维度影响因素。

（一）知识因素

学者们考察了不同知识属性对知识转移的影响。其中，现有文献对知识内隐性及其相关或相近属性的研究较为丰富。Kang 等人（2010）基于知识观点和组织学习理论视角，以跨国咨询公司的数据为依据，研究了知识的内隐性、难度和重要性对组织知识转移努力程度（即知识需求方与知识源接触的频率）的影响关系，结果显示知识的这三个特征对知识需求方与知识源接触频率具有正向影响关系。这意味着当知识是内隐的、难度大的或重要的，公司应投入更多的努力去获得这些知识。朱亚丽等人（2012）从企业层面出发，探讨知识缄默性对两个企业间知识转移的影响关系，并考察了知识转移双方企业的联结强度、网络密度、网络范围、网络中心度在其中的调节作用。研究结果表明：在知识缄默性与知识转移效果之间具有显著调节作用的是知识源企业的网络范围和网络中心度，联结强度、网络密度、知识接受企业的网络范围和网络中心度均没有显著的调节作用。这一结果暗示了在缄默程度高的知识转移过程中，取得知识源的积极配合比知识接受方自身的努力更为重要。另有学者研究了知识内隐性的相对属性。比如，有学者研究了知识可编码性与 IT 离岸外包合作中客户与供应商之间知识转移的影响关系，基于 146 个新加坡 IT 离岸外包合作关系的调查数据研究得到，知识可编码性与该情境下的知识转移具有显著的正相关关系（Teo，Bhattacherjee，2014）。另有学者研究了显性知识转移与隐性知识转移之间的关系，结果发现：当隐性知识转移面临难以逾越的困难时，可借助显性知识转移作为手段和基础，通过显性知识转移的积累，最终实现转移（邓春平，毛基业，2012）。

其他学者研究了知识嵌入性的影响。Pan等人（2001）在对信息系统项目进行深入的案例研究之后得出，IT项目知识嵌入复杂的组织内部过程、合法系统（Legacy Systems）、组织外部过程和IT系统中。Cummings和Teng（2003）认为，知识总是依附在人、工具和规则中，因此，他们用知识嵌入到人员、工具和任务这三大要素以及人员-工具、工具-任务、人员-任务的次级网络中的程度来测量知识嵌入性，并定量检验了这一知识属性对团队间知识转移的影响程度。

此外，Szulanski（1996）研究了知识的因果模糊性和未证明性对组织最佳实践转移的影响关系。在IT领域，Timbrell等人（2001）借鉴Szulanski（1996）的研究，检验了知识的因果模糊性和未证明性对IT项目实施中最佳实践转移的影响关系，结果发现：信息系统配置项目中的知识因果模糊性较小，对最佳实践转移的影响不显著，知识未证明性也只在信息系统上线阶段产生的影响关系才显著。Karlsen和Gottsehalk（2004）研究了知识的内隐性和系统性与IT项目团队内部知识转移的关系，结果是前者对知识转移的阻碍作用并不明显，而后者却对知识转移绩效有显著的影响作用。尹洁等人（2011）对制造企业已实施上线ERP项目的关键用户进行调查，用获得的152份问卷数据进行研究，结果得到ERP知识的内隐性和因果模糊性都与知识转移效果显著负相关。

国内学者胡玲、金占明（2012）研究跨国公司战略管理知识的内隐性和专有性特征对在华子公司战略目标实现的作用机制，对132家在华子公司进行实证研究结果表明，战略管理知识的内隐性和专有性特征对在华子公司战略目标实现的直接影响由于知识质量与吸收能力中介作用的存在而减弱，在统计上不显著；内隐性和专有性都对知识质量有显著正向影响，但只有专有性对吸收能力存在显著正向影响。

(二) 主体因素

由于主体是知识的最重要承载者，是知识转移开展的执行者，其特征是知识转移过程的重要影响因素之一，要使知识转移项目取得成功，一个关键环节是关注知识转移的主体因素（Chirawattanakij，Vathanophas Ractham，2016）。从研究现状看，已有文献主要考察知识转移中的主体特征有转移能力、吸收能力、转移意愿、吸收意愿、可信任性等。转移能力是知识源识别自己所拥有知识的价值及适用条件、了解接受方知识的需求以及正确地将自身知识传递给接受方的能力（Martin，Salomon，2003）。吸收能力是指知识接受方识别和吸收来自外部的新知识并将其应用于商业终端的能力（Cohen，Levinthal，1990）。转移意愿是知识源是否愿意向对知识接受方转移知识的动机或倾向，吸收意愿是知识接受方是否愿意接受和吸收知识源所转移知识的动机或倾向（Szulanski，1996）。

比如，Timbrell 等人（2001）研究了知识源的可信任性（实际上是转移能力）和转移动机、知识接受方的吸收能力和吸收动机对信息系统使用中最佳实践转移的影响情况，利用调查昆士兰州 SAP R/3 使用人员得到的 479 份有效问卷进行实证检验，结果发现：知识源的不可信任性与信息系统实施阶段的知识转移显著负相关，知识接受方缺乏吸收能力和吸收动机也都是重要的阻碍因素，而知识源缺乏转移动机却不是阻碍因素。Ko 等人（2005）实证检验了知识源的沟通编码能力、可信任性和转移动机，以及知识接受方的沟通解码能力和吸收动机对 ERP 项目实施中实施顾问与关键用户间知识转移的影响关系，研究结果是：知识源和知识接受方的内在动机都直接对知识转移有显著的积极影响效应；知识源的沟通编码能力通过影响共享理解（Shared Understanding）而对知识转移有显著的积极影响作用；知识源的可信任性既对知识转移有显著的直接的积极影响效应，也会通过影响双方的紧张关系而对知识转移有显著的间接影响效应；知识接受方的沟通解码能力会通过缓和双方的紧张关系而显著地影响知识转移。

有学者研究了 IT 离岸外包合作中客户与供应商之间知识转移的影响因素，认为客户向供应商寻求知识的动机、供应商向客户共享知识的意愿、客户与供应商过往交互经验这三个主体因素会影响彼此间的知识转移，并调查了新加坡

146个IT离岸外包合作项目，实证研究结果表明：客户动机和供应商意愿和客户与供应商之间的知识转移具有显著的正相关关系，但客户与供应商过往交互经验这一变量的影响关系并不显著（Teo, Bhattacherjee, 2014）。

另有学者（Chirawattanakij, Vathanophas Ractham, 2016）研究了在员工愿意采纳知识的过程中，个人特征起到的影响作用。他们调查了企业白领工人的个人特征——知识发送方与接受方之间的共同语言、知识接受方的先前知识、知识接受方乐于采纳知识的程度以及知识接受方的自信度——对知识转移中愿意采用知识的接受方的知识采纳行为的影响关系。研究结果显示，对于愿意采纳新知识的接受方个人而言，他与知识发送方之间的共同语言以及他的个人自信度直接提升了其启动学习的可能性，转移双方的共同语言和知识接受方的自信度还会交互作用于知识采纳行为，而知识接受方的先前知识和乐于采纳知识程度只是知识接受方知识采纳行为的调节变量。

在国内，有学者分别研究了ERP项目实施中从实施顾问到关键用户的知识转移以及从关键用户到实施顾问的知识转移的影响因素，包括知识源的沟通解码能力和转移意愿、知识接受方的吸收能力、沟通编码能力和获取意愿（徐青，2006）。结果显示，在从实施顾问到关键用户的ERP知识转移中，实施顾问的沟通解码能力显著地正向影响转移双方主体间的关系，实施顾问的转移意愿显著地正向影响转移行为进而影响知识转移结果，关键用户的吸收能力既对知识转移结果有显著的直接的正向影响效应，也通过影响转移行为而对知识转移有显著的间接的影响效应，关键用户通过影响转移行为而对知识转移产生显著的影响作用，关键用户的沟通编码能力对双方关系有显著的负相关关系。在从关键用户到实施顾问的业务流程知识转移中，关键用户的沟通解码能力和转移意愿都会产生显著的正向影响作用，实施顾问的吸收能力对知识转移产生直接影响作用，但显著性水平并不高，实施顾问的沟通编码能力通过影响双方关系而对知识转移有显著的影响关系，而实施顾问的吸收意愿的影响作用不存在。

其他国内学者对制造企业已实施上线ERP项目的关键用户进行调研，研究ERP实施过程中从实施顾问到关键用户的知识转移的影响因素（尹洁，等，2011）。通过对获得的152份有效问卷进行检验的结果是，实施顾问的沟通编码能力与知识转移效果显著正相关，但其转移意愿却与知识转移效果并无正相关关系；关键用户的沟通解码能力与知识转移效果正相关，但其获取意愿和吸收能力对知识转移效果不存在正向的影响效应。

邓春平和毛基业（2012）研究了 IT 离岸外包项目中从海外客户到国内供应商的知识转移中供应商吸收能力的影响，认为吸收能力对隐性和显性知识转移会产生不同的影响，实证检验结果是：吸收能力对隐性知识转移的影响关系是显著的、正相关的，但它对显性知识转移并没有积极的影响作用，这有助于揭示吸收能力与两种知识转移之间的关系。

杜丽虹和吴先明（2013）研究了在海外子公司向我国企业母公司进行的逆向知识转移中母公司知识吸收能力产生的影响作用，他们将吸收能力细化为知识共享、学习和应用以及知识再创新能力三个层次并分别考察它们的影响，结果表明：这三个层次的吸收能力对逆向知识转移产生积极的影响，但影响程度不同。另有学者采用元分析方法研究了在转型企业从外到内的知识转移中企业这一知识接受方因素的影响，包括企业的接收意愿、吸收能力等，实证结果表明，企业的接收意愿和吸收能力都对其外部知识转移具有促进作用（叶舒航，等，2014）。

（三）转移活动

对于转移活动，Cummings 及其合作伙伴（Cummings，Teng，2003）较早、较深入地进行研究。他们提出转移活动的概念，并指出转移活动包括评估知识的形成和内隐性、建立知识转移的管理架构和具体的知识转移方式三个子活动。其中，知识转移方式有面对面沟通、参观、培训、文档传递、人员互换等。通过文档传递、E-mail 传递等转移偏显性知识的方式为初级转移方式，通过人员互换、现场互动等转移偏隐性知识的方式为高级转移方式。随后，有学者基于 Cummings 及其合作伙伴的研究，根据所转移知识的类型，亦将转移方式分为初级转移和高级转移（薛求知，关涛，2006）。

但是，在实证研究中，Cummings 和 Teng（2003）及其他学者大都采用转移方式使用频率测量转移活动这一变量，检验了该变量对知识转移的影响关系。比如，薛求知和关涛（2006）实证检验了初级转移和高级转移这两种方式对跨国公司内部知识转移成功的影响作用。关涛（2012）对跨国知识转移工具重新分类，分为制度性转移（如公司内部文件交换、专利技术转让、电子数据交换等）和人际转移（如工作轮换、跨国培训、团队合作等），并检验了不同知识特征对这两种转移工具选择的影响。张睿和于渤（2008）通过实际采集的数据对技术联盟过程中影响知识转移效果的因素进行实证分析，得到知识转移方式对知识转移实施过程有直接的、显著的正向影响关系的结论。叶舒航等人（2014）在研究转型企业从外到内的知识转移的影响因素时发现，转型企业使用的知识转移方式与其外部知识转移效果呈显著正相关关系。

其他学者从不同角度或立场对转移方式进行分类，并研究不同类型转移方式对知识转移的影响。比如，有学者从知识内隐性着手对知识转移方式进行研究，检验了指导方式和组织惯例方式及它们的组合对 IT 项目知识转移效果的影响关系（Slaughter，Kirsch，2006）。威廉姆斯（Williams，2007）从知识的情境嵌入性角度提出，知识转移有两种典型的实现方式，包括知识复用（Replication）和知识调适（Adaptation），前者指通用性较高、可直接从一个情境再用到另一个情境的知识的转移，后者指通用性较低、需要作适当修改才能从一个情境再用到另一个情境的知识的转移。在实证研究后，Williams 得出：这两种知识转移机制都会影响知识转移，但影响作用略有不同。Chen 等人（2014）从协作视角研究了知识复用和知识调适机制对知识转移有效性的影响。

（四）转移情境

在知识转移理论中，情境因素具有非常广泛的含义。从已有文献看，影响知识转移的情境因素主要包括四个方面，即知识源与知识接受方之间的关系情境、组织管理情境、任务情境和网络情境。

1. 知识源与知识接受方之间的关系情境

自 Szulanski（1996）较早地考察了知识源和知识接受方之间的紧张关系（Arduous Relationship）对知识转移的影响作用后，知识源和知识接受方之间的关系情境备受学者们关注。随后，在知识转移相关文献中，知识源与知识接受方之间的情境因素并不局限于知识源与知识接受方之间的关系质量，而是涉及多个方面，还包括二者之间的知识距离（周密，等，2015）、制度距离（陈怀超，等，2014）等其他因素。

有不少学者对知识源与知识接受方之间情境因素的影响作用展开研究。比如，在 Ko 等人（2005）的研究中，关系情境包括两个要素，一个是紧张关系，一个是共同理解。ERP 项目中实施顾问和关键用户之间的紧张关系对彼此之间知识转移具有显著的负效应。共同理解指 ERP 实施顾问与关键用户在工作规范、问题解决方法、已有工作经验、价值观、世界观等方面所持观点的相似程度。这一变量对知识转移所产生的是积极的促进作用。但对于知识源与知识接受方之间的紧张关系，Timbrell 等人（2001）研究了其对信息系统项目进行过程中发生的知识转移的影响，结果发现紧张关系在信息系统启动、上线、实施和整合四个阶段对最佳实践转移都没有产生影响作用。这说明 IT 项目中知识源与知识接受方之间的关系较为和睦。徐青（2006）对紧张关系与 ERP 项目实施中知识转移之间影响关系的实证研究结果也表明，紧张关系对从实施顾问到关键用户的 ERP 知识转移不存在负作用，对从关键用户到实施顾问的业务流程知识转移存在较弱的负向影响。可见，Ko 等人（2005）与 Timbrell 等人（2001）、徐青（2006）对紧张关系与 IT 项目知识转移效果之间关系的研究结论并未一致，这说明紧张关系是否会对知识转移产生阻碍作用需要视具体情况而定。

有学者专门深入研究知识距离对知识转移的影响关系。周密等人（2015）根据知识隐含性和知识复杂性将知识分为四类，并对生产制造行业和通信行业的上市公司员工进行调查和实证检验，结果表明对于不同类型知识，知识距离对知识转移容易性和知识评价产生不同的影响作用。

2. 组织管理情境

另外，有学者较全面地分析了各种关系情境对知识转移的影响。叶舒航等人（2014）研究了转型企业从外到内的知识转移中各种关系情境因素的影响，这些因素包括知识源与转型企业之间的知识基差异、关系强度、信任程度、冲突协调、沟通交流。

Szulanski（1996）在对组织内部最佳实践转移的影响因素进行较为系统的研究之后指出，如何采取管理努力来实现知识相关因素对知识转移的有益影响是一个非常值得研究的方向。Davenport 和 Prusak（1998）在实证分析后也指出，成功的知识转移往往需要组织持续采取一系列相关的管理努力。沿着这一方向，不少学者对知识转移的组织管理情境做了探讨和研究。Gold 等人（2001）将对知识管理活动的组织支持视为组织的一种能力，并称之为"知识架构能力"，并将其细化为组织结构、组织文化和信息技术平台，其中组织结构包括组织的结构形式和制度。通过大规模的实证调研和检验，结果显示组织结构、组织文化和信息技术平台都是知识管理活动有效进行所不可缺少的。而知识转移是知识管理活动的一个环节，必然也需要这些组织管理支持。有国内学者通过文献回顾的方法，较为全面地总结了已有研究中影响知识转移的组织情境，并将它们归纳为六个类别，即组织结构、一般制度、技术系统、激励机制、文化机制和信任机制（左美云，等，2011）。归纳起来，现有研究涉及的影响知识转移的组织管理情境主要有组织结构、组织文化、组织制度和技术使用四方面因素。

在组织结构方面，Nonaka 等人（1994，2006）是知识管理领域的知名学者，他们在对知识管理的长期研究中多次指出，兼具刚性和柔性特征的超文本团队结构在为知识转移活动提供组织保障的同时，也提高了团队知识转移的效率。Andersson 等人（2015）研究了跨国公司情境下的 169 个知识转移项目，结果得到：公司总部参与知识开发并没有对作为知识接受方的业务单元的知识利用产生显著的影响，反过来，等级治理结构对知识利用产生消极的影响作用；但是，扁平化的横向关系却是促进子公司建立知识转移过程能力以驱动接受方知识利用的一个重要因素。

在组织制度方面，实证研究结果表明，有效的契约机制（包括激励制度）有助于激发知识源转移知识和知识接受方获取与吸收知识的动机，诱导他们增加用于相互转移知识的时间，从而促进知识转移深入进行（Burgess，2005；Bosch – Sijtsema，Postma，2010）。在组织文化方面，Joshi，Sarker 等人（Joshi et al.，2004；Sarker et al.，2005；Joshi et al.，2007）对影响 IT 项目团队知识转移的团队凝聚力、团队文化、团队信任等因素做了系列研究。国内学者也检验了领导重视程度和组织文化这两个因素对制造企业信息化项目中从实施顾问到关键用户的知识转移的影响关系，得出这一关系显著正相关的结论（尹洁，等，2011）。Hammami 等人（2013）对 301 位医疗服务行业专业技术人员知识转移中组织氛围的影响进行研究，认为作为多个维度概念的组织氛围对专业技术人员的知识转移活动具有直接的影响关系；另外，提倡赋予专业技术人员自主权和提倡合作的组织氛围也对知识转移活动产生间接的影响，这种影响主要借助于对专业技术人员提供的组织支持的中介作用。在技术使用方面，有学者采用理论开发与实证调研的方法，探索了连锁加盟环境下 IT 使用对知识转移有效性的影响作用。实证检验结果显示，对于加盟商而言，IT使用通过影响知识转移有效性而成为一种重要的学习机制（Iyengar et al.，2015）。

另有不少学者综合地研究各种组织管理情境对知识转移的影响。Timbrell等人（2001）在研究澳大利亚昆士兰州信息系统实施过程中的知识转移之后得到，缺乏良好的组织结构、制度和文化等贫瘠的组织环境严重地阻碍了团队间最佳实践的有效转移。Karlsen和Gottschalk（2004）对IT项目知识转移影响因素的实证检验结果显示，组织良好的制度、程序和文化对知识转移具有显著的正向影响关系，而信息技术的影响关系不显著，原因在于IT人员对信息技术平台比较熟悉，很少存在使用方面的障碍。杜丽虹和吴先明（2013）研究了在海外子公司向我国企业母公司进行的逆向知识转移中企业内部制度环境产生的影响作用，他们从创新文化、学习型组织、管理信息系统、人力资源支持、其他资源支持和沟通渠道六个方面考察企业内部制度环境的影响，结果表明这些制度环境因素为逆向知识转移提供良好的支持和保障。

总之，已有研究成果表明，组织管理情境对于成功的知识转移是非常重要的。要有效地开展知识转移，需要创造和提供良好的组织管理情境。

3. 任务情境

对于影响知识转移的任务情境，学者们关注任务的相似性、复杂性、不确定性、紧迫性、业务过程复杂性等。Argote和Ingram（2000）在分析人员、任务和技术组成的互动网络影响组织知识共享的研究中得出，不同情境下任务的相似性是影响执行这些任务的人员之间知识转移的一个重要因素。因此，为了转移有用的相关知识，必须先识别出两个任务之间的相似特征。而且，任务越相似，知识转移就显得越容易（Darr，Kurtzberg，2000）。Grant（1996）指出，项目任务复杂性不利于隐性知识转移。这是因为项目任务复杂性的提高，一方面会加强人与人之间的依赖关系，进而形成复杂的人际关系网络和等级组织管理制度，另一方面要求有更广泛的知识网络促进知识交流以完成项目任务。而项目任务复杂性越高，这两个方面之间明显存在的矛盾越突出，从而对项目成员建立开放的、直接的联系来促进隐性知识转移越有阻碍作用。Roberts等人（2002，2005）的研究结果表明，任务复杂性越大，信息分享效率越低，团队沟通和组织管理的效果也会越差。

Tatikonda和Rosentha（2000）通过研究得出，任务不确定性直接导致知识转移的时间滞后问题。Tatikonda 和 Montoya–Weiss（2001）指出，任务不确定性提高，会增强项目所需技术的新颖程度、项目对技术的依赖程度以及项目目标不确定性，进而大大减慢了知识转移的速度，因而对知识转移的时间要求具有负面的影响作用。樊钱涛和王大成（2009）也研究了任务复杂性和任务不确定性对项目优先级、项目团队学习倾向等项目特征与隐性知识转移效果之间关系的调节作用。

Carrillo 等人（2004）认为项目紧迫性是影响知识转移的一个重要因素。当项目活动安排过于紧密、项目成员感知到的紧迫性很强时，他们就会把大量的时间和精力用于完成项目任务，因而缺乏时间参与知识交流、经验分享、问题讨论等知识转移活动，从而降低知识转移效果。Cao 等人（2012）研究了电子商务工作环境下虚拟团队任务、工作投入与团队隐性知识转移的关系，通过问卷调查和检验分析得到，隐性知识并不会显著影响虚拟团队任务和工作投入，而团队任务和工作投入对隐性知识转移具有显著的正向影响关系。Lang 等人（2014）对制造企业的实证研究得到，对于复杂度低的车间生产过程，知识转移能带来较高的生产绩效；对于复杂度高和中等水平的车间生产过程，知识转移会导致生产绩效降低而非得到提升，因此不从标杆公司转移知识到车间是一种最优选择。也就是说，生产过程复杂度对知识转移与生产绩效之间关系具有调节作用。

从以上研究可以看出，各个学者基于不同研究目的所关注的任务情境各有侧重，这些研究有助于我们理解任务情境对知识转移的影响关系。

4. 网络情境

在开放创新的背景下，学者们越来越多地考虑将合作创新网络作为驱动公司知识转移的有效架构，因此，越来越多的学者开始关注知识转移的网络情境。比如，产业集群是一种典型的网络组织形式，其中存在复杂和多种多样的网络关系和网络结构，而集群中的各个企业根据规模、实力等因素，处在集群网络结构中的不同位置、扮演不同角色。在集群网络情境中，知识创造和知识转移不断互动，从而形成多种知识学习轨迹，大大提高了集群企业知识转移和组织学习的效率，从而帮助集群获取竞争优势（疏礼兵，2008）。另有学者就基于对中国高技术企业的调研，研究了合作创新网络因素对知识转移绩效的影响关系，结果发现：网络规模、网络联结强度、网络中心性决定着知识转移绩效,但网络异质性对知识转移绩效并没有显著的影响作用(Xie et al.,2016)。总体上看,目前从网络视角研究知识转移影响因素的文献并不多。

第三节 一般情境下知识转移的维度与测量

一、知识转移的维度

学者们基于不同的研究目的和研究视角,探讨了知识转移的维度问题。比如,Hong 等人(2004)根据知识转移主体划分,从三个维度研究组织知识转移,包括组织与客户间的知识转移、组织与供应商间的知识转移和团队内部的知识转移。Bock 等人(2005)依据知识属性,将知识转移分为隐性知识转移与显性知识转移两个维度。

在 IT 领域,大多数学者依据转移主体来探讨 IT 项目知识转移的维度。比如,有学者将 ERP 实施服务中的知识转移分为从 IT 企业到客户企业的知识转移以及从客户企业到 IT 企业的知识转移,其中,从 IT 企业到客户企业的知识转移有如特定业务流程知识的转移,从客户企业到 IT 企业的知识转移有如先进的 ERP 管理思想、ERP 软件使用方法等知识的转移(Rus, Lindvall, 2002;Ko et al., 2005;Xu, Ma, 2008)。Haines 和 Goodhue(2003)将 ERP 项目实施中企业、ERP 供应商和咨询机构(Implementer – Vendor – Consultant)之间的知识转移分为三个维度,包括业务流程知识转移、软件知识转移和项目管理知识转移。Tesch 等人(2009)也认为,客户不仅拥有业务领域知识,还拥有信息系统应用知识,而信息系统开发者不只拥有信息技术知识,也积累了业务领域知识。因此,他们将信息系统开发项目中的知识转移分为两个维度,包括客户将已经拥有的信息系统相关知识转移给信息系统开发人员的活动,以及信息系统开发人员将已拥有的业务领域知识转移给客户的活动。他们的实证研究结果显示,客户和信息系统开发人员所拥有知识的共性程度对项目成功实施具有显著的正向影响。

在国内,徐青(2006)在其博士学位论文中将 ERP 项目实施中的知识转移细分为两类,一类是从实施顾问到关键用户的 ERP 知识转移,另一类是从关键用户到实施顾问的业务流程知识转移。针对这两类知识转移，徐青分别构建了两个影响因素研究模型，并都做了大样本调研和实证检验。杜红等人（2005）认为，客户企业、系统集成商、软件厂商和管理咨询机构等干系人各自所拥有的知识都是ERP项目成功实施所需要的，因而ERP项目实施中的知识转移包括这几个干系人之间的知识转移。中国人民大学左美云教授（2004）将信息系统项目相关主体间知识转移分为六种，包括合同型转移、指导型转移、参照型转移、约束型转移、竞争型转移和适应型转移。何永刚（2007）在回顾和总结已有研究成果的基础上，同时根据转移主体和所转移知识，对IT项目知识转移进行分类。首先，他将信息系统开发项目涉及的知识分为五大类，包括信息技术知识、开发过程知识、IS应用知识、业务领域知识和组织知识。然后，他将这五类知识归属于两大类知识转移活动：一类是从开发人员到用户的知识转移，包括开发过程知识、信息技术知识和IS应用知识（指信息系统的操作和维护等方面的知识）的转移，另一类是从用户到开发人员的知识转移，包括应用领域知识、组织知识和IS使用知识（指将信息系统应用于业务实践的知识）。

以上对IT项目知识转移的研究主要关注嵌入到项目内部的业务领域知识和技术领域知识的转移，而对如何与特定伙伴更好合作以使项目实施进展更顺利的知识的转移关注得较少。因此，国内学者邓春平（2008）在分析国内外相关研究成果的基础上，站在IT外包服务企业的角度，将IT外包项目中的知识转移分为技能知识转移和合作知识转移。其中，技能知识转移是嵌入项目实施中的知识和项目实施技能的转移；合作知识转移是特定合作关系知识的转移，如如何了解合作伙伴的实力状况、合作目标、双方合作流程等方面的知识。这两类知识转移的性质、影响因素以及它们对项目实施绩效的影响都存在差异（Tsang，1999；Inkpen，Currall，2004）。

此外，有少数学者则聚焦于组织内部跨项目知识转移，即研究IT服务企业内部发生在不同项目之间的知识转移。Disterer（2002）指出，IT项目实施工作是典型的知识密集型工作，需要集成计算机、管理学等多学科领域知识，因此，一个IT项目实施过程中产生的知识是IT服务企业的宝贵资源。将这些知识转移和再用到其他IT项目，有利于提高项目实施的效率和绩效，是IT服务企业获取市场竞争优势的一个关键因素。Disterer认为，IT服务企业内部的跨项目知识转移涉及技术知识、业务知识、管理知识等的转移。其中，技术知识有如使用新工具的经验知识，业务知识有如客户所处行业的业务领域知识，管理知识有如与外部合作伙伴进行合作的经验、有关合作公司所拥有的特殊技能、关键竞争力、优劣势等方面知识。

综上分析，大多数学者将知识转移视为知识源与知识接受方之间的一种互动活动，因而主要从转移主体或 IT 项目干系人着手，分析知识转移的维度。总体上看，已有文献对 IT 项目知识转移维度的研究很丰富，但对跨 IT 项目知识转移维度的研究却很少。因此，有必要关注 IT 服务企业跨项目知识转移的维度。

二、知识转移的测量

知识转移的测量是指作为因变量的知识转移所进行的评估，也即对知识转移结果所进行的评估。知识转移结果的评估方法有多种。Argote 和 Ingram（2000）从知识接受方角度提出了两种测量方法，一种是测量知识转移所带来的知识接受方的知识变化情况，另一种是测量知识转移所带来的知识接受方的绩效变化情况。Cummings 和 Teng（2003）系统地总结出知识转移效果的四种评估方法：一是测量某一时间段内所转移知识的数量，这是最基本的方法；二是从绩效角度，衡量由既定的时间和预算投入所带来的知识接受方的满意程度；三是从技术转移和创新的角度，用知识接受方对所转移知识进行使用、再创新（Recreated）、能力提升的程度进行测量，其实，这个角度的测量涉及知识再创新、行为改变和能力提升；四是从制度理论的角度，用知识接受方通过知识转移所获得的所有权、相关承诺和满意程度等其他方面进行测评。从现有相关研究看，当知识转移作为因变量时，学者们多使用知识接受方在知识、行为、能力和绩效这几个维度的变化情况进行测量。而且，有的学者从单一角度进行测量，有的学者从多个角度进行综合测量。

现有文献从单一角度单一测量维度测量知识转移有效性时，主要聚焦在知识、能力和绩效等维度。在知识维度，Joshi 和 Sarker（2006）采用从其他团队成员那里学习到的与信息系统开发（Information System Development，ISD）相关的技术知识和管理知识的程度测量 ISD 团队内部知识转移结果。Teo 和 Bhattacherjee（2014）在研究 IT 离岸外包合作中客户与供应商之间知识转移的前因及效果时，采用客户公司从供应商获取有关软件开发的应用架构、软件设计、业务过程设计、编程和检测四方面知识来测量知识转移这一变量。国内学者也从了解业务流程知识、掌握特殊的业务处理方法等的程度来测量 ERP 项目中从实施顾问到关键用户的知识转移结果（徐青，2006）。邓春平和毛基业（2012）在对 IT 离岸外包项目中从海外客户到国内供应商知识转移影响因素的研究中，使用国内供应商通过完成项目而从海外客户学到质量控制方法、工作量估算与管理方法和进度估算与管理方法三个题项测量显性知识转移，使用国内供应商通过完成项目而从海外客户学到品质意识、客户服务意识和严谨的工作态度三个题项测量隐性知识转移。

在能力维度，Ko 等人（2005）在研究 ERP 项目实施过程中从实施顾问到关键用户的知识转移影响因素时，采用系统配置能力、系统测试能力、培训能力、对敏感问题提问能力等的提升情况测量知识转移效果。

在绩效维度，Karlsen 和 Gottsehalk（2004）采用项目绩效、项目结果、系统实施、组织相关者的利益等指标来测量 IT 项目知识转移的成功程度。Kulkarni 等人（2006）采用工作绩效、工作效率、工作有效性等的提高程度来衡量知识转移与共享所带来的工作绩效变化情况。Tesch 等人（2009）也从项目绩效角度测量信息系统开发项目中实施顾问与用户之间的知识转移效果。

另外，有学者综合多个角度测量知识转移效果或知识转移有效性。比如，张睿和于渤（2008）从知识转移过程的顺利程度、企业接受知识的种类多少、企业愿意使用所转移知识的程度和企业应用知识能力得到提高的程度测量技术联盟过程中知识转移效果。这里明显涉及知识、行为、能力等多个测量维度。Iyengar 等人（2015）在研究连锁加盟环境下 IT 使用对知识转移有效性的影响作用时，分别开发了 6 个反应型（Reflective）题项和 3 个构成型（Formative）题项测量知识转移有效性。其中，反应型题项都是从连锁加盟项目中获取有用知识和知识水平得到提升的角度进行开发的，构成型题项分别是是否会使用所获得知识进行人力资源管理（即招聘、培训和保留加盟商）、提升销售额度、执行技术和管理功能。显然，这里的反应型题项是从知识维度测量知识转移有效性，而构成型题项是从基于知识变化带来的行为变化这一角度测量知识转移有效性。

尹洁等人（2011）在研究 ERP 实施过程中从实施顾问到关键用户的知识

转移的影响因素时，从 ERP 管理理念、项目实施方法论、ERP 系统技术知识和 ERP 绩效测量因变量知识转移效果。杜丽虹和吴先明（2013）在研究海外子公司向我国企业母公司进行的逆向知识转移中母公司知识吸收能力产生的影响作用时，采用转移频率和转移效果两方面评估因变量逆向知识转移，其中转移频率包括技术知识、管理知识、市场知识和文化知识的转移频率；转移效果包括实现知识共享的效果、实现知识应用的效果、构建知识转移制度和管理体制、实现知识嵌入目标、实现自主创新效果。可以看出，这几位学者是综合评估知识和绩效两个角度的知识转移效果。

从以上分析还可看出，基于不同角度测量知识转移结果的方法实际上可划分为两大类：一类是直接测量方法，即测量知识转移所带来的知识因素的变化情况，如所转移知识的数量多少和质量高低，这是测量知识转移的最直接影响；另一类是间接测量方法，即测量知识转移所带来的非知识因素的变化情况，如行为变化、能力变化和绩效变化。这些研究将为本书后面章节测量跨项目知识转移效果提供良好的理论研究基础和借鉴。

第四节　跨项目知识转移影响因素研究回顾

一、跨项目知识转移研究概况

1. 中外文献查询概况

中文文献通过中国期刊全文数据库（CNKI）和维普中文科技期刊数据库（VIP）进行查询。通过初步查询判断，跨项目情境下知识转移的现有研究偏少，因此查询的文献来源不仅局限于期刊论文，还包括学位论文和会议论文。采用组合检索方式，即用"知识""知识转移"与"跨项目""项目间"这两组关键词分别进行两两组合，在"题名或关键词"中进行检索。截至 2016 年 3 月 31 日，分别在 CNKI 和 VIP 检索到 22 篇和 18 篇文章，两个数据库中检索到的文章大部分相同。这些文献中，只有少数文献的标题明确含有"跨项目知识转移"和"项目间知识转移"，有些文献研究的是跨团队知识转移但并不是跨项目知识转移，另有一些文献的研究主题涉及科研教学与气象观测等非企业管理范畴的项目间知识转移。因此，进一步逐一查阅文献摘要，对初次文献检索结果进行筛选，剔除实际研究主题与本课题所研究范畴不符合的文献。另有一篇论文（刘静琳，李桂君，2010）既是会议论文又是期刊论文，只计在期刊论文范畴。

外文文献通过 Proquest、Elsevier SDOL、Springer LINK、EBSCO、IEEE Xplore、学术 Google 等数据库进行查询，采用组合检索方式，即用"Knowledge""Knowledge Transfer"与"Cross – project""Between Projects""Inter – project""Multi – project"这两组关键词分别进行组合，在"关键词"中进行检索，文献发表时间未做限制。对比文献来源限定为期刊与不做限定的检索条件，后者检索到的直接相关文献（如论文标题中直接含有"Cross – project""Knowledge Transfer"）明显比前者多，但总数均不多。因此，我们同样放宽文献来源范围，涵盖期刊论文、会议论文、学位论文、工作论文（Working Paper）等，检索到 41 篇文章。在这些文献中，部分研究的并非"企业跨项目情境下的知识转移"范畴的主题，如有文献研究跨项目情境下的学习、跨团队学习、教学情境下的学生跨项目知识关联等，我们将其剔除。另有文献研究了跨项目学习中的跨项目知识转移过程等问题，我们将其纳入本课题分析范畴。

从专业用语看，中文文献更多采用"项目间知识转移"这一术语，较少使用"跨项目知识转移"；国外则相反，更多地使用"跨项目知识转移"（Cross – project Knowledge Transfer 或 Inter – project Knowledge Transfer）。值得注意的是，本课题主要从知识管理角度分析跨项目知识转移研究文献，文献分析不涉及跨项目学习的研究。还有，本课题通过手动查询方法查阅得到的文献可能未能覆盖所有跨项目知识转移的文献，因此，下面对跨项目知识转移文献的分析仅是概况分析。

2. 跨项目知识转移研究文献的年份分布概况

通过初步查询发现，企业跨项目知识转移的中外研究文献很少。下面对经过筛选得到的专门探索与分析企业跨项目知识转移的 30 篇中文文献和 24 篇英文文献❶进行年份分布概况分析。通过分析得到，企业跨项目知识转移研究的

---

❶ 这里严格区分企业跨项目知识转移和企业跨项目学习，所分析文献仅局限于研究企业跨项目知识转移。

中文文献在 2004 年之前几乎没有，最近 10 年的研究文献渐有增加，但总数较少；企业跨项目知识转移研究的外文文献在 2000 年之前就有 6 篇，此后的文献数量呈现递增趋势，但总数同样较少。进行比较可知，中外文献的共同点是，近几年的研究文献数量整体上均呈现增加的趋势，但总量都很少，这说明当前国内外研究者都在关注和逐步重视企业跨项目知识转移研究，但整体上都还处在初期探索阶段。中外文献的不同点体现在，国际上早在 20 世纪就开始关注企业跨项目知识转移这一议题，而国内对该议题的研究起步明显较晚。另外，从中文文献的期刊论文看，只有约 1/4 的文献发表在《科学学与科学技术管理》《科技管理研究》《科技进步与对策》《管理案例研究与评论》等核心期刊，其他的大部分文献均发表在普通期刊上。这些统计结果表明，国内对企业跨项目情境下知识转移问题的重视程度还远远不够，高质量的研究文献少之又少。

3. 跨项目知识转移研究主题概况

同样地，这里采用经过筛选得到的专门探索与分析企业跨项目知识转移的 30 篇中文文献和 24 篇英文文献进行研究主题概况分析，结果如表 2-1 所示。可以看出，中文文献分析最多的主题是跨项目情境下知识转移的影响因素（31.9%）、

表 2-1 跨项目知识转移文献的研究主题汇总

中文文献的研究主题	频数	占比	外文文献的研究主题	频数	占比
项目间知识转移要素（知识、主体等）特征	6	12.8%	跨项目知识转移的要素（知识、主体、载体等）特征	3	9.7%
项目间知识转移方式策略	4	8.5%	跨项目知识转移的方式策略	8	25.8%
项目间知识转移/共享类型	5	10.6%	跨项目知识转移的类型	3	9.7%
项目间知识整合与转化	1	12.8%	跨项目知识转移的过程	3	9.7%
项目间知识转移/共享过程	5				
项目间知识转移障碍及对策/促进因素	7	14.9%	跨项目知识转移的障碍及促进因素	7	22.6%
项目间知识转移/共享的影响因素	15	31.9%	跨项目知识转移的影响因素	4	12.9%
项目间知识转移的效果（含影响效应及收益成本）	3	6.4%	跨项目知识转移的效果（含影响效应）	2	6.4%
量表测量	1	2.1%	跨项目知识转移综述	1	3.2%
总计	47	100%	总计	31	100%

障碍及对策（14.9%），其次是该知识转移活动的要素特征（12.8%）、过程及活动事件（12.8%），再次是类型（10.6%）、方式策略（8.5%），接下来是效果（6.4%），最后是量表测量（2.1%）。外文文献分析最多的主题是跨项目知识转移的方式策略（25.8%）、障碍及促进因素（22.6%），其次是影响因素（12.9%），再次是要素特征、类型、过程（占比均为9.7%），接着是效果（6.4%），最后是综述（3.2%）。

通过对比分析发现，中外文献在研究主题上既有相同点，也有不同之处。相同点主要体现在，涉及的研究主题范围较相似，均较多地关注跨项目知识转移的障碍及促进因素，对跨项目知识转移的结果研究很少。不同点主要有几个方面的体现。首先，文献主题关注的侧重点不同。中文文献首要关注的是跨项目知识转移的影响因素，较多地分析该知识转移活动的要素（知识、主体、载体等）特征和过程模型，对该知识转移活动方式策略的研究明显较少；而外文文献则相反，其关注最多的是跨项目知识转移的方式策略，对该知识转移活动影响因素的研究较少。

其次，每篇文献的研究主题数量和研究深度不同。从研究主题出现的频数与所用的检索文献数量的占比看，中文文献的占比（47÷30×100% = 156.7%）大于外文文献的占比（31÷24×100% = 129.2%）。若不考虑学位论文和会议论文，这一占比的差距更大。实际上，每篇中文期刊文献大多涉及多个研究主题，当前研究主要还处在对跨项目知识转移的概念性分析、相关研究模型介绍，较为浮浅，对某一主题做深入研究的文献很少。而不管是期刊论文还是会议论文、工作论文，每篇外文文献的研究主题明显比较聚焦、研究较深入。如有外文文献聚焦于跨项目转移的方式策略，通过案例研究方法分析策略的类型及适用情境（Boh，2007）。此外，外文文献早已出现跨项目知识转移综述，但中文文献至今尚无此类文献，这进一步说明很有必要对国内外的跨项目知识转移研究进行综述，以为国内在该领域的后续研究提供便利。

4. 跨项目知识转移研究方法概况

借鉴已有综述类研究（刘咏梅，等，2009），本课题将研究方法分为实证和非实证研究两大类。其中，实证研究方法细分为案例研究（含"定性推理 + 案例验证"）、调查研究、实验研究、工具开发四种，并结合跨项目情境下知识转移文献实际使用的研究方法，将非实证研究方法细分为纯定性推理分析、博弈论分析和数理模型推理分析三种。同样地，这里采用经过筛选得到的专门探索与分析企业跨项目知识转移的 30 篇中文文献和 24 篇英文文献进行研究方法概况分析，结果如表 2-2 所示。可以看出，对于跨项目情境下知识转移研究，60% 的中文文献采用非实证研究方法，只有 40% 采用实证研究方法，而且这些实证研究文献中有一半以上是学位论文。也就是说，大多数的中文期刊论文采用非实证研究方法探索跨项目知识转移问题，但其规范性、严谨性有待加强。而外文文献大多数（87.5%）采用规范的实证研究方法，采用非实证研究方法的文献很少（12.5%），显然，外文文献的研究设计明显较规范、论证较严谨。

表 2-2 跨项目情境下知识转移中文文献的研究方法

研究方法		中文文献		外文文献	
		频数	占比	频数	占比
非实证研究方法	纯定性（推理）分析	14	60.0%	3	12.5%
	博弈论分析	2		0	
	数理模型推理分析	2		0	
实证研究方法	案例研究	2	40.0%	7	87.5%
	定性推理 + 案例验证	3		5	
	问卷调查检验研究	5		8	
	仿真/模拟实验	2		1	
	工具开发	0		0	
	总计	30	100%	24	100%

二、跨项目知识转移影响因素研究回顾

由于跨项目知识转移具有知识转移的共性特征，因此，根据一般情境下知识转移影响因素的研究框架（Albino et al., 1998; Cummings, Teng, 2003; Szulanski, 1996）可推断出，跨项目知识转移的主要影响因素包括知识内容、转移主体、转移方式和转移情境。由于跨项目知识转移具有典型的"项目化"特征（Meo et al., 2010），离不开项目情境的影响，因而其情境要素至少包括项目情境和组织情境。因此，本课题从知识特性、转移主体、转移方式、项目情境和组织情境这几个方面回顾跨项目知识转移影响因素的研究现状。

1. 知识特性

讨论最多的影响跨项目知识转移的知识特征是内隐性。比较典型的要数 Newell 等人（2006）的研究。他们通过案例研究总结出，项目实施过程主要涉及两类知识，为项目过程知识和项目产品知识。前者多是偏隐性的动态操作知识，如项目实施经验、项目沟通技巧等，后者多是偏显性的静态知识，如一些陈述性的项目目标或对象。项目过程知识对不同项目而言具有某种程度的共性，可直接再用或借鉴利用到其他项目中；而项目产品知识因不同项目各自具有的独特性，对其他项目的再用价值很小。这种与知识类型密切相关的内隐性会影响到跨项目知识转移的效果。国内学者吴涛（2012）也讨论了知识隐性与显性对新旧项目间知识转移的影响。

还有学者认为，知识的可获得性（Accessibility）和可转移性（Transferability）（Fitzek，1999）是进行跨项目知识转移的前提。知识可获得性是指接受方项目团队能够在合适的时间和地点采用合适的方式获取源项目的知识。知识可转移性是指在去除源项目情境后，所转移知识的含义发生改变或丢失的程度。换个角度，知识可转移性的对立面是所转移知识对源项目情境的依赖程度，也即所谓的情境嵌入性（Embeddedness）。另有学者（古继宝，等，2006）采用博弈分析方法对具有合作竞争关系的两个项目组间知识转移进行分析，指出项目组新获知识的价值、单位知识的转移成本、单位知识转移量对项目成本的影响值等会影响项目组间知识转移的积极性。

2. 转移主体

主体因素涉及项目团队成员参与跨项目知识转移的意愿或动机、能力、付出的努力、团队间关系、网络关系等。现有文献对跨项目知识转移的意愿或动机的讨论较为丰富。Björkegren（1999）提出了认知性封闭（Cognitive Closure）的概念，即项目团队成员根据自己的经验和知识，确立对开展跨项目知识转移可能性的先验性认知，当项目成员认为项目独特性会导致跨项目知识转移活动难以开展时，他的先验性认知就处在封闭状态，就不会去获取其他项目的知识。Björkegren 通过案例研究得出认知性封闭就会阻碍跨项目知识转移的结论。在进行跨项目知识转移的意愿方面，Disterer（2002）认为，个人缺乏跨项目转移知识的意愿是 IT 企业跨项目知识转移的一个阻碍因素。Newell 等人（2006）的研究也证实，除非项目工作很紧迫，项目成员一般不会主动向其他项目团队获取和学习知识。其他学者也都讨论了转移意愿、学习或吸收意愿都会影响跨项目知识转移活动的开展（Park，Lee，2014；Wiewiora et al.，2013；Khedhaouria，Jamal，2015；吴涛，2012）。

在能力方面，Bakker 等人（2011）通过对 12 个知识转移项目案例的分析得到，知识接受方高水平的吸收能力是临时性项目与永久性组织之间知识转移成功的必要条件。国内也有学者讨论了基于时间轴的、纵向的知识转移，即新旧项目团队间知识转移，认为旧项目团队的转移能力、新项目团队的保持能力、吸收能力和获取能力会影响这两个项目团队间的知识转移（吴涛，2012）。

除了知识源与知识接受方的意愿与能力因素，Landaeta（2008）通过定量检验得到，项目成员参与跨项目知识转移的努力影响跨项目转移知识的数量，进而影响项目绩效。另有学者分析得到，参与者的领导力、声誉、决策权会影响跨项目知识转移活动开展的有效性（Fitzek，1999）。还有，知识源项目团队与知识接受方项目团队之间的关系状况也会影响跨项目知识转移。比如，杜亚丽（2012；2015）构建了跨层次的项目社会资本对项目间知识转移的影响关系模型，并做了实证检验。另有学者分析了团队间的强联系与弱联系对跨项目团队知识转移的影响（邝宁华，2004）。

3. 转移方式

Aoshima（2002）在实证研究后得出，跨项目知识转移主要有两种机制，一种是人员机制，即直接将源项目的团队成员调用到接受方项目；另一种是标准化机制，如文档转移。其中，人员机制更有助于复杂知识的跨项目转移，而标准化机制更适合于简单知识的跨项目知识转移。Newell 等人（2006）通过案例研究得出重要结论，与基于信息技术的文档传递相比，基于社会网络的人际互动能更有效地促进跨项目知识转移，因为这种方式所转移的主要是有利用价值的项目过程知识，如项目实施经验。Antoni 等人（2005）通过多案例研究发现，要避免有用项目经验的流失，一个组织需要采用多种战略来促进跨项目知识转移与分享，成功的战略有如使用构建得很好的产品开发过程、专业的全时项目经理和产品模型化（Modularization of the Product）。

4. 项目情境

项目情境是指跨项目知识转移赖以进行的知识源项目与知识接受方项目的相关特征。根据文献，这些特征大致可分为项目任务特征以及项目资源特征。

首先，现有相关研究文献涉及的项目任务特征有如项目间任务相似性、项目任务紧迫性、项目任务复杂性等。项目间任务相似性意味着完成源项目和接受方项目所需要的知识具有某种程度的共性特征，因而是成功地进行跨项目知识转移的重要前提（Dixon，2000；Björkegren，1999；Lewis et al.，2005）。项目紧迫性能够促使原本缺乏意愿的项目团队成员为完成任务而跨项目获取和利用急需的知识（Disterer，2002；Newell et al.，2006），也会明显地影响项目成员报告项目进展和知识学习的效果（Schindler，Eppler，2003；Park et al.，2008）。对于项目任务复杂性，Aoshima（2002）通过对日本手机行业的调查与研究发现，高端手机产品的结构或系统较复杂，蕴含的知识元素较多，产品设计知识相应地具有更强的系统化和情境化特性，此时采用项目人员转移的跨项目知识转移机制能取得更好的效果；而低端手机产品的结构较简单，蕴含的知识元素较少，产品设计知识的系统化和情境化特性相对较小，此时采用文档转移和高端计算机辅助设计系统等标准化的跨项目知识转移机制则更合适。

其次，现有相关研究文献论及的项目资源特征主要体现在知识源项目和知识接受方项目在资源使用上的特点，讨论较多的是资源相依性特征，即同一组织内部不同项目共享数据、信息、人员、软硬件等资源的程度（Brown et al.，1998）。Nobeoka 和 Cusumano（1994）通过对美国和日本 256 位汽车零部件设计工程师的调研得出，不同项目之间的资源相依性有利于彼此之间的沟通与协调，进而提升项目实施绩效。Brown 等人（1998）的实证研究结果均显示，资源相依性有利于促进不同项目间知识的转移与再用，从而为企业节省成本，带来经济学上所谓的规模效应。其他学者也认为资源相依性有利于知识密集型企业跨项目知识转移，进而提高工作效率和节约项目成本（Disterer，2002）。

5. 组织情境

组织情境是指对跨项目知识转移起促进或阻碍作用的组织管理机制。Newell等人（2006）就认为，设置知识中介人、营造鼓励知识共享的文化氛围等治理努力都会影响彼此之间的跨项目知识转移。综合起来，现有相关研究文献主要涉及组织的结构、文化、制度和技术平台四大方面。

在组织结构方面，传统的等级组织会对跨项目知识转移起阻碍作用，而正式组织与项目型组织相结合的结构形式则能起到有效的促进作用（Björkegren，1999）。有研究提出，在组织设置中心知识管理部门、在职能部门设置知识管理单元以及根据项目将知识管理功能分权化,都是值得探索的跨项目知识转移的组织管理机制(Soderquist, Prastacos, 2002)。

在组织文化方面,拒绝犯错的项目团队文化会严重地阻碍跨项目知识转移,鼓励知识共享、鼓励试错、包容型的文化则是跨项目知识转移的重要促进因素(Disterer, 2002; Soderquist, Prastacos, 2002; Fitzek, 1999; Wiewiora et al., 2013)。

在组织制度方面,Cacciatori 等人(2012)通过对创造性行业、高技术行业和工程行业的540个项目的实证调研发现,管理规范对编码化知识转移具有正向影响关系,项目层面的管理控制、制度化治理是创造性、高技术性行业编码化知识转移效果的一个强有力的预测工具。

在组织技术方面,现代化的技术工具,如群件、内部网、知识集成与共享平台、计算机辅助设计系统等,都是跨项目知识转移不可缺少的,但传统的技术工具如知识库和专家系统,因一般只具有存储功能,所起的作用相对有限(Soderquist, Prastacos, 2002)。另有学者提出,以人为中心的支持工具是企业跨项目知识转移有效开展的重要促进因素之一(Fitzek, 1999)。Newell 等人(2006)通过案例研究得出,知识媒介(Intermediaries)能将不同项目的人连接到同一项知识上,协助作为知识接受方的新项目团队成员寻找和获取一些共性的、关于如何做的知识,因而在跨项目知识转移中起到桥梁的作用。此外,有实证研究结果显示,用于集成分散的知识的系统集成工具的使用能提高编码化跨项目知识转移的可能性,尤其是在动态多变的环境中,系统集成工具对于生产技术性复杂产品的行业的跨项目知识转移的影响作用更为明显(Cacciatori et al., 2012)。

综上分析,已有研究涉及的跨项目知识转移影响因素可汇总为表2-3。表2-3中的大多数文献所探讨的跨项目知识转移影响因素比较分散,只有少数文献对这些影响因素做专门的、较深入的研究(Cacciatori et al., 2012; Landaeta, 2008)。而且,与一般情境下的知识转移相比,跨项目知识转移的影响因素显得更为复杂。比如,跨项目知识转移不仅受永久性的正式组织因素的影响,还在很大程度上受临时性项目组织因素的影响;转移主体参与跨项目知识转移的意愿不仅受个人动机影响,还会受到项目任务紧迫性等项目因素的影响;等等。

表2-3 现有文献中的跨项目知识转移影响因素汇总

影响因素维度	具体的影响因素	文献来源
知识特征	知识的外显性与内隐性	Newell et al.（2006）；吴涛（2012）
	知识的可获得性与可转移性	Fitzek（1999）
	项目组新获知识的价值、单位知识的转移成本、单位知识转移量对项目成本的影响值等	古继宝等（2006）
主体特征	项目成员参与跨项目知识转移的意愿和动机	Disterer（2002）；Björkegren（1999）；Newell et al.（2006）；Park, Lee（2014）；Wiewiora et al.（2013）；Khedhaouria, Jamal（2015）；吴涛（2012）；古继宝等（2006）
	知识源项目团队的转移能力，知识接受方项目团队的搜寻能力与吸收能力	Bakker et al.（2011）；吴涛（2012）
	跨项目知识转移的努力	Landaeta（2008）
	跨项目知识转移参与者的领导力、声誉、决策权	Fitzek（1999）
	社会资本、强联系、弱联系	杜亚丽（2012；2015）；邝宁华（2004）
转移方式	人员机制与标准化机制	Aoshima（2002）
	基于信息技术的文档传递和基于社会网络的人际互动	Newell et al.（2006）
	很好构建起来的产品开发过程，专业的全时项目经理和产品模型化	Antoni et al.（2005）
项目情境	项目间任务相似性	Dixon（2000）；Björkegren（1999）；Lewis et al.（2005）
	项目紧迫性	Disterer（2002）；Newell et al.（2006）
	项目任务复杂性	Aoshima（2002）
	项目间的资源相依性，资源使用冲突	Nobeoka, Cusumano（1994）；Brown et al.（1998）；Disterer（2002）
组织情境	正式组织与项目型组织相结合的结构，知识管理单元或部门的设置、知识管理功能分权化	Björkegren（1999）；Soderquist, Prastacos（2002）
	正式组织与项目型组织相结合的结构，知识管理单元或部门的设置、知识管理功能分权化	Björkegren（1999）；Soderquist, Prastacos（2002）

续表

影响因素维度	具体的影响因素	文献来源
组织情境	鼓励试错、包容型的项目团队文化	Disterer（2002）；Soderquist, Prastacos（2002）；Wiewiora et al.（2013）；Fitzek（1999）
	管理控制、制度化治理	Cacciatori et al.（2012）
	信息技术工具、知识媒介、以人为中心的支持工具、系统集成工具	Fitzek（1999）；Soderquist, Prastacos（2002）；Newell et al.（2006）；Cacciatori et al.（2012）

第五节 相关研究评述

上述关于知识转移影响因素研究和跨项目知识转移研究的回顾能为后续的交叉主题研究提供很好的理论基础。综合起来，现有文献仍然主要聚焦于单个项目内部的知识转移及其影响因素研究，对跨项目情境下的知识转移研究较少。总体上看，关于跨项目知识转移问题，仍存在以下研究空间。

1. 跨项目知识转移影响因素尚缺乏系统研究

从研究内容看，现有文献大多只对跨项目知识转移做初步探索，很少就此问题做深入的实证研究。尤其是影响因素，一般情境下知识转移的影响因素研究已经较为丰富，并形成一个较为系统地涵盖知识特征、主体特征、转移活动和转移情境的综合框架。这些因素在跨项目情境下都具有更丰富更复杂的内涵。比如，在跨项目情境下，主体特征涉及项目成员个体、项目团队等，因而对跨项目知识转移的主体特征的考察明显比对一般情境下个人之间或团队之间知识转移的主体特征的考察更为复杂。跨项目知识转移的情境因素不仅包括组织情境和项目团队之间或项目成员个人之间的关系情境，还包括项目情境。随着知识治理理论的浮现，研究组织制度、组织文化等组织情境对于促进IT服务企业跨项目知识转移的治理作用显得更为重要。至于项目情境，至今很少有文献在项目层面研究其对知识转移的影响关系。

还有，中文文献大多采用定性推理分析方法建立跨项目知识转移影响因素的理论模型，但各因素的影响关系及其作用大小仍无法得到验证，因而缺乏实践指导作用。外文文献虽然采用实证研究方法，但所研究的跨项目知识转移影响因素较为零散，很少系统地研究多维度因素对跨项目知识转移的影响关系，以及很少深入探究这些影响关系背后的原因及复杂影响机理。因此，较系统而深入地对跨项目知识转移影响因素进行研究，并辅之以严谨的实证检验，是未来的一大研究趋势。

另外，"跨项目"蕴藏的复杂性是跨项目知识转移影响因素研究需要考虑的另一个重要方向。比如，Zhao 等人（2011）通过初步的小样本定量检验得到，知识源项目团队的知识治理努力与知识接受方项目团队的知识治理努力、知识源项目的紧迫性与知识接受方项目的紧迫性等，对跨项目知识转移效果的影响有所不同。也就是说，即使是同样的因素，但在知识源项目的特性表现与在知识接受方项目的特性表现对跨项目知识转移产生的影响作用可能不同。因此，在研究跨项目知识转移的影响因素时，有必要关注知识源项目因素与知识接受方项目因素的不同影响。

2. 中国 IT 服务行业跨项目知识转移问题有待深入探索

从上面各相关领域的研究回顾可以看出，IT 领域知识转移研究中，企业间知识转移和项目团队成员间知识转移的研究都很丰富，而关于跨项目知识转移的现有研究明显较少。目前对跨项目知识转移问题的研究主要聚焦在新产品开发项目，行业背景较为笼统。具体对 IT 服务行业跨项目知识转移问题进行研究的文献很少。而且，关于 IT 服务行业跨项目知识转移问题的现有文献多基于其他国家的 IT 项目实践而展开实证研究，很少针对中国 IT 服务行业项目知识管理实践进行深入的研究。中国情境下的跨项目知识转移实践必然会受到中国的文化、价值观念、社会规范等情境因素的影响，因此，国内研究不能一味地照搬国外的研究框架，而需要研究跨项目知识转移实践中的中国特色成分。比如，可关注中国企业中"关系"这一情境对跨项目知识转移的影响作用。

3. 定量检验与案例研究混合方法有待推广

现有中文文献对跨项目知识转移问题的研究大多数是尝试性或探索性的描述分析和主观推理，较少有实证数据的支持，严谨性明显不足。与此相比，外文文献大部分基于样本数据或案例资料展开研究，规范性和严谨性较强，但很少将定量检验方法与案例研究方法结合使用。而对基于问卷调查所得数据的定量检验研究以及基于案例访谈数据的定性案例分析的混合使用方法能够更加系统而深入地探索各变量间的关系，因而是极为可取的（Mingers，2001）。例如，Newell和Edelman（2008）的实证研究就表明，将定性和定量的数据收集和分析融合在一个研究中，能使研究者获得更大范围的反馈观点，研究发现能互为补充、相互解释，可增强研究结果的稳健性。因此，混合使用定量检验和案例研究方法是开展跨项目知识转移影响因素研究的一种趋势。

综上分析可知，中国情境下的IT服务企业内部跨项目知识转移影响因素是一个非常值得深入研究的主题。本书将综合采用定量检验和案例研究方法，系统而深入地研究中国IT服务企业内部跨项目知识转移的多维度影响因素及其影响机理。具体而言，包括两个研究问题：①中国IT服务企业内部跨项目知识转移有效性关键影响因素有哪些？②这些因素作用于跨项目知识转移的内在机理是什么？

第三章　跨项目知识转移的内涵分析

第一节　跨项目知识转移的概念

跨项目知识转移与知识转移具有共性特征，因而有必要先了解知识转移的内涵。对于知识转移[1]，不同学者基于不同的研究视角，给出的定义有所不同。大多数研究从沟通理论视角，将知识转移视为知识源将知识传递给知识接受方的活动（Szulanski，1996；Ko et al.，2005），强调知识转移包括知识发送和知识接收两个子过程，以及知识转移媒介和组织管理能力在知识转移过程中所发挥的作用。另外一些研究从知识转移影响知识接受方的角度，认为知识转移是拥有较少知识的接受方受到拥有更多知识的知识源的经验知识影响的过程（Argote，Ingram，2000；Kane et al.，2005），强调知识吸收与运用的重要性。还有一些研究从认知心理学的角度，将知识转移定义为如何将一个情境下的知识应用于另一个情境的过程（Singley，Anderson，1989；Björkegren，1999），强调情境在知识转移过程中的重要性。已有研究将知识转移定义为在一定的情境下，一个主体（如个人、团队、部门、公司）采用一定的方式将知识转移到另一个主体并实现某种效果的过程，如图 3-1 所示（左美云，等，2011）。

---

[1] 有部分学者将知识共享与知识转移交互使用。但是，与知识共享相比，知识转移的目标、主体和流动方向更为明确（林东清，2005），更符合我们的研究情境。

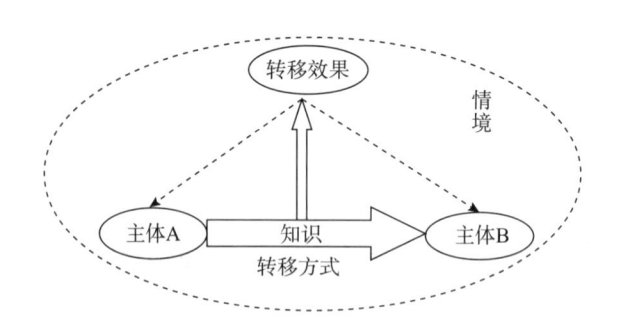

图 3-1 知识转移的含义模型

资料来源：(左美云，等，2011)。

本书借鉴知识转移的定义，主要基于沟通理论视角，并结合其他理论视角，认为跨项目知识转移是指依托于一定的组织情境和项目任务情境，基于一定转移方式，从知识源项目实施团队到知识接受方项目实施团队的关于项目实施相关知识的一种沟通活动，这一活动能使这些知识在知识接受方项目得到再用（Zhao et al.，2011）。它是一种跨越项目边界的知识转移活动。跨项目知识转移的实现过程可用图 3-2 直观地展示。

图 3-2 跨项目知识转移的实现过程

资料来源：借鉴已有研究绘制得到。

从图 3-2 可知，跨项目知识转移的实现有以下四个要点。

第一，两个项目所需知识的相似性是跨项目知识转移开展的前提条件。正如定义所说的，在跨项目知识转移中，项目实施相关知识从知识源项目实施团队转移到知识接受方项目实施团队。这说明知识源项目和知识接受方项目所用知识存在一定的相似性，或者说存在交集。以两个信息系统实施项目为例，它们各实施阶段使用的技术和实现手段存在一定的相似性，或者说不同项目相同实施阶段所用的某些知识是相通的。而知识的通用性构成了两个项目的实施团队相互转移和再用知识的基础。通过实地访谈了解到，只有当两个项目在任务上有合作时,它们的实施团队才会相互交流和探讨问题解决方案。

第二,跨项目知识转移的主体是两个项目的实施团队。跨项目知识转移依托于知识源项目和知识接受方项目,其真正执行者是这两个项目的实施团队,以下简称知识源项目团队和知识接受方项目团队。由于在不同时间点上,知识转移往往是交互进行的,每个项目团队都有机会扮演这两种角色。比如,在某一时间点,A 项目团队向 B 项目团队转移知识,此时 A 项目团队、B 项目团队分别是知识源项目团队和知识接受方项目团队;但在另一个时间点,A 项目团队反过来向 B 项目团队学习知识,此时,A 项目团队、B 项目团队则分别是知识接受方项目团队和知识源项目团队。为简化分析,我们主要考虑和研究作为知识源的 A 项目团队向作为知识接受方的 B 项目团队转移知识的情况,当然,这一过程包含 B 项目团队的学习过程。

第三,跨项目知识转移的过程是明确地将知识从知识源项目团队转移到知识接受方项目团队的过程。这有两层含义。一是在某个时点,知识源项目实施团队拥有知识接受方项目实施团队所没有的知识,而这些知识又是后者所需要的,也就是说存在知识"势能"的差距。正是这种势差刺激跨项目知识转移的发生。二是跨项目知识转移的知识源项目与知识接受方项目是配对的、明确的。但实践中存在这种情况,即一个项目在实施过程中积累的各种知识和经验同时为其他多个项目所用,或一个项目积累的各种知识和经验在其结束之后为其他项目所用,知识接受方项目不明确,也不唯一。在这些情况下,一个项目的有用知识再用后的效果往往难以用一个明确的项目绩效来衡量,因而不属于本项目讨论的范畴。

第四,跨项目知识转移的目的是实现知识的跨项目再用。单个项目团队内部知识转移主要目的是通过促使项目实施所涉及的各领域知识在不同干系人之间流动,以更好地完成同一个项目。而同一个企业内部不同项目间知识转移则主要是为了使知识接受方项目能够借鉴和再用知识源项目的成功经验和失败教训,以便更快捷地、更高效地实现预期的项目目标。

值得注意的是,跨项目团队知识转移不同于跨团队知识转移,这是因为跨团队知识转移一般是指两个职能团队之间的知识转移,职能团队在团队结构、任务期限、工作过程以及地理位置等方面相对稳定,而项目团队是临时的、动态的，随项目的启动而组建，随项目的结束而解散（Wiewiora et al., 2009）。因此，与跨团队知识转移相比，跨项目知识转移显得更复杂。

第二节 跨项目知识转移的关键要素

根据图 3-2，同时借鉴已有的知识转移关键要素研究，可提炼出跨项目知识转移关键要素。Albino 等人（1998）提出知识转移分析框架应当包含转移主体、转移内容、转移媒介和转移情境四个核心要素。对知识转移影响因素做经典实证研究的 Szulanski（1996）指出，组织内部最佳实践转移包括知识特征、知识源和知识接受方特征以及转移情境这些核心要素。进一步讲，Cummings 和 Teng（2003）将转移活动列入知识转移的关键要素中，系统地实证考察所转移知识特征、转移主体特征、转移活动和转移情境这四个关键要素对新产品研发团队间知识转移的影响关系。其中，"转移活动"包括使用相应的知识转移方式（如文档、会议、培训、参观）等。综合这些研究可归纳得到，内容、主体、媒介、方式和情境都是知识转移的关键要素。因此，结合跨项目知识转移的定义和知识转移的关键因素研究可推断，跨项目知识转移的关键要素包括知识内容、转移主体、知识媒介、转移方式和转移情境。

1. 跨项目知识转移的内容

跨项目知识转移的内容或对象是与项目实施有关的知识。这些知识包括技术知识、业务领域知识、合作关系方面的知识、产品知识等（Disterer, 2002）。现有文献大多将跨项目转移的知识分为两大类，即项目过程知识和项目产品知识两大类（Newell et al., 2006; Zhao, Zuo, 2011b）。这些知识具有内隐性（Newell et al., 2006）、嵌入性（赵大丽，等，2011）、可获得性和可转移性（Fitzek, 1999）等特征。Newell 等人（2006）还较深入地分析了跨项目转移知识的性质，认为这些知识既有认知视角的个人拥有型知识（Knowledge as Possession），也有社区视角的实践型知识（Knowledge as Practice）。

2. 跨项目知识转移的主体

由图 3-2 可知，知识源项目团队及其成员、知识接受方项目团队及其成员是跨项目知识转移的两大重要主体，前者是项目知识的提供者，后者是项目知识的接受者。这两大主体的特征备受现有研究文献的关注。这些特征有如项目成员参与跨项目知识转移活动的意愿（Disterer，2002；Newell et al.，2006）、社会资本（包括转移主体的期望以及彼此间的互动强度、信任关系、共同语言等）（杜亚丽，2012；2015），等等。

3. 跨项目知识转移的媒介

早期知识转移研究文献中的知识媒介主要涉及承载知识的图片、视频、文档等物质载体（Szulanski，1996；Björkegren，1999），后来日益关注联结知识源和知识接受者的知识中间人或知识中介的作用，相关的研究也逐步增加。Newell 等人（2006）通过案例研究得出，知识中介（Intermediaries）能将不同项目的人连接到同一项知识上，协助作为知识接受方的新项目团队成员寻找和获取一些共性的、关于如何做的知识，因而在跨项目知识转移中起到桥梁的作用。Pemsel 和 Wiewiora（2013）通过对多个项目型组织的案例研究发现，项目管理办公室也是项目间知识转移的重要中介。国内有学者将此位置上的知识工作者称为非项目代理人，认为他们是企业相对独立的咨询者，并与直接承担项目的项目代理人就新问题、新机遇、新挑战等问题进行沟通，这种沟通成为跨项目知识共享的一种形式（王彦博，和金生，2010）。从总体上看，当前项目管理领域研究主要关注个体层面知识转移过程中的知识中介，较少研究项目层面知识转移的知识中介，知识中介支持工具的改进、知识中介对项目绩效的影响以及知识中介的社会性是值得探索的三个研究方向（Holzmann，2013）。可见，跨项目知识转移情境的知识中介是未来可研究的一个主题。

4. 跨项目知识转移的方式策略

目前国内外学者对跨项目知识转移方式策略的研究主要基于编码化和个性化这两种经典的知识管理机制（Hansen et al.，1999）而展开。在国外，Aoshima（2002）在实证研究后得出，跨项目知识转移机制主要有两种：一种是人员机制，即知识源项目的团队成员参与知识接受方项目，将前者的项目知识转移和再用到后者，这种方式有助于复杂知识的跨项目转移；另一种是标准化机制，如文档转移，它更适合于简单知识的跨项目知识转移。Newell 等人（2006）通过案例研究得到，跨项目知识转移方式有基于信息技术的文档传递和基于社会网络的人际互动，而且，与前者相比，后者所转移的是有利用价值的项目过程知识（如项目实施经验），因而其跨项目转移的效果更好。Boh

(2007) 则进一步将知识的可编码化程度与正规化程度相结合，将跨项目知识转移与共享方式细化为制度化的人员机制（Institutionalizing Personalization Mechanisms）、制度化的编码化机制（Institutionalized Codification Mechanisms）、个性化的人员机制（Individualized Personalization Mechanisms）和个性化的编码化机制（Individualized Codification Mechanisms），并通过多案例研究探讨了这些机制在不同情境下的适用情况。

在国内，王能民和汪应洛等人（2006）亦根据知识类型提出，对于项目总结等外显知识，可采用编码化策略；对于难以编码的内隐知识，可采用语言调制方式和联结学习方式。另有学者认为，项目成员通过编译化的方法向组织知识库共享知识，其他项目成员再通过组织知识库获取知识的项目－组织－项目模式是项目间知识共享的主要方式（魏道江，等，2014）。

不同的跨项目知识转移方式具有不同的适用情境，所产生的效果也有所不同。Soderquist 和 Prastacos（2002）的案例分析结果显示，大多数公司强调在项目之间转移"拥有有用知识的人"（People Possessing Valuable Knowledge），而不是在项目结束和评估之后、在人与人之间转移"有用的知识"（Valuable Knowledge Between People）。这主要是因为个人往往会将知识视为一种权力而不愿意共享知识，新产品研发知识具有内隐性以及项目时间紧迫性的限制等原因，产品研发经理认为跨项目知识转移依赖于人比依赖于知识更"安全"。因此，要有效地实现跨项目知识转移，需要综合项目任务特征、知识特性等多方面因素，选用合适的转移方式。

5. 跨项目知识转移的情境

跨项目知识转移具有很强的情境依赖性，不管是项目过程知识还是项目产品知识，都嵌入到项目实施过程中，对项目的所处环境、所依赖技术以及运营因素等依赖程度很高（Newell et al., 2006；王能民，汪应洛，等，2006）。Engwall（2003）就认为，撇开嵌入特征非常明显的隐性知识，显性知识的跨项目转移也固然重要，但这些知识背后的项目情境（即项目历史和环境）更为重要。他通过比较案例分析发现，项目管理的成功更大程度在于考虑项目的情境依赖性，而关注技术的项目成功往往只是一个项目的成功，是基于某一特定的环境的，这样的成功在不同项目或不同情境下可能是失败的。由此可见，情境因素在跨项目知识转移中是非常重要的。

知识转移情境有广义和狭义之分。广义的知识转移情境涉及任何影响或解释知识理解与应用的观念、事物、行为、行为背景等（徐进，朱菁，2009）。比如，Szulanski（1996）、Cummings 和 Teng（2003）都将影响企业知识转移的知识特征、知识源与知识接受方的特征、转移渠道等关键因素视为情境。狭义的知识转移情境仅指知识在转移过程中所依托的背景或环境，如组织制度（徐进，朱菁，2009）。为将情境与关键要素区分开来，本书采用狭义的跨项目知识转移情境。由于跨项目知识转移直接依赖于知识源项目和知识接受方项目实践而展开，同时也离不开组织因素的激励和保障，因此，项目情境和组织情境是重要的跨项目知识转移情境。

对于跨项目知识转移的项目情境，现有文献关注较多的项目情境有项目间任务相似性、项目紧迫性和资源相依性。由于项目间任务相似性意味着不同项目所需知识具有某种程度的共性特征，因而它是组织内部最佳实践转移的重要前提之一（Dixon，2000），是组织跨项目知识转移成功进行的一个基础条件（Lewis et al.，2005）。项目紧迫性可能会促使原本缺乏吸收意愿的项目团队成员为完成任务而从其他项目获取和利用有用知识（Newell et al.，2006）。为完成项目任务，不同项目实施团队难免共享组织的数据、信息、人员、软硬件等，因而资源相依程度亦成为这些团队进行跨项目知识转移的另一重要情境（Brown et al.，1998）。

对于跨项目知识转移的组织情境，借鉴 Gold 等人（2001）将知识管理组织架构划分为结构性架构、文化性架构和技术性架构的观点，从组织的结构、文化和技术三个方面进行回顾。在组织结构方面，传统的等级组织会阻碍跨项目知识转移，而正式组织与项目型组织相结合的动态结构形式则能起促进作用（Björkegren，1999）。另外，有研究显示，在组织设置中心知识管理部门、在职能部门设置知识管理单元以及根据项目将知识管理功能分权化，都是值得探索的跨项目知识转移的组织管理机制（Soderquist，Prastacos，2002）。在组织文化方面，鼓励创新、包容犯错的文化氛围适宜于跨项目知识转移（Disterer，2002）。在组织技术方面，群邮件、内部网、知识集成与共享平台、计算机辅助设计系统等现代化的技术工具，都是跨项目知识转移不可缺少的（Soderquist，Prastacos，2002）。

第三节　跨项目知识转移的类型

分析视角不同，跨项目知识转移的分类就有所不同。根据一个项目结束与另一个项目开始之间是否存在时间间隔，项目之间的关系有两种类型：一种是并行项目，即两个项目是同步实施的，不存在时间间隔；另一种是串行项目（Sequential Projects），即在时间系列上具有明显的先后顺序。相应地，发生在这两类项目之间的知识转移分别被称为并行项目间知识转移和串行项目间知识转移（或新旧项目知识转移）。前者是指在一个"基础项目"（Base Project）还没结束之前，另一个项目从中转移和获取知识的过程；后者是指一个"基础项目"已经结束，另一个新项目从中转移和获取知识的过程，也称为新旧项目间知识转移（Nobeoka, 1995；Nobeoka, Cusumano, 1994），如图 3-3 所示。比较多的学者基于这一分类展开研究。Allen（1965）重点分析了并行研发项目（Parallel Projects）中灵感（Ideas）的来源及其效果。另有学者分别讨论了并行项目间知识转移和串行项目间知识转移的过程（Fitzek, 1999）。

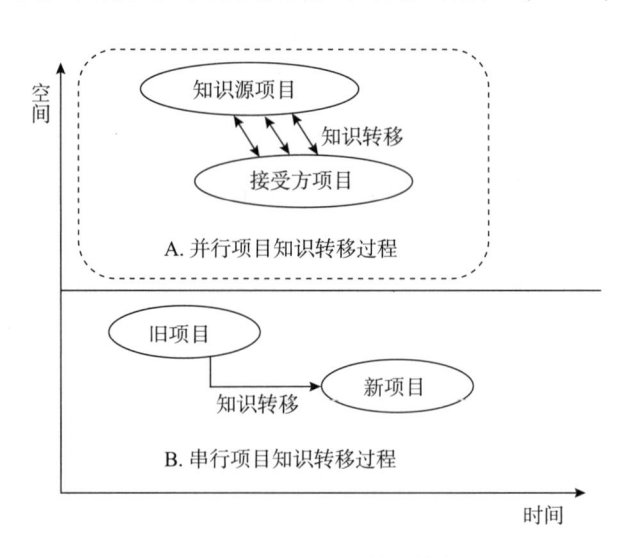

图 3-3　跨项目知识转移的类型

资料来源：根据文献（Nobeoka, 1995；Nobeoka, Cusumano, 1994）稍做修改。

在具体转移过程中，并行项目间知识转移和串行项目间知识转移存在一定的差异。首先，从知识流向看，串行项目间知识转移是单向进行的，而并行项目间知识转移可双向进行。这是因为串行项目或新旧项目在时间上具有不可逆性，知识只能由旧项目转移到新项目；而并行的两个IT项目的实施团队可以直接交互，它们可以相互扮演知识源项目团队和知识接受方项目团队的角色，向对方转移或学习知识。为了便于理解，图3-3简化了并行跨项目知识转移的流向。其次，从转移过程和机制看，并行项目可以在同一时间段内使用人员轮换、面对面沟通、文档、知识库等多种方式，交互转移和学习知识；而旧项目往往需要事先总结和整理项目知识（如编码化），才能向后续的新项目提供有用知识，这主要借助于知识库、专家库、人员转移等载体和方式来实现（Björkegren，1999）。

国内有学者（吴涛，2012）根据横向广度和时间维度，将跨项目知识转移分为横向跨项目知识转移和纵向跨项目知识转移两种类型，前者是指在特定的时间点上知识在两个项目之间转移的活动，后者指在时间纵向维度上知识在新旧项目转移的活动。并且，吴涛强调，纵向跨项目知识转移的实质是企业知识继承，对于提高项目成功率和促进企业长期知识积累，在某种程度上显得更加重要。另有学者根据知识复杂程度和知识共享活动特征，将跨项目知识共享分为观念型知识共享和实践型知识共享，前者主要是对新思维、新观念等观念型知识的共享，偏向知识搜寻活动；后者主要是对具体实施方法等实践型知识的共享，偏向知识转化活动（王彦博，金生，2010）。还有学者借鉴Dixon（2000）的研究，根据所转移知识的显隐性特征、项目之间任务相似性等特征、所转移知识在组织中的战略重要性，将项目之间知识转移分为连续转移、近转移、远转移、战略转移和专家转移五类（高永刚，2005；余艳，2011）。

本书尝试以IT服务项目为例，综合学者们提出的分类维度分析跨项目知识转移的类型。IT服务企业是典型的以项目团队为单元完成组织任务的项目型组织，在某一段时间内往往有多个不同的IT项目在同时进行，这些项目之间都会不同程度地发生跨项目知识转移活动，如图3-4所示。其中，跨项目知识转移有的是单向的，有的是双向的。借助图3-4，下面从IT项目实施的时空、地点、团队和内容四个维度认识跨IT项目知识转移的类型。

第一，从项目实施的时空维度看，根据我们前期的调研发现，项目知识管理做得比较好的IT服务企业，一个IT项目在需求分析开始之前或在处理项目

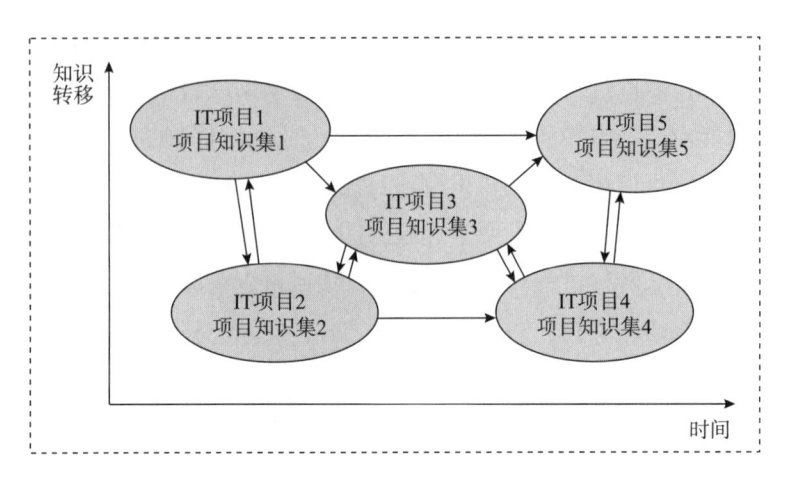

图 3-4　IT 服务企业的跨项目知识转移

实施过程中的里程碑事件之前，一般都会先查看公司以前其他类似项目的实施情况，以获取成功经验并避免失败教训。因此，IT 服务企业经常存在一个 IT 项目的实施团队向已经结束的另一个项目借鉴经验知识的情况，即发生如图 3-4 中的项目 1 与项目 5 之间的知识转移，这两个项目在实施时间上明显具有先后顺序。这种知识转移即为串行项目知识转移或新旧项目知识转移。其次，同步实施的不同 IT 项目之间经常相互转移和学习知识，如发生在图 3-4 中的项目 1 与项目 2，以及项目 2 与项目 3 之间的知识转移。这两个项目在实施时间上可能完全重叠，可能部分重叠。这种知识转移即为并行项目知识转移。

第二，从项目实施地点看，如果两个 IT 项目在同一地点实施，它们的实施团队之间可能在同一个地点进行知识转移。如果两个 IT 项目不在同一地点实施，这两个项目团队往往需要借助某种方式而进行知识转移。我们将这两个情况的项目间知识转移分别称为本地跨项目知识转移和异地跨项目知识转移。

第三，从项目实施团队看，有的是一个项目团队在完成一个 IT 项目后，将其中积累的经验知识用于实施另一个新 IT 项目；有的是由不同的项目团队来完成两个不同的 IT 项目，他们之间相互交流，但这两个团队各自的项目成员可能完全不交叉，也可能部分交叉。相对应地，第一种为基于同一团队的跨项目知识转移，后两种为基于不同项目团队的跨项目知识转移。

第四，从项目实施内容看，IT 服务企业的跨项目知识转移既包括实施相同功能模块的两个不同项目之间的知识转移（如两个 ERP 项目之间的知识转移），也包括实施不同功能模块的两个项目之间的知识转移，如 ERP（企业资源计划）项目与 CRM（供应链管理）项目之间的知识转移。

以上不同分类的跨项目知识转移过程可用图 3-5 清楚地表示。其实，不同 IT 项目总处在一定的时空当中，或者在时间上串行，或者在空间上并行，基于项目实施的内容、团队和地点等不同维度分类的跨项目知识转移最终都可以划分为串行项目间知识转移和并行项目间知识转移这两大类。

维度	项目A		项目B
时空维度（时间）	旧IT项目	↔	新IT项目
时空维度（空间）	IT项目A	↔	IT项目B
地点维度（异地）	A地IT项目	↔	B地IT项目
地点维度（本地）	IT项目A	↔	IT项目A
团队维度（同一团队）	IT项目A	↔	IT项目A
团队维度（不同团队）	IT项目A	↔	IT项目A
内容维度（同类）	ERP项目等	↔	SCM项目等
内容维度（不同类）	ERP项目A	↔	ERP项目B

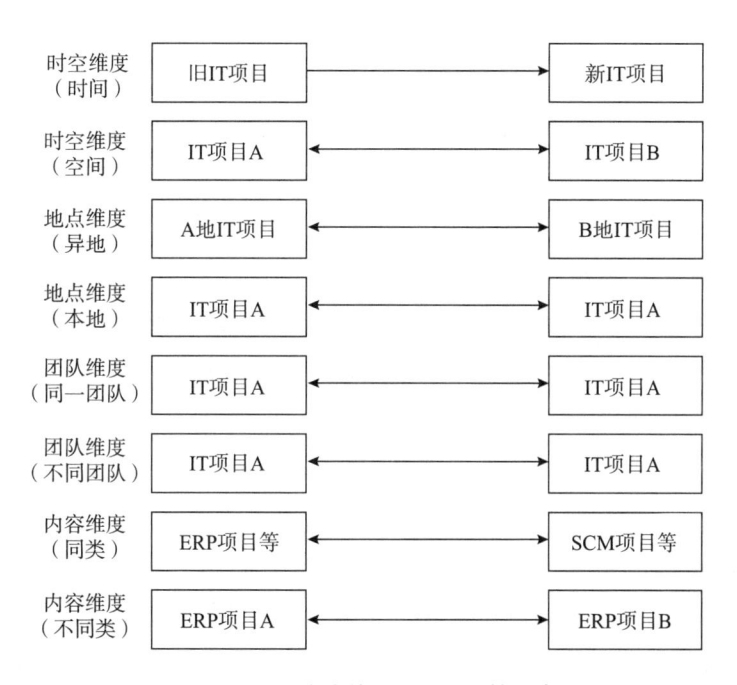

图 3-5 不同维度的跨项目知识转移类型

第四节 跨项目知识转移的特征

从跨项目知识转移的内在特征看，"跨项目"使得这一活动容易受到各种项目因素的影响，且其实现过程明显涉及不同层次的转移主体之间的知识交互。从外延特征看，IT 服务企业进行跨项目知识转移的主要目的在于追求高效和优化的项目实施绩效和提升企业的整体竞争力。因此，IT 服务企业跨项目知识转移具有明显的项目化、层次性和增值性等特征（Zhao, Zuo, 2011a）。

1. 项目化特征

如前所述，通过跨项目知识转移，IT 服务企业可将嵌入一个 IT 项目的相关知识转移和再用到另一个 IT 项目。很明显，这一活动一直受到项目工期明确、时间紧迫性、情境依赖性以及项目团队的临时性和动态性等项目特征的影响，有学者将这些特征称为项目化特征（Meo et al.，2010）。因此，我们认为跨项目知识转移活动具有明显的项目化特征。

项目化特征使得影响跨项目知识转移的知识、主体、活动和情境等各主要因素具有不同于一般知识转移影响因素的特征。比如，跨项目转移的更多的是在不同项目之间具有一定通用性的各种知识，包括关于项目、存在于项目和产生于项目的知识（Hanisch et al.，2009）；知识源项目团队和知识接受方项目团队必须具备跨项目人员互换学习、知识表达和知识编码化等能力（Newell，Edelman，2008）；所采用的跨项目知识转移方式更多地采用项目中期回顾、后项目回顾、集体培训与学习等方式（Schindler，Eppler，2003）；还有，跨项目知识转移除了受组织情境的影响外，还会受到时间紧迫性（Newell et al.，2006）、情境依赖性（Engwall，2003）等项目任务特性的影响。

很明显，跨项目知识转移的项目化特征是一把双刃剑。它一方面有助于 IT 服务企业提高项目实施效率，提升整体的项目实施能力和市场竞争力，但另一方面会在一定程度上限制跨项目知识转移的深度，特别是会增加高内隐性知识的跨项目转移难度。因此，如何克服"项目化"特征的不利影响，增强其有利的促进作用，是 IT 服务企业跨项目知识转移需要面对的一个重要问题。

2. 层次性特征

知识转移的层次性指个人、项目团队和组织这三个层面之间的知识互动与知识整合（Alavi，Leidner，2001；Ajmal，Koskinen，2008）。这同样适用于 IT 服务企业的跨项目知识转移。我们以 IT 项目 A 与项目 B 之间的知识转移为例来分析这一特征。

在知识源项目团队 A 内，成员个体之间相互转移和吸收知识，共同创造了某一情境下的项目难题解决方案。这些方案进一步被证明有利于提升项目实施绩效后，经总结、记录后被存储下来，成为项目团队记忆（Alavi，Leidner，2001）。这一项目团队记忆在供团队内部成员访问和使用的同时，构成组织项目知识库中的历史经验知识，并通过跨团队对话或访问组织项目知识库的方式，转移到知识接受方项目团队 B。

在知识接受方项目团队 B 内部，成员个体将这些知识与自身知识相结合，进行相互交流与讨论，用于解决新的项目实施问题，甚至提出新的解决方案。这些新方案同样经过价值检验、总结、记录，转化为有用的项目团队记忆，并存入组织项目知识库中。当然，项目 A 的团队成员与项目 B 的团队成员之间也会相互交流和共享知识。

在整个过程中，IT 服务企业不仅是个人知识和各项目团队记忆的集大成者，同时通过允许访问组织项目知识库的方式为个人和各个项目团队提供知识。因此，在 IT 服务企业内部跨项目知识转移中，在个体、项目团队和组织这三个层次不断发生的知识交互及其动态循环过程如图 3-6 所示。

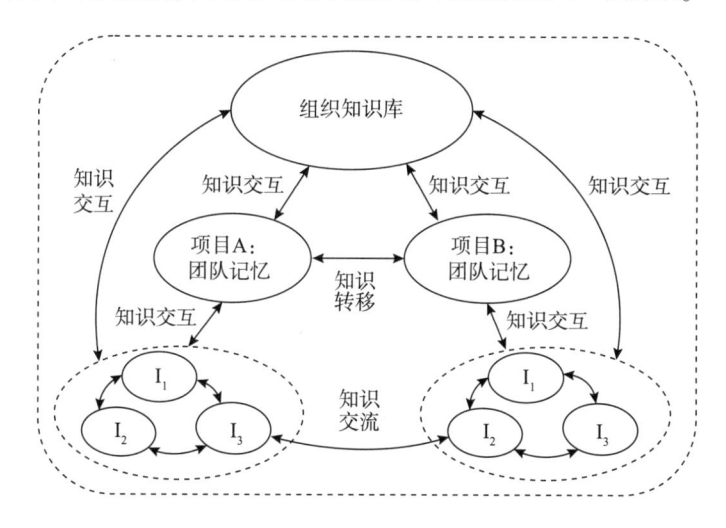

图 3-6 跨项目知识转移的层次性

3. 增值性特征

增值性是指跨项目知识转移对 IT 服务企业带来经济价值的特性。根据基于知识的企业理论观，一个企业实质上是一个巨大的知识池，里面的知识具有不同程度的核心价值性，有的知识能够对竞争对手构成基本的进入障碍，有的是竞争对手难以模仿和使用的，有的甚至能使企业获得长期的行业竞争优势（Li et al., 2010）。它们的共同作用是为企业创造财富和增加价值。这一规律同样适用于 IT 项目知识，而跨项目知识转移是发挥 IT 项目知识经济价值的一种重要途径。

根据知识效用大小，IT 服务企业跨项目转移的知识大致可分为两类，一类是关于"是什么"和"在哪里"的项目产品知识，如关于一个项目的规模、系统类型、用户特征等描述性知识；另一类是关于"怎么做"和"为什么"的项目实施过程知识，如已被证明有效地解决疑难问题的最佳实践等知识。第一类知识描述了知识源项目知识的适用情境，第二类知识则是知识源项目所产生的丰富的实施经验。这两类知识的结合构成了适用于特定情境的有用实践知识。

跨项目知识转移能够使接受方项目及时地获取和借鉴技术或管理方面的有用知识，减少探索新知识所花费的时间、资金等成本，提高项目实施效率和质量，更好地满足用户企业的需求。而这些活动的长期进行和经验持续积累，有助于 IT 服务企业提高整体的项目实施能力，同时可避免"重新创造轮子"而节省大量的成本。而提升的能力和节省下来的成本，将助力于 IT 服务企业投资和开拓新的项目业务，从而为企业创造新价值。

因此，跨项目知识转移具有明显的增值作用，甚至会因对已被证明有用的项目知识的创造性应用而起到事半功倍的效果。这对 IT 服务企业扩大盈利空间和提高市场竞争优势非常重要。

第四章 IT服务企业跨项目知识转移影响因素的初步探索

第一节 IT服务企业跨项目知识转移的对象界定

一、IT服务企业跨项目转移知识的类别

这里将通过回顾IT项目内部转移和跨IT项目转移的知识内容，从中识别和界定IT服务企业跨项目转移的知识类别。根据企业知识基础观，企业是一个知识的集合体，能够给企业带来竞争优势的知识包括显性知识（Explicit Knowledge）和隐性知识（Tacit Knowledge），并且主要源于后者（Grant，1996）。两类知识都是以人为载体，但传播途径有所不同。企业的显性知识通过文本、信息通信技术等实现共享与传播，隐性知识通过言传身教等方式实现共享与传播，二者综合起来共同创造经济价值（Brauner，Becker，2006）。经济合作与发展组织（OECD）将知识分为四类：Know-what（有关事实本身的知识）、Know-why（有关事物发展的规律与定理）、Know-how（处理事情的技巧与能力）以及Know-who（有关清楚"谁知道什么"以及"谁知道怎么做"的知识）。

IT项目知识是指IT项目实施所涉及的各种相关知识。不少学者对IT项目知识进行分类。比如，巴瑟利耶等（Basselier et al.，2003）将嵌入IT项目实施活动中的知识划分为技术知识和项目管理知识，前者如各种开发文档、编程知识、数据存储方案等，后者如关于进度规划、资源分配、成本控制等知识。

Tiwana（2004）和 Chan 等人（2008）将嵌入到软件开发活动中的知识分为应用领域知识和开发方法技能。不同学者基于不同的关注侧重点，对 IT 项目相关知识提出了各种分类。

由于有效的 IT 项目实施需要客户企业、管理咨询机构、软硬件供应商、IT 服务企业等多个项目干系人的参与，因而必然涉及这些主体之间的知识转移。参与知识转移的项目干系人不同，所转移的知识相应地有所不同。以信息系统研发项目为例，开发者与使用者各自的知识交集被证明是影响最终项目绩效的重要因素。而这种影响受到开发者与使用者之间沟通的调节，这种沟通主要是开发者系统开发知识与使用者应用（或业务）领域知识的相互转移（Tesch et al.，2009）。所以，有相当一部分学者从转移主体出发分析 IT 项目知识的分类。

比如，在一个 ERP 项目实施中，IT 服务人员、实施顾问与客户相互转移的知识包括 IT 服务企业和客户企业各自所拥有的知识，前者如先进的 ERP 管理思想、系统实施方法论、系统实施技巧以及系统的编程、配置、集成、测试等技术知识，后者如特定的业务流程知识（Rus，Lindvall，2002；Xu，Ma，2008；尹洁，等，2011）。企业、ERP 供应商和咨询机构之间，相互转移的知识涉及三个方面，包括客户企业的业务流程知识、软件供应商的软件知识和咨询机构的项目实施与管理知识（Haines，Goodhue，2003）。有学者认为，完整的 ERP 实施知识体系包括来自客户企业、系统集成商、软件厂商和管理咨询机构等多个干系人所拥有的知识，并特别强调作为应用方的客户企业的特定业务流程知识对于有效的知识转移的重要性（杜红，等，2005）。

北京大学董小英副教授（2002）主要对实施技术人员和客户企业拥有的知识进行细化，认为 ERP 项目实施相关知识分为四类，即技术知识，包括 ERP 项目实施的技术诀窍、技能和能力等；认知知识，包括选择和分析问题的能力、判断力、前瞻性等；经验知识，包括 IT 技术人员的经验、阅历等；价值观方面的知识，客户企业的文化和行为规范等。Abraham 等人（2006）和 Goles 等人（2008）则聚焦于 IT 人员拥有的技能知识，并将其划分为项目管理、业务领域、技术技能和通用管理技能。

还有一些学者详细分析了不同类型项目情境下参与各方之间的知识转移内容。比如，对于一个销售系统开发项目，系统开发者需要将信息系统及其开发过程知识转移给销售经理，而销售经理也需要将市场销售实践相关知识转移给系统开发者，这样他们可以相互了解彼此的知识，以更好地形成对问题的共同理解（Tesch et al.，2009）。在 ERP 项目实施中，实施顾问向关键用户转移 ERP 管理理念、项目实施方法论、ERP 系统技术知识，关键用户向实施顾问转移企业业务流程知识（尹洁，等，2011）。在 ERP 离岸外包项目中，客户转移给供应商的是职能业务过程知识，供应商转移给客户的是特定的 ERP 产品知识、ERP 实施的规则和指南，如操作配置表的规则和用于测试脚本的指南（Ko，2014）。另有学者专门研究了离岸的 IT 服务外包中从海外客户到供应商的技能转移。他们认为许多海外客户本身是一些成熟的规模较大的外包服务企业，具有较强的项目管理能力、质量和客户服务意识、成熟规范的软件开发流程等。因此，这些海外客户会在外包合作过程中向供应商转移各种显性技能知识和隐性技能知识，前者指海外客户所掌握的项目管理方法和工具，如项目管理工具、开发流程、进度管理方法、质量管理方法等；后者指客户方所掌握的与外包服务相关的理念、规范和价值观，如品质意识、客户服务意识、工作态度、软件开发规范等（Chua，Pan，2008；邓春平，毛基业，2012）。

有学者结合信息系统的生命期，将 ERP 实施前、实施中和实施后所涉及的知识分为六类：①数据层知识，指相关的基础信息，如咨询方掌握的 ERP 软件商名单、软件商提供的收费标准、客户企业的期初财务数据等；②程序层知识，指 ERP 实施计划、操作流程等程序化的知识；③功能层知识，包括 ERP 实施中不同实施方案比较、实施优化、效益分析等方面的知识；④管理层知识，指 ERP 实施导致的客户企业流程再造、机构调整、组织文化转变等方面的知识；⑤整合层知识，指 ERP 实施对客户企业管理模式和行业地位等的影响作用；⑥更新层知识，指如何利用 ERP 塑造客户企业核心能力等关系企业发展战略的知识（李晓宇，2004）。其中，数据层知识为 ERP 实施前需要准备的知识，程序层知识和功能层知识为实施过程中所需的知识；管理层知识、整合层知识和更新层知识为实施后延伸的知识。可以看出，虽然知识类型的专业用语不同，但这六类知识涉及项目服务供应商的实施技术知识、项目管理知识以及客户企业的业务领域知识。

有学者从知识特征角度对 ERP 实施涉及的知识进行分类（杜红，等，2005）。他们认为 ERP 实施涉及显性知识和隐性知识，前者指各种报告、讲座资料、软硬件手册和其他项目管理文档，后者包括技术要素（主要有技术诀窍、技能和能力）、认知要素（主要指选择和分析问题、判断的能力）、经验要素（指经验、阅历等）和价值要素（主要指文化、行为准则规范等）。在 ERP 实施过程中，隐性知识是最为复杂，也是最关键的知识。其中，显性知识具有某种程度的通用性，比较容易获得；隐性知识是与人结合在一起的经验性的知识，难以用文字记录，因而难以用常规方法收集和传播。他们强调完整的 ERP 项目知识内容体系包括 ERP 项目咨询顾问方、ERP 软件厂商、系统集成商和客户应用方各个方面的显性知识和隐性知识，缺少哪一方的知识都无法实现有效的知识转移。

有学者从知识壁垒角度分析 IT 项目知识的类别。由于知识的积累具有历史依赖性，组织已有的知识基础会成为影响组织对新的信息系统进行吸收与利用的壁垒。在信息系统吸收研究中，Nambisan 和 Wang（2000）将知识壁垒分成与技术有关的知识壁垒、与项目管理有关的知识壁垒及与实施相关的知识壁垒。其实，这里的技术相关知识指的是信息系统产品蕴含的技术知识。在对电子医疗行业知识吸收的研究中，Tanriverdi 和 Iacono（1999）将吸收者所面临的知识壁垒分成三类，分别是：①有关电子医疗特征的知识；②将电子医疗在医院中应用并与医院工作流相集成的知识和有关医生行为变化的知识；③评价电子医疗经济效益的知识。他们的研究发现，这三类知识的缺乏会影响到电子医疗行业对知识的吸收。概括起来，这三类知识分别涉及电子医疗的产品知识、客户业务领域知识和项目管理知识。

有学者从知识存量的角度对 IT 项目知识进行分类。Ravichandran（2005）将知识存量划分为事实知识（Factual Knowledge）、应用知识（Application Knowledge）和评价知识（Evaluation Knowledge），研究了知识存量对信息技术消化的影响，并通过研究发现上述知识的缺乏会影响到信息技术的消化、吸收。借鉴 Ravichandran（2005）的研究，陈文波等人（2010）将组织与 IT 有关的知识存量划分为事实知识、实施知识和评价知识。其中，事实知识指关于信息系统的特性和功能、信息系统在行业内其他公司使用情况等知识，实施知识指实施信息系统的经历及 IT 项目管理经验，评价知识指对现有信息系统进行评价、对实施信息系统的收益及风险的预测等知识。基于问卷调研的实证研究结果显示，事实知识和实施知识对于组织信息技术吸收具有显著的正向影响关系，但评价知识的影响不显著，原因主要有两个，一是人们对于信息技术评价的知识组织的关注较少，二是已有评价知识的企业很有可能会对企业已经实施的信息系统持负面的评价，从而对企业进一步的信息技术吸收产生负面影响。事实上，这里的事实知识涉及系统产品知识和客户应用知识，实施知识和评价知识都涉及项目技术知识及项目管理知识。

此外，有学者通过回顾已有研究，将成功的 ERP 项目实施与管理活动涉及的知识归纳为五类：①业务知识，包括会计、采购、人力资源管理等职能管理知识，沟通制度、文档管理、培训与教育、组织文化、激励等组织管理知识；②技术知识，包括 ERP 选型与分析、绩效考核、对 ERP 系统进行二次开发所需的编程知识等；③ERP 软件产品知识，如 ERP 软件的架构、功能和局限性等方面的知识；④公司特有的知识，如客户企业特有的业务知识和最终用户特有的系统使用知识；⑤项目管理知识（Rosemann，Chan，2000；Chan，Rosemann，2001）。Kang 和 Hahn（2009）将软件开发知识综合划分为领域知识、技术知识和方法论知识，它们分别指软件所支撑的业务领域知识、软件产品知识以及软件实施技术知识、软件开发活动所依据的理论知识（如敏捷方法论）。

上面对 IT 项目相关知识的分类主要是基于单个 IT 项目内部的知识转移而提出的。虽然跨项目转移的知识来源于某个 IT 项目，但不是某个 IT 项目拥有的所有知识对其他项目都有用，跨项目转移的只是其中对知识接受方项目有用的那部分知识。Disterer（2002）对 IT 企业跨项目知识转移做深入的分析，认为所转移的 IT 项目知识包括项目实施相关知识和 IT 产品知识，前者包括技术知识（如使用新工具的工作经验）、业务领域知识、合作关系方面的知识（如与外部合作伙伴进行合作的经验、所了解的合作公司所拥有的特殊技能、关键竞争力、优劣势等方面的知识），后者是关于软件的说明书、使用指南和图片等。Newell 等人（2006）通过案例研究证实，跨项目转移的知识涉及项目过程知识和项目产品知识。其中，项目过程知识是关于"怎么样和为什么"的知识，是与项目实施过程有关的知识；项目产品知识是关于"是什么"的知识，是对项目本身的一种描述性知识。与项目产品知识相比，项目过程知识的获取和共享更有用，但这需要进一步的实证（Newell et al.，2006）。可以看出，Disterer（2002）和 Newell 等人（2006）的看法比较一致，基本上都认为企业内部跨项目转移知识涉及项目过程知识和项目产品知识两大类。

Landaeta（2008）则根据知识的功能，认为跨项目转移的知识有三种：一是技术知识，这是最基本的一类知识，它驱动一个项目去执行项目任务；二是问题解决型的知识（Problem - solving Knowledge），用于解决项目执行过程中出现的项目任务课题（Issues）、问题和危机；三是持续提高型的知识（Continuous Improvement Knowledge），用于驱动项目任务的持续提升。Bartsch 等人（2013）对机械工程项目的实证研究结果显示，在从项目到组织的知识转移与扩散中涉及三类知识，包括市场（关于客户和竞争对手）知识、产品和技术知识、项目管理知识。

综合上述 IT 领域跨项目知识转移以及非跨项目知识转移研究文献中的知识分类可知，这些知识主要可以划分为三大类：业务领域知识、实施技术知识和项目管理知识，如表 4-1 所示。其中，业务领域知识指与客户有关的融入 IT 项目产品或服务中的相关知识，实施技术知识指 IT 项目实施涉及的技术知识、工具、方法等，项目管理知识指 IT 项目管理的工具、方法等。因此，本书从业务领域知识、实施技术知识和项目管理知识三个维度测度跨项目知识转移。也就是说，本书将跨项目知识转移视作二阶变量。

表 4-1 IT 项目知识转移活动中的知识类别划分

文献来源	业务领域知识	实施技术知识	项目管理知识
Tanriverdi，Iacono（1999）	√	√	√
Rosemann，Chan（2000，2001）	√	√	√
Nambisan，Wang（2000）		√	√
Rus，Lindvall（2002）	√	√	
Haines，Goodhue（2003）	√	√	√
Basselier et al.（2003）		√	√
Tiwana（2004）	√	√	
Abraham et al.（2006）	√	√	√
Chan et al.（2008）	√	√	
Xu，Ma（2008）	√	√	
Goles et al.（2008）	√	√	√

续表

文献来源	业务领域知识	实施技术知识	项目管理知识
Kang, Hahn (2009)	√	√	
Tesch et al. (2009)	√	√	
Ko (2014)	√	√	
Disterer (2002)	√	√	
Landaeta (2008)	√	√	√
Bartsch et al. (2013)	√	√	√
杜红等 (2005)	√	√	√
董小英 (2002)	√	√	
李晓宇 (2004)	√	√	√
陈文波等 (2010)		√	√
尹洁等 (2011)	√	√	
邓春平, 毛基业 (2012)	√	√	√

二、IT服务企业跨项目转移知识的特征

对于跨项目转移知识的特征,现有文献更多地讨论这些知识的内在属性。比如,有文献分析了跨项目转移知识的外显性与内隐性(Newell et al., 2006)、嵌入性(赵大丽,等,2011)、可获得性和可转移性(Fitzek, 1999),等等。我们认为IT服务企业跨项目转移的知识具有的内隐性是最为根本的内在属性,它是嵌入性、可转移性等其他内在属性的基础。此外,跨项目转移的知识还具有与工作实践情境和应用价值密切相关的独特性,我们称之为外延特征。首先,只有当知识接受方项目与知识源项目在项目任务、技术实现手段等方面具有相似性时,才可能发生跨项目知识转移。而这种相似性意味着实施这两个项目所需的知识在某种程度上具有通用性。其次,"跨项目"的性质决定了跨项目知识转移过程必然涉及个人、项目团队和组织之间的跨层次知识交互,因而所转移的知识相应地会包含个人知识、项目团队知识和组织,即这些知识相应地具有层次性。最后,IT服务企业进行跨项目知识转移的主要目标是通过再用知识源项目的有用知识提高知识接受方项目的实施绩效,进而

创造更多的价值。这说明跨项目转移的知识具有创造价值的特性。所以，我们认为IT服务企业跨项目转移知识的外延特征包括通用性、层次性和价值性（Zhao，Zuo，2011b）。下面对IT服务企业跨项目转移知识的内外属性进行逐项分析。

1. 内隐性

内隐性是指知识能够用语言、文字和图表等表达的程度。IT服务企业跨项目转移的知识的内隐性体现为，这些知识包括各种能够文档化的和难以用语言表达的过程知识和产品知识，即包括显性知识和隐性知识。前者如软件过程改进的通用知识、系统实施过程中产生的各种报告、组织"最佳实践"等；后者如IT项目实施的技术诀窍、IT项目实施活动的协调与管理技巧、对IT行业市场需求的洞察力、组织文化等。

由于显性知识容易传递、吸收和管理，它是跨项目转移的重要知识部分。特别是当知识源项目和知识接受方项目异步实施时，它们之间主要依靠转移显性知识的方式进行跨项目学习。甚至有学者认为，是显性知识而不是隐性知识的转移和学习决定了项目运作的成败（杜红，等，2005）。隐性知识也是跨项目转移知识的重要组成部分，但其转移难度明显大于显性知识的转移。这是因为隐性知识往往深嵌在特定的项目情境和实施行为中，只能使用"在此地进行"的方式（The way things are done around here）进行转移（Spender，1996）。另外，隐性知识深藏在项目成员大脑中，其跨项目转移容易受个人转移意愿的影响。还有由于项目团队具有动态性和临时性，要有效地实现隐性知识的跨项目转移，往往要求转移主体具备较强的知识转移能力和知识吸收能力。另外，有研究证实显性知识转移对隐性知识转移有积极促进作用（邓春平，毛基业，2012）。因此，也可通过隐性知识显性化等方法实现隐性知识跨项目转移。

2. 通用性

通用性指一个项目在实施过程中积累的业务领域知识、疑难问题解决技巧、项目管理技能、技术实现方法等知识能够被再用于其他项目的程度。据此，项目知识可分为通用项目知识（Generic Project Knowledge 或 Kernel Knowledge）和专用项目知识（Specific Project Knowledge 或 Ephemeral Knowledge）（Leseure，Brookes，2004）。通用项目知识就像一种无形资产，能够被重复使用以完成其他不同的项目，不断地为公司创造价值，因而是组织从长远看需要保持和培育以提高项目实施绩效的知识。专用项目知识指对某个独特的项目有用但很少能被再用于其他项目的那些知识，它不能重复创造价值。

IT服务企业跨项目转移的知识同样具有通用性。这是因为IT服务企业长期实施的都是IT项目。可能知识源项目和知识接受方项目属于不同性质的IT项目，如ERP项目和客户关系管理项目，或者提供相同性质的服务但客户企业类型不同，但它们的技术实现手段、项目管理方法等往往具有较大程度的相似性，甚至会共用组织的人力资源、对外合作关系资源等。从知识管理的角度看，这些项目实施方法和资源使用方法实质上都是通用的知识，它们能够从知识源项目转移和再用到知识接受方项目。

3. 层次性

很明显地，跨项目知识转移涉及个人、项目团队和组织之间的跨层次知识交互。因此，IT服务企业跨项目转移的知识具有层次性，体现为知识为个人、项目团队和组织所拥有。个人知识存在于项目成员大脑，如个人所掌握的业务领域知识、疑难问题解决技巧、项目实施活动的管理与协调技巧等。项目团队知识为项目团队集体所拥有，是关于项目的、在项目中应用的，以及来源于项目的各种过程知识和产品知识（Hanisch et al., 2009），并最终沉淀为团队记忆（Alavi, Leidner, 2001）。组织知识聚合了各个项目实施所积累的各种知识，涵盖了个人知识和项目团队知识，因而范围广泛且内容丰富。

个人知识、项目团队知识和组织知识之间具有某种内在的关联性。在知识源IT项目内部，项目成员之间相互沟通和交流各自所拥有的知识，产生了项目团队知识。项目团队知识借助必要的整合工作融入组织知识库中。组织知识通过允许跨项目团队访问的方式转移到知识接受方项目的实施团队，并为该项目成员所学习和使用。这三种知识的持续交互与整合不断丰富着IT服务企业的知识内容，因而对于提高项目团队的实施能力非常有利。

4. 价值性

根据Li等人（2010）的观点，知识作为一种资产，其运用能够给组织带来利润和持久竞争优势。因此，我们认为知识通过跨项目转移亦能够给组织带来经济价值，如项目绩效和企业利润率提升，也即具有价值性。IT服务企业是典型的知识密集型组织，其进行跨项目知识转移的主要目的是提升知识接受方项目的绩效进而提高企业的利润率。因此，跨项目转移的知识必须是源自知识源项目的、对知识接受方项目有用的、能够带来价值的那部分知识，即必须具有价值性。价值性是跨项目所转移知识的最重要特征，是 IT 服务企业借助跨项目知识转移以获取经济利益的一种体现。

  跨项目转移的不同类型的知识对 IT 服务企业的价值贡献不同。如前所述，跨项目转移的过程知识能够为知识接受方项目提供可借鉴的经验知识，而这些知识直接作用于项目实施进程，进而影响项目绩效。产品知识的主要作用是帮助知识接受方项目的实施团队判断知识源项目有哪些过程知识适用于自己的项目，但它对项目实施活动和绩效未产生直接的影响效应。所以，跨项目转移的过程知识对 IT 服务企业贡献的价值明显大于产品知识。

  图 4-1 展示了 IT 服务企业跨项目转移知识的各种特征以及彼此之间的关系。通用性、层次性和价值性三种外延特征与内隐性等内在特征共同反映了 IT 服务企业跨项目转移知识的特性。

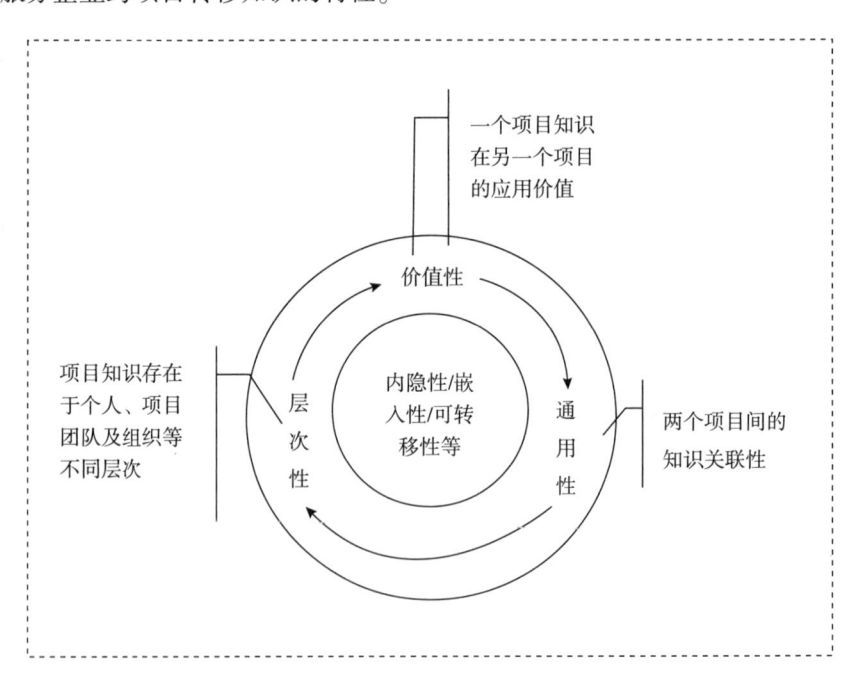

图 4-1　跨项目转移知识的特征

资料来源：(Zhao, Zuo, 2011b).

第二节 研究模型与理论假设

一、研究模型

如前面章节所述,组织领域学者已经开展了很多研究,识别出影响知识转移的一系列影响因素。比如,Szulanski(1996)同时考虑沟通过程和情境,提出了四类知识转移影响因素,包括所转移知识的特征(如因果模糊性和未考证性)、知识源(如动机和感知可靠性)、知识接受方(如动机、知识吸收和保持能力)和转移情境(如组织管理机制)。同样地,Gupta 和 Govindarajan(2000)采纳沟通过程与信息流的视角,延伸提出影响知识转移的五个关键要素:①对来自知识源的知识价值的感知;②知识源的动机倾向(即他们分享知识的意愿);③知识转移渠道及其丰富度;④知识接受方的动机倾向(即他们从源头获取知识的意愿);⑤知识接受方的吸收能力(即他们获取、吸收和应用知识的能力)。Cummings 和 Teng(2003)回顾了知识转移的理论研究文献,在此基础上将知识转移的影响因素归纳为四个维度,包括知识特征、知识源和知识接受方、知识源和知识接受方之间的关系以及知识转移活动。总之,影响知识转移的因素可以分为五个维度:知识的特征、知识源和知识接受方的特征、知识源和知识接受方的关系、知识转移活动以及知识转移情境。

这五类知识转移影响因素也在 IT 服务领域得到证实。例如,Timbrell 等人(2001)对澳大利亚昆士兰州政府企业系统应用的研究证实,知识的特征、知识源和知识接受方的特征、知识源和知识接受方的紧张关系(Arduous Relationship)、知识转移活动以及贫瘠的组织情境(Barren Organizational Context)对最佳实践转移具有显著的影响。类似地,Ko 等人(2005)实证研究了企业信息系统实施中从顾问到客户组织的知识转移,并总结出显著影响知识转移绩效的一系列因素,包括知识源和知识接受方的动机,知识源的编码能力和知识接受方的解码能力,共享的理解,以及彼此之间紧张的关系。在信息系统开发的情境下,Joshi 等人(2007)通过实证检验发现,知识源在团队知识转移中发挥积极的作用。Frank 等人（2015）综合采用文献研究与质性访谈资料分析的方法，从 100 多个影响新产品研发团队间知识转移的影响因素中提炼出 16 个主要因素，并归纳为四个维度，即人员因素、技术因素、工作设计和外部环境。邓春平和毛基业等人定量研究检验了压力机制、组织惰性、海外客户控制、供应商吸收能力对 IT 离岸外包项目中知识转移的影响机制（邓春平，毛基业，2012；邓春平，等，2015）。

上述关于一般情境下知识转移影响因素的研究为我们调查研究跨项目知识转移影响因素提供了很好的理论基础。跨项目知识转移可能继承知识转移的一般特征，但也具有独特性，尤其是其项目化特征（Meo et al., 2010）。为使项目团队达到有效的跨项目知识转移，必须考虑到项目的特殊性。下面，我们借鉴知识转移影响因素研究框架，对跨项目知识转移影响因素的研究文献进行回顾和梳理。

现有研究已探讨了跨项目知识转移影响因素的维度。这些因素包括转移知识的内隐性，基于社会互动的渠道和信息技术驱动的渠道（Newell et al., 2006），知识源项目团队成员的知识转移意愿（Disterer, 2002）以及对所要转移知识的集成能力（Zedtwitz, 2002），知识接受方项目团队成员获取和吸收知识的意愿（Newell et al., 2006）和努力（Landaeta, 2008），知识源项目成员与知识接受方项目成员之间的信任（Park, Lee, 2014），拒绝犯错的项目组织文化（Disterer, 2002），跨项目学习的基础设施、系统、程序和规则（Mainga, 2010）。

跨项目知识转移会受项目化因素的影响。有些研究者指出，任务的相似性是成功进行跨项目知识转移的前提（Lewis et al., 2005），其他学者提出，一个项目的时间紧迫感会促使项目团队从其他项目团队寻求和获取有用的知识（Newell et al., 2006；Park et al., 2008）。因此，基于一般情境下知识转移影响因素的研究框架，我们总结了影响跨项目知识转移的六个维度的因素，包括所转移知识的特征、知识源项目团队和知识接受方项目团队的特征、两个项目团队之间的关系、知识转移活动、项目任务情境和项目团队情境。项目任务情境包括任务相似性和时间紧迫性两个情境因素，而项目团队情境是指跨项目知识转移的项目层面的管理机制。

我们对项目团队情境的研究侧重于项目团队管理情境。这是因为有效的知识转移离不开组织管理的支持。Szulanski（1996）在实证研究之后认为，如何采取管理努力来实现知识相关因素对知识转移的有益影响是一个非常值得研究的方向。Davenport 等人（1998）在实证分析后得出，成功的知识转移往往需要组织采取一系列持续管理努力来激励某一专业知识的再用。而通过管理努力追求最优知识管理结果的知识治理（Grandori，2001）正成为理论界和实务界关注的热点问题之一，这一趋势也验证了 Szulanski 富有远见的洞察力。实证研究结果也表明，组织的技术、结构和文化对知识管理成效有显著的影响作用（Gold et al.，2001）。因此，有必要考虑项目知识治理努力对跨 IT 项目知识转移的影响。

从跨项目知识转移的内涵可知，其实知识特征、知识源项目团队和知识接受方项目团队的特征、两个项目团队之间的关系、转移活动、项目任务情境和项目团队情境这六个维度的因素嵌入在跨项目知识转移的定义中。在跨项目知识转移过程中，项目知识是对象，知识源项目团队和知识接受方项目团队是主体，两个项目团队之间的关系是连接他们进行跨项目知识转移的桥梁，知识转移活动是必要的渠道；知识源项目和知识接受方项目的任务情境是跨项目知识转移赖以开展的背景，项目团队情境则是不可缺乏的起支撑作用的组织管理机制。换言之，跨项目知识转移是将项目知识从知识源项目团队转移给知识接受方项目团队，这一活动借助于各种知识转移渠道，在特定的任务情境和团队情境下进行，由不可缺少的管理机制所驱动。因此，这六个维度的因素对跨项目知识转移而言是非常重要的。

因为知识特征和转移渠道已被信息系统领域关于 IT 项目的大量研究所证实和讨论（Timbrell et al.，2001；Joshi et al.，2007），所以，本项目不打算再研究这两个维度因素对跨项目知识转移的影响关系。此外，与一般情境下的知识转移有所不同，同一个公司内部的跨项目知识转移以完成项目任务为导向，往往有严格的执行计划，如按计划实施培训，定期召开项目总结大会等。在这种情况下，跨项目知识转移更多地受到组织相关制度安排等因素的影响，而受主体转移意愿的影响较小。因此，对于知识源项目团队和知识接受方项目团队的特征，只考虑转移主体的能力特征，考虑使用知识源和知识接受方项目团队参与知识转移的能力进行衡量，而暂不考虑转移意愿这一影响因素。

总之，我们重点关注影响跨项目知识转移的四个维度的因素，即知识源和知识接受方项目团队的能力、两个项目团队之间的关系、项目任务情境和项目团队情境。我们认为这四个维度的因素代表了项目之间知识转移的关键特征，它们会共同影响跨项目知识转移的有效性。因此，我们提出了如图4-2所示的理论研究模型。

在图4-2的模型中，项目团队的能力是指知识源项目团队的转移能力和知识接受方项目团队的吸收能力，在已有研究中，它们被认为是影响知识转移的重要因素（Martin, Salomon, 2003；Szulanski, 1996；Gupta, Govindarajan, 2000）。知识源和知识接受方项目团队之间的关系也被视为在项目情境下影响知识转移的重要因素之一（Park, Lee, 2014）。对于项目任务情境，我们重点研究知识源项目和知识接受方项目之间的任务相似性（Lewis et al., 2005）和团队感知的时间紧迫性（Newell et al., 2006；Park, 2008），两者都被认为是有助于跨项目知识转移的重要因素。对于项目团队情境而言，我们考察知识源和知识接受方项目团队的知识治理努力，即两个团队的知识管理机制（Grandori, 2001），这些机制是支持跨项目知识转移的组织力量（Mainga, 2010）。

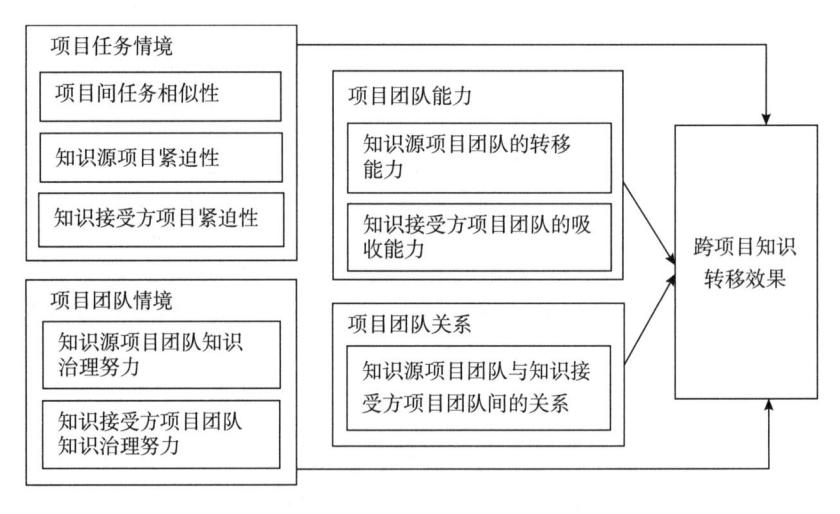

图4-2 IT服务企业跨项目知识转移影响因素的研究框架

值得注意的是，跨项目知识转移分为并行项目间知识转移和串行项目间知识转移两种类型。对串行项目间知识转移（或新旧项目间知识转移）而言，一个知识源项目往往对应多个知识接受方项目，要寻找一一匹配的新、旧项目并进行大样本实证分析，难免显得困难。因此，本书主要研究并行项目间知识转移的影响因素。

二、理论假设

我们的研究目标是实证检验知识源和知识接受方项目团队的能力、两个项目团队之间的关系、项目任务情境和项目团队情境这四个维度的因素如何影响跨项目知识转移。下面我们讨论各维度因素及其相应的假设。

1. 项目团队能力

随着知识转移研究的深入，对知识源转移能力的研究越来越多。Martin 和 Salomon（2003）提出了知识源转移能力的定义，并对此做较深入的分析。在我国，学者们专门对组织知识转移能力进行研究。有学者从不同角度构建了组织知识转移能力评价模型（王炳富，刘芳，2012），有学者采用三角模糊等多种方法对组织知识转移能力进行评价（尤天慧，李飞飞，2010；舒宗瑛，2012；杨东红，等，2015），另有学者研究知识转移能力的影响因素（朱晋伟，胡万梅，2015）及其对知识转移效果等的作用机制（唐辉，等，2012；韩明华，2013）。可见，知识源的转移能力对于知识转移的成功进行具有重要的作用。

团队行为研究显示，一个团队整合其团队成员的知识和技能的综合能力是其成功完成团队工作的重要条件和因素（Stevens，Campion，1994）。而且，项目团队管理和使用知识的能力已被证实在非 IT 项目的实施中发挥着重要的作用（Teerajetgul et al.，2009）。基于这些研究我们认为，知识源项目团队转移知识的能力和知识接受方项目团队吸收知识的能力是跨项目知识转移有效进行的重要促进因素。

根据 Martin 和 Salomon（2003）提出的知识源转移能力，本研究认为知识源项目团队的转移能力是指知识源项目团队识别自身知识的价值及其适用条件、评估知识接受方项目团队的知识需求和吸收能力，以及向接受方有效传递知识的能力。在个体层面，实证研究表明知识源的转移能力与知识转移效果显著正相关（疏礼兵，2007）。根据 Nonaka（1994）的知识创造理论，个体知识和能力通过外化、组合等方式可以转化为群体知识和能力。也就是说，作为群体的一种方式，团队能力是由个人能力经过某种方式聚合形成的。由此可推断，知识源项目团队的转移能力也会影响跨项目知识转移效果。另外，有学者采用仿真模拟实验方法研究了知识源企业转移能力对集群企业知识转移的影响作用，结果表明：知识源的转移能力越强，集群企业知识转移的效果也越好，二者呈现正向影响关系（韩明华，2013）。也就是说，知识源作为知识转移过程中知识的提供者，是影响集群企业知识转移的重要因素。因此，经综合分析判断，知识源项目团队的转移能力越强，跨项目知识转移效果将越好。所以，我们提出如下假设：

H1：知识源项目团队的转移能力与 IT 服务企业跨项目知识转移效果正相关。

根据 Cohen 和 Levinthal（1990）对吸收能力概念的界定，知识接受方项目团队的吸收能力是指接受方项目团队识别和吸收来自知识源项目的新知识的价值，并将其消化和应用于自己项目的能力。有实证研究得到，知识转移与吸收能力密切相关（Scaringella，Burtschell，2015）。

IS 领域的实证研究显示，知识接受方的吸收能力对企业资源计划（ERP）系统实施中的知识学习活动具有积极的影响（Marabelli，Newell，2009）。根据团队知识和能力是个人知识和能力的集成的观点（Nonaka，1994；Stevens，Campion，1994）可判断，同样地，在跨项目知识转移的过程中，知识接受方项目团队的吸收能力越强，越有可能导向有效的知识转移，他们吸收和运用知识源项目知识以实施 IT 项目的效果也就会越好。之前亦有研究表明，高水平的项目团队吸收能力是成功的项目知识转移的必要条件，因为知识接受方吸收能力越强，越能对外部知识做出快速响应，吸收和应用这些知识的效果越好（Bakker et al.，2011）。所以，我们提出如下假设，

H2：知识接受方项目团队的吸收能力与 IT 服务企业跨项目知识转移效果正相关。

2. 项目团队间的关系

知识源项目团队和知识接受方项目团队之间的关系是指知识源项目团队和知识接受方项目团队之间的合作和相互信任关系。这与 Szulanski（1996）提出的知识源与知识接受方之间的紧张关系的意思相反。

项目团队之间的关系是促进跨项目知识转移的重要团队因素之一。因为知识的转移和获取要求知识源和知识接受方进行频繁的互动，而有研究证实，项目情境下的友好合作与相互信任的关系有利于加强知识源与知识接受方的相互沟通与知识理解，从而有利于推动项目顺畅进行和实施成功（Bosch - Sijtsema，

Postma, 2010），所以，知识源项目团队和知识接受方项目团队若保持友好的合作关系，则可以促进彼此之间的沟通，可以增强彼此对知识的共同理解，进而提高彼此项目的成功率。相反，如果知识源与知识接受方之间的关系紧张，尤其是存在竞争关系时，就会阻碍知识转移的有效进行，这一结论已得到证实（Szulanski, 1996; Ko et al., 2005）。事实上，在项目型组织中，知识源和知识接受方之间的关系已被证明对知识转移有显著的影响（Enberg, 2012）。同样地，我们认为：代表知识源项目和知识接受方项目的两个IT团队之间的合作关系会对跨项目知识转移产生积极的促进作用，而它们之间的紧张或竞争关系则会产生消极的阻碍作用。所以，我们提出如下假设：

H3：知识源项目和知识接受方项目间的关系与IT服务企业跨项目知识转移效果正相关。

3. 项目任务情境

跨项目知识转移发生在两个不同的项目情境中，必然会受到项目任务特征的影响。Schindler和Eppler（2003）在案例分析后得出，项目任务是影响跨项目学习成功的一个关键要素。有研究指出，在项目任务情境中，项目相似性和时间紧迫性是影响跨项目知识转移的重要因素（Newell, College, 2004; Park et al., 2008）。

借鉴Astley和Zajac（1991）的研究，我们将项目相似性界定为知识源项目和知识接受方项目之间的任务相似程度或嵌入在项目任务执行中的工作流程和实施方法的相似程度。知识源项目和知识接受方项目之间的任务相似性是跨项目知识转移的前提，因为项目相关知识嵌入在项目人员、任务和工具上面，不同项目之间的任务相似性意味着这两个项目的一些工作流程和实施方法存在某种程度的关联性，是相似的，所以这两个项目能够共享相同的项目知识（Fitzek, 1999）。任务相似性越大，意味着知识源项目团队与知识接受方项目团队越有共同的工作经验（Park, Lee, 2014），这两个项目团队越容易对双方的知识"供给与需求"形成共同的理解（Newell, College, 2004; Newell et al., 2006）。这种共性程度越大，意味着实施这两个项目所需的知识越相关，因而跨项目转移知识取得成功的可能性也就越大。所以，我们认为，任务相似性是会对跨项目知识转移产生影响的一个关键的项目任务情境变量，并提出如下假设：

H4：知识源项目和知识接受方项目间的任务相似性与 IT 服务企业跨项目知识转移效果正相关。

借鉴 Park 等人（2008），我们将知识源项目和知识接受方项目的时间紧迫性界定为项目团队为实现其预期的项目目标而感知到的一种时间压力。完成项目的时间压力会影响项目团队的态度和行为。当项目成员都意识到时间压力（如项目里程碑日期和最后期限到期日）时，他们往往将主要精力和时间投入到产品或服务上，而不是知识转移活动中，这种情况阻碍了最佳实践的项目转移（Davenport，Prusak，1998；Loo，2002）。随着时间紧迫感的增加，知识源项目团队和知识接受方项目团队可能会在知识转移努力上采取不同的方式。知识源项目团队可能会投入更多的时间和精力去完成项目任务，而用较少的时间去与别人沟通和积累经验知识。也就是说，感知的时间紧迫性阻碍知识源项目团队的知识转移活动（Wiewiora et al.，2009）。

相反，时间紧迫性会激发知识接受方项目团队向知识源项目团队学习的感知需求（Newell，College，2004）。项目团队通常不愿意从公司内部其他项目团队获取知识，除非他们认为完成项目任务有紧迫性（Newell et al.，2006）。也就是说，项目越紧迫，为快速地解决问题，项目成员会越迫切地希望从其他项目直接获取成功经验，而不是"重新创造轮子"。在这种情况下，知识接受方项目的时间紧迫性就成为影响跨项目知识转移效果的一个重要因素。因此，我们提出如下假设：

H5：知识源项目的时间紧迫性与 IT 服务企业跨项目知识转移效果负相关。

H6：知识接受方项目的时间紧迫性与 IT 服务企业跨项目知识转移效果正相关。

4. 项目团队情境

在组织层面，良好的组织管理情境是推动知识转移活动顺利开展和完成的一个必要条件，因为成功的知识转移往往需要组织采取一系列持续管理努力来激励知识的分享与再用行为（Szulanski，1996）。也就是说，组织管理情境对知识转移产生重要的影响作用。依此类推，我们认为：项目组织情境会影响跨项目团队知识转移活动，进而影响跨项目知识转移效果。

在项目实施过程中，项目团队一般会结合自身的特点，将组织管理情境具体化，采用一些管理架构或机制推动项目实施进程。我们把其中会影响跨项目知识转移活动的项目团队管理架构或机制称为项目团队情境。与组织层面的管理情境相比，项目团队情境对跨项目知识转移活动的影响更为直接。因此，我们侧重于分析项目团队情境对跨项目知识转移活动的影响关系。

与组织管理密切相关的是近年来日益兴起的知识治理概念。有学者认为，组织选择合适的组织结构和设计相应的治理机制，以优化各项知识管理活动，包括知识创造、知识转移、知识利用等，即为知识治理（Grandori，2001）。由于知识治理强调关于知识活动的组织管理机制和架构，因此本项目借鉴 Grandori（2001）的研究，将知识治理引用到项目团队层面，采用知识源项目团队与知识接受方项目团队的知识治理努力来衡量跨项目知识转移的项目团队情境。并且根据 Grandori（2001）提出的知识治理定义，我们将知识源项目团队与知识接受方项目团队的知识治理努力界定为这两个项目团队为支持跨项目知识转移和追求其最佳效果而采取的管理策略。

无论在理论上还是在实践上，知识治理变得日益重要，它在临时性的项目型组织中起着非常重要的作用（Pemsel，Müller，2012）。实证研究显示，在项目型组织中，组织的制度和文化是影响知识管理成功的重要因素（Lindner，Wald，2011）。一项基于澳大利亚四家大规模的项目型组织的案例研究表明，项目层面的子文化对一个项目团队跨项目分享知识的意愿具有显著的影响（Wiewiora et al.，2013）。另有研究证实，有效的契约机制（包括激励制度）有助于激发项目实施过程中知识源转移知识和吸收方获取知识的动机，诱导他们增加用于相互转移知识的时间，从而促进知识转移与沟通的深度进行（Bosch-Sijtsema，Postma，2010；Burgess，2005）。IT 项目实施中的情况也是如此，项目组织的制度、程序和文化对项目成员间的知识转移都具有显著的正向影响效应（Karlsen，Gottschalk，2004）。这些实证研究结果说明，项目组织投入时间和精力采取各种知识治理策略与项目知识转移的成效密切相关。基于以上推理，我们预测：在 IT 项目实施过程中，知识源项目团队与知识接受方项目团队的知识治理努力将对跨项目知识转移具有积极的促进作用。所以，我们提出如下假设：

H7：知识源项目团队的知识治理努力与跨项目知识转移效果正相关。

H8：知识接受方项目团队的知识治理努力与跨项目知识转移效果正相关。

第三节 问卷调查研究及结果

一、量表开发

本研究遵循科学的步骤开发各研究变量的量表。丘吉尔（Churchill, 1979）认为，量表应经过反复开发和测验以达到满意的可靠性和有效性，并且他提出了一套科学规范的量表开发方法，被管理领域的学者广为接受和采纳。Churchill 提出的量表开发方法包括 8 个步骤：阐述构念范围、产生测量题项、收集数据、提纯测量量表、数据再收集、使用新数据进行信度评价、效度评价和发展规范。本研究结合实际情况，对丘吉尔（Churchill, 1979）提出的量表开发步骤进行借鉴和采用。第一，在上一节的理论假设部分，我们基于已有的研究文献阐述了各构念的操作化定义，界定了各关键研究变量的含义范围。第二，下面将以这些操作化定义为依据，设计各构念的测量题项，并进行量表信度和效度检验，以形成测量题项。第三，将在前面步骤的基础上，收集数据和提纯测量量表，这主要通过调查问卷的试测验（Pretesting）实现，具体包括小样本数据收集和相应的测试检验。第四，将进一步通过大样本数据收集、使用新数据对提纯后的测量工具进行信度和效度评价。第五，发展规范，即严格通过前面步骤，得到适用的具体规范意义的 IT 企业跨项目知识转移效果及其影响因素的测量量表。

对于各研究变量的量表开发，本研究借鉴已有的知识转移研究文献中的相关量表，并结合跨项目知识转移情境做适当调整或开发。这是因为目前关于知识转移的定量研究文献不少，相应地，知识转移效果及其影响因素变量的测量量表也较为成熟。但是，跨项目知识转移的研究多为定性分析，定量研究很少。而跨项目知识转移具有一般情境下知识转移的共性特征，但又具有自身的特征，尤其是"项目化"特征。因此，可以借鉴现有的、成熟的知识转移效果及其相关影响因素的量表，以及跨项目知识转移研究中的相关量表和理论分析，测量本书中的跨项目知识转移效果变量及其影响因素变量，但很难直接套用知识转移研究文献相关变量的成熟量表。

本研究先给出跨项目知识转移效果及其各影响因素变量的操作化定义，然后围绕操作化定义，参考和借鉴已有文献提供的相关变量的测量量表，并结合跨项目知识转移的相关理论分析和案例预调研结果，开发出大部分研究变量的测量量表。对于未能在相关文献中找到合适的可供借鉴量表的少数变量，如任务相似性，我们结合已有文献对这些变量的理论分析以及相关变量（如任务不确定性）的测量量表，自行开发量表。下面详细阐述各量表的具体开发过程。

1. 跨项目知识转移效果

跨项目知识转移是指从知识源项目到知识接受方项目的关于项目知识的沟通活动，这一活动能使知识被接受方项目团队吸收和利用的效果即为跨项目知识转移效果。因此，本书将采用跨项目知识转移效果作为因变量。如第二章综述部分所述，知识转移效果主要从知识转移所带来的知识变化、能力变化、绩效变化以及权力等其他方面变化四个方面进行评估（Argote，Ingram，2000；Cummings，Teng，2003）。而且，不少文献聚焦于这些结果中的某一维度，从单一角度测量知识转移有效性。在 IT 领域，Karlsen 和 Gottsehalk（2004）、Tesch 等人（2009）都采用项目绩效、项目结果、系统实施、组织相关者的利益等指标来测量 IT 项目知识转移的效果或成功程度。而且，Newell 和 Edelman（2008）从组织学习角度研究跨项目学习问题时，也从项目绩效角度，采用问题解决程度、项目任务目标实现程度、项目实施成本、项目业务增值、顾客满意度等指标测量跨项目学习效果。因此，借鉴这些研究，本书从项目绩效变化这一角度测量跨项目知识转移效果，以及设计相应的测量题项，见表 4-2 的左侧部分。

2. 知识源项目团队的转移能力

对于知识源转移能力，Martin 和 Salomon（2003）较早给出了定义，认为知识源的转移能力涉及知识源事前识别自身知识的价值及适用环境、评估对方的知识需求和吸收能力，以及事中的知识传递能力，并对知识源转移能力做较深入的理论分析。近年来，国内对知识源转移能力的研究明显增多，有部分学者对此进行评估（尤天慧，李飞飞，2010；朱晋伟，胡万梅，2015）。根据 Martin 和 Salomon（2003）提出的知识源转移能力定义，本研究将知识源项目团队转移能力界定为知识源项目团队确定识别自身所拥有知识的潜在用途和适用条件、评估知识接受方项目团队的知识需求和能力并传递相应知识给知识接受方项目团队使用的能力。

本研究围绕知识源项目团队转移能力的定义，借鉴已有文献的相关测量，开发该变量的测量量表。如前所述，Martin 和 Salomon（2003）在研究跨国公司知识转移问题时，认为知识源转移能力包括知识源识别知识、评估知识和传递知识的能力。Knudsen 和 Zedtwitz（2003）认为转移能力包括知识源选择知识、准备知识和配置知识的能力。国内有学者通过理论分析，从知识传送能力、知识接受能力、知识交互能力和组织支撑能力四个维度构建了组织内部知识转移能力的评价指标体系（尤天慧，李飞飞，2010）。但是，这些研究都是定性的理论分析，并非对转移能力的定量测量。在定量测量方面，Ko 等人（2005）从沟通理论的角度，用沟通编码能力考察知识源的转移能力，并从语言掌握程度、书面沟通能力、口头表达能力、能在适当时间说出合适的东西等方面开发量表测量沟通编码能力。另有国内学者在研究研发团队内部知识转移的影响因素问题时，认为知识源转移能力的测量题项包括用简单明了的语言表达知识的能力、用文字或图表分享知识的能力、通过各种方式分享知识的能力以及通过多种渠道传递知识的能力（疏礼兵，2006）。朱晋伟和胡万梅（2015）在实证研究跨国公司知识转移问题时，采用"知识从总部传授到了子公司""知识从外派人员传授给了子公司中方员工""外派人员具有把知识传授给子公司中方员工的意愿""外派人员具有把知识传授给子公司中方员工的能力""外派人员把知识成功传授了子公司中方员工"等指标衡量外派人员的知识转移能力。

从上面各学者的研究与测量可以看出，知识源的转移能力包括能力范围较广，涉及转移知识之前的选择（或识别）知识和准备（或评估）知识的能力，以及转移知识时的传递（或配置）知识的能力。本研究同时借鉴 Martin 和 Salomon（2003）以及 Knudsen 和 Zedtwitz（2003）给出的知识转移能力定义，以及 Ko 等人（2005）、疏礼兵（2006）、朱晋伟等人（2015）开发的量表，围绕知识源转移知识前的准备能力和转移知识时的传递能力，设计了 IT 服务企业内部跨项目知识转移中知识源项目团队的转移能力的测量题项，见表 4-2 的左侧部分。

3. 知识接受方项目团队的吸收能力

借鉴 Cohen 和 Levinthal（1990）提出的企业吸收能力定义，本研究将知识接受方项目团队吸收能力界定为知识接受方项目团队识别来自知识源项目的新知识的价值，并将其应用于完成项目任务的能力。对于知识接受方项目团队吸收能力的量表设计，Szulanski（1996）提供了有益的可借鉴的理论素材。Szulanski 遵循 Cohen 和 Levinthal（1990）提出的吸收能力定义，从识别、吸收和应用外部知识这三个方面开发跨团队知识转移中接受方团队吸收能力的量表。此后，Ko 等人（2005）也借鉴 Szulanski 的量表，开发了适合 ERP 项目知识转移情境的知识接受方吸收能力的量表。因此，本研究借鉴 Szulanski（1996）和 Ko 等人（2005）开发的量表，开发了 IT 服务企业内部跨项目知识转移过程中接受方项目团队吸收能力的量表，见表 4-2 的左侧部分。

4. 项目团队间的关系

项目团队间的关系是指知识源项目团队和知识接受方项目团队之间的合作与相互信任关系。可以看出，该定义与 Szulanski（1996）提出的知识源与知识接受方之间的紧张关系的意思相反，但都指知识源与知识接受方之间的关系状态。因此，在测量题项设计上，本书借鉴 Szulanski（1996）、Ko 等人（2005）对知识源与知识接受方之间紧张关系的测量，并结合预调研结果，开发了知识源项目团队和知识接受方项目团队之间关系的测量题项，见表 4-2 的左侧部分。

5. 项目相似性

借鉴 Astley 和 Zajac（1991）的研究，本研究将项目相似性界定为知识源项目和知识接受方项目之间的任务相似程度或嵌入在项目任务执行中的工作流程和实施方法的相似程度。从现有文献资料看，现有研究对项目间的任务相似性做了一些理论分析（Astley, Zajac, 1991; Lewis et al., 2005），较少设计量表对其进行定量测量和实证检验。由于任务相似性在一定程度上反映了不同任务之间的稳定性，因而任务不确定性是与任务相似性相对的一个构念，而有些文献设计量表考察了任务不确定性（Rustagi, 2008；樊钱涛，王大成，2009）。因此，我们认为识别已有文献的任务不确定性量表设计的内容维度，有助于开发任务相似性的适用题项。所以，借鉴已有研究成果（Rustagi, 2008；樊钱涛，王大成，2009），结合预调研得到的关键内容要素，我们设计了任务相似性量表，见表 4-2 的左侧部分。

6. 项目紧迫性

借鉴 Park 等人（2008）的研究，本研究将知识源项目和知识接受方项目的紧迫性界定为项目团队为实现其预期的项目目标而感知到的一种时间压力。从现有研究看，已有文献主要是定性地分析项目紧迫性给跨项目知识转移带来的影响（Newell et al., 2006；Loo, 2002），很少对开发项目紧迫性的测量量表进行定量考察。因此，本研究参考这些文献的理论分析，从项目团队感知到的项目工期紧张度、完成项目任务的时间压力、解决项目问题的速度等方面设计项目紧迫性的测量题项，同时用于测量知识源项目和知识接受方项目的紧迫性特征，见表 4-2 的左侧部分。

7. 知识治理努力

借鉴 Grandori（2001）提出的知识治理定义，本研究将知识源项目团队和知识接受方项目团队的知识治理努力界定为，这两个项目团队选择特定的治理结构和设计相应的治理机制，以优化跨项目知识转移效果。目前有文献采用案例研究和定量检验的方法考察了项目型组织的制度、文化等对单个项目实施过程中知识转移（Karlsen, Gottschalk, 2004；Bosch - Sijtsema, Postma, 2010）以及跨项目知识分享（Wiewiora et al., 2013）的影响。而 Gold 等人（2001）在研究组织架构对知识管理活动的影响关系时，从组织的结构性架构（含制度和等级结构）、文化性架构和技术性架构三个方面考察组织架构，并设计了相应的测量量表。Gold 等人（2001）对组织架构的测量较为全面，且其提出的组织架构内涵与 Grandori（2001）提出的知识治理内涵一致，都强调组织结构和管理机制对知识活动的支撑保障作用。因此，本书主要借鉴 Gold 等人（2001）的组织架构测量量表，同时参考其他学者的研究，设计知识源项目团队和知识接受方项目团队的知识治理努力的测量题项，见表 4-2 的左侧部分。

二、量表内容效度检验

内容效度（Content Validity）检验主要考察的是题项所要测量的内容或范围取样的适当程度，目的是使测量题项能够反映所要测量的内容（Moore, Benbasat, 1991）。据此，本书对设计的测量量表进行两轮的内容效度检验。

起初，邀请两名信息系统研究领域和知识管理研究领域的博士生对各研究变量的测量题项进行内容效度检验。检验的内容包括构念的含义表达是否清晰、题项是否测量了所对应的潜在构念、题项的内容是否充分、题项措辞是否贴切和容易理解等。他们提出的意见主要有：①有些题项的表达不够简练。②有些题项用词语义不够明确，令人费解，如表4-2左侧的"项目相似性"的题项"PS1 具有较高的共性程度"中的"共性"指的是哪些方面的共性，所指不明确，有碍理解。③有些构念的题项数量多，而其中有多个题项测量的维度基本相同。比如，"知识源项目团队的转移能力"的测量题项较多，而且，表4-2左侧的"STC5 能够用书面文字或图表描述所转移的知识""STC6 能够采用实物或原型展示的方式向对方团队转移难以表达的知识"和"STC7 能够采用视频向对方团队转移难以表达的知识"表达的都是知识转移的具体方式，可进行归纳整合。又比如，表4-2左侧的"RAC4 能够运用对方团队转移过来的知识"和"RAC5 能够将对方团队转移过来的知识用于解决相关的问题"的意思明显重复，可合并。④题项的归属模糊，比如表4-2左侧的"RAC1 明白向对方团队学习知识的重要性"是否属于"知识接受方项目团队的吸收能力"，有争议。

根据以上反馈意见，对初始量表做了相应的修改。修改内容主要有：①修改了语言表达不简练的题项。②修改了语义含糊不清或措辞不贴切的题项。③对同一个构念的题项数量多，并且其中有多个题项的测量目标基本相同的情况，在遵循题项对理论和实践重要性的前提下，对这些题项进行合并，尽量做到既保持原来的测量目标，又能减少题项数量。比如，将表4-2左侧的STC5、STC6和STC7合并为表4-2右侧的STC4，即"能够使用便于知识接受方项目团队获取和吸收的方式（书面文字、图表、面对面沟通等）转移知识"，将表4-2左侧的RAC4、RAC5合并为表4-2右侧的"RAC4 能够运用对方团队转移过来的知识解决相关的问题"。④删除归属有争议的题项，比如，删除表4-2左侧的RAC1。

为使测量题项与中国本地情境相匹配，我们随后对两家软件公司进行预调研，邀请三位IT项目经理对经过上述修改得到的测量量表进行把关和审核。这些经理结合项目工作实践提出了一些宝贵的意见和建议，其中两个很重要的意见分别是：

（1）有些题项与实际情况不是很符合，比如表4-2左侧的"STC3 能够了解对方团队的吸收能力水平",他们认为知识源项目团队不一定知道知识接受方项目团队的知识吸收能力,除非两个项目团队经常在一起工作、相互比较了解。

(2) 如果是对中国 IT 企业的调查,那么测量题项的设计要考虑中国情境,比如,对于"两个项目团队间的关系",中国的社会情境讲究个人关系的重要性,在企业管理活动中也是,因此"两个项目团队间的关系"可与中国关系情境相结合起来设计测量题项。

针对这些意见,我们对测量量表再做相应的修改,主要包括:①删除不符合实践情况或在实践中发生较少的题项,如删除表 4-2 左侧的 STC3;②结合中国情境对某些测量题项进行修改,一个典型的例子是将表 4-2 左侧的 "R1 跟对方团队沟通起来很容易"修改为表 4-2 右侧的 "R1 与对方项目团队彼此很熟悉"。

汇总起来,以上两轮对题项措辞、题项与构念的一致性以及调查对象理解的难易程度等方面的内容效度检验过程和结果见表 4-2。

表 4-2 内容效度检验结果

构念	题 项(修改前)	题 项(修改后)
跨项目知识转移效果	从知识源项目获取和学习知识有利于您所在的项目团队:	从知识源项目获取和学习知识有利于您所在的项目团队:
	ECKT1 提出有创造性的问题解决方案	ECKT1 提出有创新性的问题解决方案
	ECKT2 比较快地完成项目任务	ECKT2 比较快地完成项目任务
	ECKT3 更有效地完成项目目标	ECKT3 更有效地完成项目目标
	ECKT4 提升项目业务价值	ECKT4 提升项目业务价值
	ECKT5 有效地控制项目实施成本	ECKT5 有效地控制项目实施成本
	ECKT6 有助于更好地满足顾客要求	ECKT6 有助于更好地满足顾客要求
知识源项目团队的转移能力	在向对方团队转移知识时,您所在的项目团队:	在向对方团队转移知识时,您所在的项目团队:
	STC1 能够识别出自己团队所拥有知识的价值	STC1 能够识别出自己团队所拥有知识的价值
	STC2 能够了解对方团队的知识需求	STC2 能够感知知识接受方项目团队所需要的知识是什么
	STC3 能够了解对方团队的吸收能力水平	删掉
	STC4 能够清楚地阐述所转移知识的适用情境	STC3 能够识别自己团队所转移知识在什么条件下适用

第四章　IT服务企业跨项目知识转移影响因素的初步探索

续表

构　念	题　项（修改前）	题　项（修改后）
知识源项目团队的转移能力	STC5 能够用书面文字或图表描述所转移的知识	STC4 能够使用便于知识接受方项目团队获取和吸收的方式（书面文字、图表、面对面沟通等）转移知识（将左侧的ST5、STC6、STC7进行合并）
	STC6 能够采用实物或原型展示的方式向对方团队转移难以表达的知识	
	STC7 能够采用视频向对方团队转移难以表达的知识	
	STC8 能够与对方团队进行知识交流	删掉
知识接受方项目团队的吸收能力	RAC1 明白向对方团队学习知识的重要性	删掉
	RAC2 能够理解对方团队转移过来的知识	RAC2 能够理解对方团队转移过来的知识
	RAC3 能够明白对方团队所转移知识的用途	RAC3 能够明白对方团队所转移知识的用途
	RAC4 能够运用对方团队转移过来的知识	RAC4 能够运用对方团队转移过来的知识解决相关的问题（将左侧的RAC4、RAC5进行合并）
	RAC5 能够将对方团队转移过来的知识用于解决相关的问题（合并）	
	RAC6 能够在对方团队所转移知识的基础上产生新知识	RAC5 能够在对方团队所转移知识的基础上产生新知识
两个项目团队间的关系	在项目实施过程中，您所在的项目团队：	在项目实施过程中，您所在的项目团队：
	R1 跟对方团队沟通起来很容易	R1 与对方项目团队彼此很熟悉
	R2 愿意与对方团队交流	R2 愿意与对方团队交流
	R3 信任对方团队	R3 与对方项目团队相互信任
项目相似性	相比之下，您所在的项目和对方项目：	相比之下，您所在的项目和对方项目：
	PS1 具有较高的共性程度	PS1 服务对象都来自相同的产业部门
	PS2 实现的业务功能相似	PS2 实施内容都是类似的功能模块
	PS3 技术实现手段相似	PS3 所采用的实施工具（如软件开发工具或测试工具）都相同
	PS4 实施步骤相同	PS4 实施步骤都相同
感知的项目紧迫性（知识源和知识接受方项目团队）	在项目实施过程中，您所在的项目团队：	在项目实施过程中，您所在的项目团队：
	STU1/RTU1 感觉项目工期很紧	STU1/RTU1 感觉项目工期很紧
	STU2/RTU2 完成项目任务的时间压力很大	STU2/RTU2 完成项目任务的时间压力很大
	STU3/RTU3 必须快速解决实施过程中碰到的问题	STU3/RTU3 必须快速解决实施过程中碰到的问题
	STU4/RTU4 必须在既定的时间内完成每一项任务	STU4/RTU4 必须在既定的时间内完成每一项任务

· 103 ·

续表

构　念	题　项（修改前）	题　项（修改后）
知识源项目团队的知识治理努力	在项目实施过程中，您所在的项目团队采取了以下策略：	在项目实施过程中，您所在的项目团队采取了以下策略：
	SKG1 设置专门负责跨项目知识转移的人员	SKG1 有专人负责跨项目知识转移事项
	SKG2 所执行的项目管理制度有利于向对方团队转移知识	SKG2 所执行的项目团队制度有利于向对方团队转移知识
	SKG3 团队成员都积极向对方团队转移知识	SKG3 团队成员都积极向对方团队转移知识
	SKG4 所采用的项目团队结构有利于向对方团队转移知识	SKG4 所采用的项目团队结构有利于向对方团队转移知识
	SKG5 项目经理支持团队成员向对方团队转移知识	SKG5 项目经理支持团队成员向对方团队转移知识
知识接受方项目团队的知识治理努力	在项目实施过程中，您所在的项目团队采取了以下策略：	在项目实施过程中，您所在的项目团队采取了以下策略：
	RKG1 设置专门负责跨项目知识转移的人员	RKG1 有专人负责跨项目知识转移事项
	RKG2 所执行的项目管理制度有利于向对方团队学习知识	RKG2 所执行的项目团队制度有利于向对方团队学习知识
	RKG3 团队成员都积极向对方团队学习知识	RKG3 团队成员都积极向对方团队学习知识
	RKG4 所采用的项目团队结构有利于向对方团队学习知识	RKG4 所采用的项目团队结构有利于向对方团队学习知识
	RKG5 项目经理支持团队成员向对方团队学习知识	RKG5 项目经理支持团队成员向对方团队学习知识

三、调查问卷设计

在完成测量量表的内容效度检验后，我们设计了调查问卷。由于跨项目知识转移活动涉及知识源项目团队与知识接受方项目团队两方主体，因此我们分别针对这两方主体设计了配对的调查问卷。每套问卷共两份，问卷 A 测量的是影响知识源项目团队向知识接收方项目团队转移知识的因素，问卷 B 测量的是影响知识接收方项目团队向知识源项目团队学习知识的影响因素以及跨项目知识转移的整体效果。还有，问卷最后部分增加三个开放性问题，分别为"根据您的经验，影响您所在项目团队向对方团队转移知识的最主要因素有哪些"，"根据您的经验，在您所在项目团队向对方团队转移知识的过程中，最难的事情是什么"，"除了以上问题，您还有其他宝贵意见"。问卷 A 由知识源项目团队的相关人员填写，问卷 B 由知识接受方项目团队的相关人员填写。这种采用多个受试者参与调研的策略（a multiple respondent strategy）有助于克服共同方法偏差，收集到更丰富的数据，并提高数据的准确性（Sethi，King，1994）。问卷 A 和问卷 B 分别对应的测量量表见表 4-3，详见附录。在问卷 A 和问卷 B 上，所有题项都用李克特五点量表进行评定，从 1 表示"非常不同意"到 5 表示"非常同意"，同意程度依次递增。

表 4-3 调查问卷 A 和问卷 B 对应的测量量表

构　念	题　项（问卷 A）	题　项（问卷 B）
跨项目知识转移效果		从知识源项目获取和学习知识有利于您所在的项目团队：
		ECKT1 提出有创新性的问题解决方案（预测试时被删掉）
		ECKT2 比较快地完成项目任务
		ECKT3 更有效地完成项目目标
		ECKT4 提升项目业务价值
		ECKT5 有效地控制项目实施成本
		ECKT6 有助于更好地满足顾客要求
知识源项目团队的转移能力	在向对方团队转移知识时，您所在的项目团队：	
	STC1 能够识别出自己团队所拥有知识的价值	
	STC2 能够感知知识接受方项目团队所需要的知识是什么	
	STC3 能够识别自己团队所转移知识在什么条件下适用（预测试时被删掉）	
	STC4 能够使用便于知识接受方项目团队获取和吸收的方式（书面文字、图表、面对面沟通等）转移知识	

续表

构　念	题　项（问卷A）	题　项（问卷B）
知识接受方项目团队的吸收能力		在向对方团队获取和学习知识时，您所在的项目团队：
		RAC2 能够理解对方团队转移过来的知识
		RAC3 能够明白对方团队所转移知识的用途
		RAC4 能够运用对方团队转移过来的知识解决相关的问题
		RAC5 能够在对方团队所转移知识的基础上产生新知识（预测试时被删掉）
两个项目团队间的关系	在项目实施过程中，您所在的项目团队：	在项目实施过程中，您所在的项目团队：
	R1 与对方项目团队彼此很熟悉	R1 与对方项目团队彼此很熟悉
	R2 愿意与对方团队交流	R2 愿意与对方团队交流
	R3 与对方项目团队相互信任	R3 与对方项目团队相互信任
项目相似性	相比之下，您所在的项目和对方项目：	相比之下，您所在的项目和对方项目：
	PS1 服务对象都来自相同的产业部门（预测试时被删掉）	PS1 服务对象都来自相同的产业部门（预测试时被删掉）
	PS2 实施内容都是类似的功能模块	PS2 实施内容都是类似的功能模块
	PS3 所采用的实施工具（如软件开发工具或测试工具）都相同	PS3 所采用的实施工具（如软件开发工具或测试工具）都相同
	PS4 实施步骤都相同	PS4 实施步骤都相同
感知的项目紧迫性	在项目实施过程中，您所在的项目团队：	在项目实施过程中，您所在的项目团队：
	STU1 感觉项目工期很紧	RTU1 感觉项目工期很紧
	STU2 完成项目任务的时间压力很大	RTU2 完成项目任务的时间压力很大
	STU3 必须快速解决实施过程中碰到的问题（预测试时被删掉）	RTU3 必须快速解决实施过程中碰到的问题（预测试时被删掉）
	STU4 必须在既定的时间内完成每一项任务（预测试时被删掉）	RTU4 必须在既定的时间内完成每一项任务（预测试时被删掉）
知识源项目团队的知识治理努力	在项目实施过程中，您所在的项目团队采取了以下策略：	
	SKG1 有专人负责跨项目知识转移事项	
	SKG2 所执行的项目团队制度有利于向对方团队转移知识	

续表

构　念	题　项（问卷 A）	题　项（问卷 B）
知识源项目团队的知识治理努力	SKG3 团队成员都积极向对方团队转移知识（预测试时被删掉） SKG4 所采用的项目团队结构有利于向对方团队转移知识（预测试时被删掉） SKG5 项目经理支持团队成员向对方团队转移知识	
知识接受方项目团队的知识治理努力		在项目实施过程中，您所在的项目团队采取了以下策略： RKG1 有专人负责跨项目知识转移事项 RKG2 所执行的项目团队制度有利于向对方团队学习知识 RKG3 团队成员都积极向对方团队学习知识（预测试时被删掉） RKG4 所采用的项目团队结构有利于向对方团队学习知识（预测试时被删掉） RKG5 项目经理支持团队成员向对方团队学习知识

注：表中标注"预测试时被删掉"的题项，在后面的预测试环节因不符合要求而被删掉。

四、数据收集

为保证数据质量，本研究对受试样本的选择做了以下几个方面的要求与限定：

（1）由于我们的研究主题是 IT 服务企业内部跨项目知识转移的影响因素问题，因此问卷填写者所在的工作单位必须是 IT 服务企业。而且，这些企业必须实施过或正在实施多个不同的 IT 服务项目。

（2）问卷填写者必须是部门经理、IT 项目经理或独立负责过 IT 项目的技术工程师。这是因为我们考察的知识转移活动发生在不同项目团队之间而非个体之间，研究层次是项目团队，调查问卷需要由活动范围覆盖整个团队、熟悉团队整体情况的项目经理填写（Parkhe，1993）。而 IT 部门经理、IT 项目经理或独立负责过IT项目的技术工程师符合这一要求,能够提供关于团队参与跨项目知识转移的整体情况。因此,我们将这些人员作为预测试的对象。

(3)问卷填写者必须就两个独立项目的实施团队之间的知识转移情况提供数据,而就一个大项目群下面的两个子项目之间的知识转移情况提供的数据是无效的。而且,这两个项目存在某种程度的关联性,如功能需求的相似、所服务的业务领域的相似等,也即满足我们所谓的"任务相似性"。这一要点在问卷序言中进行重点强调。

(4)问卷填写者提供数据所涉及的进行跨项目知识转移的两个项目的实施时间有交叉,可以都是正在进行的,也可以都是已经结束的。这主要是为了满足我们研究并行项目团队间知识转移的需要。

(5)问卷填写者提供数据所涉及的两个项目的实施团队是两个不同的团队,但允许存在共用人员、工具等资源的情况。

(6)问卷填写者必须亲自参与进行跨项目知识转移,或者没有亲自参与但熟知两个项目的实施团队之间的知识转移情况,如部门经理。

以上关于样本选择的注意事项通过在问卷序言中重点强调、问卷收集方式选择、问卷发放范围控制、问卷填写邀请信重点强调等途径得到具体落实。

遵循上述要求,本研究采用关系人调研的方法,关系人即为认识的从事IT工作的相关人士。我们先通过电话或E-mail与这些人联系,征得同意后向他们发送问卷填写邀请信,内容包括问卷的调研主题、网上问卷链接地址、问卷填写说明及相关激励。

基于获取的2008年北京市系统集成项目经理培训的名单,我们将此次调查对象聚焦在这一范围内。我们给名单库中三四百位项目经理发邮件,向他们发送邀请信,简要地说明此次调研的主题、问卷填写者、填写问卷大致所需的时间、激励机制以及对他们的邀请。在此过程中,一部分邮件因邮箱地址有误等原因被退回,一部分邮件未收到回复。最后,收到回复的、有意向参与此次调查研究的IT项目经理有102位。对愿意参与此次调研活动的IT项目经理,我们再次通过邮箱向他们发送问卷填写说明信,说明问卷的网上链接地址、问卷的配对填写方法以及其他注意事项。

在问卷填写说明信中,我们要求IT项目经理首先应明确自己项目的范畴。我们特别说明,如果经理所在的项目团队更多的是向公司内部的对方项目团队转移知识,请填写问卷 A,同时邀请对方项目经理填写问卷 B。在填写问卷时,填问卷 A 的 IT 项目经理只需考虑自己团队向对方项目团队转移知识的整体情况,填问卷 B 的 IT 项目经理也只需考虑自己团队向对方项目团队学习知识的整体情况。而且,在同一套问卷中,两位项目经理所回忆和填写的是同一个跨项目情境下的知识转移情况。反过来,如果经理所在的项目团队更多的是向公司内部的对方项目团队学习知识,请填写问卷 B,并邀请对方项目经理填写问卷 A,其他注意事项同上。我们认为,在问卷中对知识源项目与知识接受方项目相匹配的强调,有助于我们得到真正有用的数据。

但是,问卷调查过程并非意想得那么容易。在起初表示愿意参与的 102 位受调查者中,72 位受访者回复邮件告知我们,由于员工离职或缺少联系方式,他们很难找到合作项目的项目经理。最后,我们收到了 30 组配对的有效问卷,以最初承诺填写问卷调查的 102 名项目经理的样本计算,我们的问卷回收率为 29%。整个数据采集过程显示,由于 IT 工作人员离职率高,让 IT 项目管理完成配对的问卷调查工作是非常困难的。这里需要说明的是,实际上,我们总共收到 60 位项目经理填写的 60 份问卷,它们为 30 对配对的问卷。

这 60 个项目涵盖了多个地区和产业,为我们提供了一个能代表中国 IT 服务项目的、很好的项目组合。这些项目大部分来自大城市,包括北京、上海、天津、深圳和西安,是中国 IT 服务业分布的核心地区。在 60 个(30 对)项目的样本中,22 个项目的合同金额已超过 50 万元人民币(约 80000 美元),20 个项目的合同金额在 10 万~50 万元之间,18 个项目的合同金额低于 10 万元。在这些受访的 IT 项目经理中,工作年限多于 15 年、11~15 年、6~10 年、3~5 年以及少于 3 年的 IT 项目经理的占比分别为 20%、23.3%、28.3%、21.7% 和 6.7%。虽然数据样本相对较小,但这些样本数据有助于我们识别出与跨项目知识转移的挑战与影响因素有关的有用且可靠的研究发现。

五、数据处理与统计结果

1. 数据预处理

在这里,我们使用偏最小二乘法(Partial Least Square,PLS)以及 PLS-Graph3.0 版本的软件检测测量模型和结构模型。首先,最小二乘法不受样本数据分布要求的限制，没有最低样本量的要求（Campbell, Fiske, 1959），如今已被有效地应用于现有的 IS 研究中（Ho et al., 2003; Bock et al., 2005）。我们的研究只有 30 组配对的样本数据，样本量小，因而适合采用 PLS 方法。其次，最小二乘法能避免解决方案不可接受、不确定性因素等严重问题，有助于我们解释各构念间是否存在关系（Fornell, Bookstein, 1982）。因此，这种方法适合于我们进行探索性测试，以考察 IT 服务企业中各维度因素对跨项目知识转移的影响关系。

在根据理论模型运行样本数据之前，我们对调查数据做了仔细的预处理。我们将成对问卷 A 和问卷 B 的分数进行匹配，并将它们合并成一个数据集。在这个过程中，因为我们将"两个项目团队间的关系"和"项目相似性"这两个潜在构念的各测量问题同时设计在问卷 A 和问卷 B 中，因而将两份问卷上这些问题的样本得分取平均值；对于只设计在问卷 A 或问卷 B 的潜在构念的各测量问题，我们直接保留其样本得分，不做任何处理。

在预测试之前，我们先检验数据是否存在共同方法偏差。共同方法偏差（Common Method Bias）是指由数据来源或问卷填写者相同、测量环境相同、测量题项语境、测量题项本身等所造成的预测变量与效标变量的人为共变（Podsakoff, Organ, 1986）。它是一种系统误差，会对数据处理结果及产生的研究结论有潜在的误导作用。控制共同方法偏差的方法有两种，即程序控制和统计控制，它们分别主要通过研究设计和单因素检验、偏相关分析等方法来控制偏差（周浩，龙立荣，2004）。

本研究同时在程序上和统计上控制共同方法偏差。在程序控制方面，本研究对数据来源、测量环境、题项本身都做了相关的努力。从数据来源看，本研究采用匹配的两份问卷来测量跨项目知识转移效果变量及其各影响因素变量，由知识源项目的 IT 经理填写跨项目知识转移影响因素的测量问题，由知识接受方项目的 IT 经理填写跨项目知识转移影响因素的测量问题以及因变量跨项目知识转移效果的测量问题。这可以从数据源头避免预测变量与效标变量的人为共变。从测量环境看，我们采用在线调研和现场调研这两种不同媒介，问卷填写者来自北京、上海、广州、福建等不同地点的不同 IT 服务企业。从测量题项看，经过几轮的问卷预测试，我们进行了测量题项的字面效度、内容效度等检验，并听取受试者的意见，对测量题项的语句表达进行了几轮修改，力求简洁、精练，并调整了测量题项顺序，使问卷填写起来更有逻辑性。

在统计控制方面，本课题借鉴已有研究（Podsakoff, Organ, 1986；周浩，龙立荣, 2004），把所有潜在变量——跨项目知识转移效果、知识源项目团队的转移能力、知识接受方项目团队的吸收能力、知识源项目团队与知识接受方项目团队间的关系、项目间任务相似性、知识源项目紧迫性、知识接受方项目紧迫性、知识源项目团队知识治理努力和知识接受方项目团队知识治理努力的所有测量题项放在一起，做单因素分析。结果发现各测量题项的载荷都很低、不显著，各变量的 KMO 值均小于 0.5 这一最小参考值（Kaiser, 1974）。这说明单因子分析不可行，不能用于进一步的实证检验，"单一因素解释所有的变异量"的假设不成立。而当取消公因子个数为 1 的设定、让所有测量题项自由地分配到多个因子上时，结果是因子的信度（见表 4-4）和效度（见表 4-5）都明显变好。单因子分析和多因子分析的结果对比说明本研究样本数据中存在的共同方法偏差是可接受的。

然后，对数据进行预测试。其中，删除了因子载荷小于 0.4 的题项、题项间相关性低或有严重的跨因子载荷问题的题项，见表 4-3 中的标注。

2. 测量模型检验

本课题对测量模型进行信度检验和效度检验。信度检验是基于样本数据考察各因子题项的内部一致性。一般来讲，研究者采用克隆巴赫系数（Cronbach's Alpha, CA）和组合信度（Composite Reliability, CR）这两个指标进行信度检验。CA 系数是目前社会科学领域使用最多的信度检验方法。根据 Churchill 和 Peter（1984）提出的标准，CA 值在 0.6 以上表示信度可接受，在 0.7 以上表示信度较高，在 0.8 以上表示信度非常好。CR 考察的是一组观测变量能够稳定地测量某个潜变量的程度（Bagozzi, Yi, 1988）。由于社会科学领域的因子载荷一般都不会太高，因此 Bagozzi 和 Yi（1988）建议组合信度达到 0.6 即可。Ringle（2004）也认为组合信度的最小阈值为 0.6，也就是说，只要组合信度大于 0.6，就是可以接受的。Raine - Eudy（2000）甚至指出，当组合信度达到 0.5 时，测量工具基本上可以稳定地反映潜在构念。

基于样本数据考察测量量表的 CA 和 CR，得到了如表 4-4 所示的结果。可以看到，所有潜在变量的 CA 值均高于 0.7，符合 Churchill 和 Peter（1984）提出的信度较高的标准。还有，所有潜在变量的 CR 值均在 0.7763 到 0.954 间波动，远高于要求的最小阈值0.6（Bagozzi, Yi, 1988; Ringle, 2004）。由此确定，本研究中用于收集数据的测量工具具有较高的信度水平，通过信度检验（Churchill, Peter, 1984）。

表4-4 各潜变量的信度

构　念	CA	CR	题项数量
跨项目知识转移效果（ECKT）	0.783	0.8576	5
知识源项目团队的转移能力（STC）	0.726	0.7763	3
知识接受方项目团队的吸收能力（RAC）	0.923	0.954	3
知识源项目团队与知识接受方项目团队间的关系（R）	0.728	0.8478	3
项目间任务相似性（PS）	0.731	0.8156	3
知识源项目紧迫性（STU）	0.791	0.8080	2
知识接受方项目紧迫性（RTU）	0.752	0.8194	2
知识源项目团队知识治理努力（SKG）	0.813	0.8856	3
知识接受方项目团队知识治理努力（RKG）	0.719	0.8417	3

在效度检验中，常用指标有内容效度（Content Validity）和结构效度（Construct Validity）。内容效度用于检验所使用的题项是否反映了对应概念的基本内容，也即从构念到测量题项的推演是否符合逻辑。结构效度由聚合效度（Convergent Validity）和区分效度（Discrimination Validity）组成。聚合效度是指"不同的观察变量是否可用来测量同一潜变量"，而区分效度是指"不同的潜变量是否存在显著差异"（陈晓萍，等，2008）。由于前面章节已对测量量表的内容效度做了多轮的检验，内容效度能够得到有效的保证，因此，这里主要检验测量量表的结构效度，即各题项的聚合效度和区分效度。

首先是聚合效度检验。参考Bagozzi和Philips（1982）的研究，本研究通过考察因子载荷和平均提取方差值（Average Variance Extracted, AVE）这两个指标检测聚合效度。对于因子载荷的标准，Tabachnick和Fidell（2007）提出，当因子载荷大于0.71时，因子可以解释测量题项（也即观察变量）50%的变异量，此时构念效度达到优秀水平；当因子载荷大于0.63，因子可以解释测量题项40%的变异量，此时构念效度非常好；当因子载荷大于0.55，因子可以解释测量题项30%的变异量，此时构念效度良好。限于构念本质特征、测量工具本质特性、测量误差影响等，社会科学领域的测量量表的因子载荷一般都不会太高。因此，有专家建议采用 Tabachnick 和 Fidell（2007）的标准，提出当因子载荷大于 0.55 即可（邱皓政，林碧芳，2009）。AVE 反映一个构念能被一组测量题项有效估计的效度。对于 AVE 的标准，Fornell 和 Larker（1981）推荐的最小阈值是 0.5。

本研究基于样本数据得到的因子载荷和 AVE 值如表 4-5 所示。可以看到，所有题项的因子负荷值均高于 0.63，大于 0.55 的最低标准值，符合 Tabachnick 和 Fidell（2007）界定的构念效度良好的标准。而且，所有题项的因子载荷值都在 0.01 的水平上是显著的。还有，所有潜在变量的 AVE 值介于 0.5365 和 0.8739 间，均高于 0.5。这些结果都表明，本研究的测量量表具有良好的结构效度。

表 4-5　各潜变量的聚合效度

构　念	因子	载荷	T 值	AVE	AVE 平方根
跨项目知识转移效果（ECKT）	ECKT1	0.7497	5.3603	0.5498	0.741
	ECKT2	0.8827	27.5327		
	ECKT3	0.7533	7.4741		
	ECKT4	0.6316	3.5746		
	ECKT5	0.6644	5.3629		
知识源项目团队的转移能力（STC）	STC1	0.7507	5.7902	0.5365	0.732
	STC2	0.7277	2.7254		
	STC3	0.7186	4.4057		
知识接受方项目团队的吸收能力（RAC）	RAC1	0.9106	9.4847	0.8739	0.935
	RAC2	0.8992	13.2133		
	RAC3	0.9919	19.4962		
知识源项目团队与知识接受方项目团队间的关系（R）	R1	0.7406	3.6648	0.6507	0.807
	R2	0.8182	5.2771		
	R3	0.8569	4.8922		
项目间任务相似性（PS）	PS1	0.7613	8.1251	0.5968	0.773
	PS2	0.8343	12.9366		
	PS3	0.7175	5.7483		
知识源项目紧迫性（STU）	STU1	-0.9028	-4.9437	0.6800	0.825
	STU2	-0.7382	-2.7098		
知识接受方项目紧迫性（RTU）	RTU1	-0.7711	-6.2215	0.6952	0.834
	RTU2	-0.8921	-10.0221		

续表

构　念	因子	载荷	T值	AVE	AVE平方根
知识源项目团队知识治理努力（SKG）	SKG1	0.7436	2.9292	0.7224	0.850
	SKG2	0.8673	5.2651		
	SKG3	0.9284	4.9089		
知识接受方项目团队知识治理努力（RKG）	RKG1	0.7981	13.6561	0.6396	0.800
	RKG2	0.8365	14.2321		
	RKG3	0.7629	8.3685		

首先是区分效度检验。根据 Fornell 和 Larker（1981）提出的标准，如果每个因子（或构念）的 AVE 值平方根超过了该因子和其他因子之间的相关系数，则说明测量量表具有区分效度。如表 4-6 所示，对角线上的各因子的 AVE 值平方根比同行同列上的不同因子间的相关系数都要大，这就意味着一个因子的测量题项在该因子的聚合度明显高于在其他因子上的聚合度（Gefen et al.，2000）。因此可以确定，本研究中的测量量表具有可接受的区分效度。

表 4-6　各潜在变量之间的关系系数（区分效度）

关系系数	ECKT	STC	RAC	R	PS	STU	RTU	SKG	RKG
ECKT	**0.741**								
STC	0.561	**0.732**							
RAC	0.664	0.194	**0.935**						
R	0.552	0.339	0.374	**0.807**					
PS	0.538	0.541	0.516	0.394	**0.773**				
STU	-0.402	-0.243	-0.026	-0.225	-0.109	**0.825**			
RTU	-0.511	-0.321	0.195	0.068	-0.545	0.114	**0.834**		
SKG	0.243	0.280	-0.216	0.326	-0.104	0.220	-0.039	**0.850**	
RKG	0.735	0.364	0.457	0.222	0.691	-0.059	0.598	-0.075	**0.800**

注：对角线上的数据为各变量 AVE 值的平方根。

3. 结构模型检验

结构模型检验主要是通过考察模型的路径系数和 R^2 值对理论假设进行检验。路径系数显示自变量与因变量之间的关系强度，R^2 值则测量模型对因变量的解释能力。本研究通过使用 PLS-Graph 软件运行样本数据实现对路径系

第四章　IT服务企业跨项目知识转移影响因素的初步探索

数和R^2值的检测，检测结果如图4-3所示。可知在本研究中，R^2值为0.936，远远超过了所需的最小临界值0.4（Ringle，2004），这说明自变量可以充分解释因变量的变化。

随后，我们评估了路径系数及其显著性水平。图4-3的数据分析结果显示，在项目团队能力方面，知识源项目团队的转移能力（H1）到跨项目知识转移效果的路径系数并不显著，而知识接受方项目团队的吸收能力（H2）的路径系数在0.01水平上显著。因此，理论假设H1不成立，而H2得到实证数据的支持。在项目团队间关系方面，知识源项目团队与知识接受方项目团队间的关系（H3）到跨项目知识转移效果的路径系数不显著，也即H3没有得到实证数据的支持。在项目任务情境方面，项目间相似性（H4）以及知识源项目紧迫性（H5）到跨项目知识转移效果的路径系数都在0.01水平上显著，但知识接受方项目紧迫性（H6）的路径系数不显著。因此，理论假设H4和假设H5成立，但假设H6不成立。在项目团队情境方面，知识源项目团队知识治理努力（H7）到跨项目知识转移效果的路径系数不显著，而知识接受方项目团队知识治理努力（H8）的路径系数都在0.05水平上显著。也就是说，理论假设H7不成立，假设H8得到实证数据的支持。

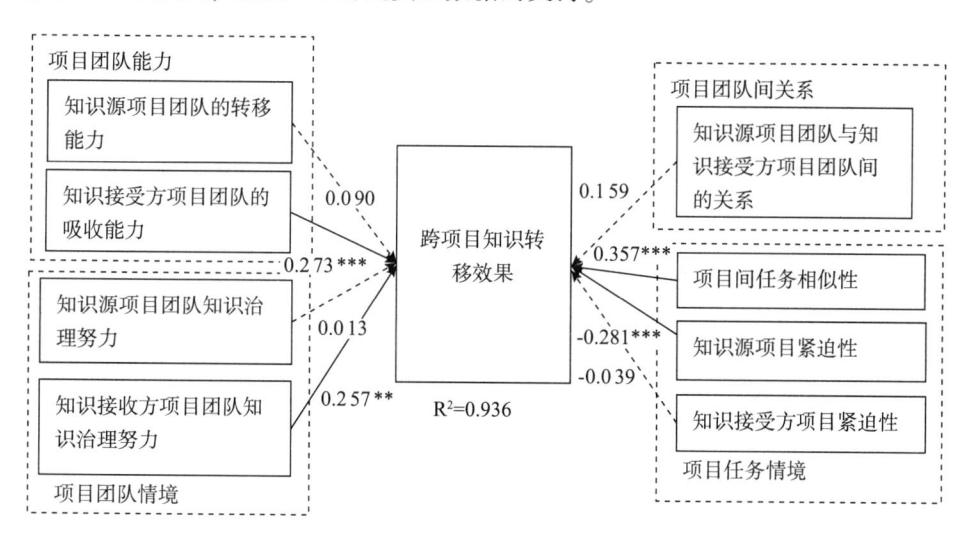

图4-3　结构模型检验结果

注：$*p<0.10$，$**p<0.05$，$***p<0.01$（two-tailed）；实线表示路径系数显著，虚线表示路径系数不显著。

汇总起来，如表4-7所示，知识接受方项目团队的吸收能力（H2）、接受方团队知识治理努力（H8）、项目间相似性（H4）以及知识源项目的时间紧迫性（H5）对跨项目知识转移效果具有显著的影响关系。其他的理论假设都没有得到调查数据的支持，这也意味着知识源项目团队的转移能力、知识源项目团队的知识治理努力、两个项目团队间的关系以及知识接受方项目的时间紧迫性对跨项目知识转移的影响没有得到结论性的发现。这是出乎意料的检验结果。为深入探索背后的原因，通过PLS方法统计检验得到的多种研究结果有待通过案例研究得到进一步的检验。

表4-7　结构模型路径系数与假设检验结果

理论假设	路径	预期的相关关系	检验得到的路径系数	T统计值	检验结果
H1	知识源项目团队的转移能力（STC）→跨项目知识转移效果（ECKT）	+	0.090	0.8051	
H2	知识接受方项目团队的吸收能力（RAC）→跨项目知识转移效果（ECKT）	+	0.273***	2.9016	√
H3	知识源项目团队与知识接受方项目团队间的关系（R）→跨项目知识转移效果（ECKT）	+	0.159	1.6022	
H4	项目间任务相似性（PS）→跨项目知识转移效果（ECKT）	+	0.357***	2.9459	√
H5	知识源项目紧迫性（STU）→跨项目知识转移效果（ECKT）	−	−0.281***	−2.9621	√
H6	知识接受方项目紧迫性（RTU）→跨项目知识转移效果（ECKT）	+	−0.039	−0.4287	
H7	知识源项目团队知识治理努力（SKG）→跨项目知识转移效果（ECKT）	+	0.013	0.1926	
H8	知识接收方项目团队知识治理努力（RKG）→跨项目知识转移效果（ECKT）	+	0.257**	2.2660	√

注：① *$p<0.10$，**$p<0.05$，***$p<0.01$（two-tailed）；②"√"指假设得到样本数据的支持。从上表可知，总共8个理论假设，只有4个得到支持。

第四节　案例研究及结果

通过基于问卷调查的定量检验得到，第三节提出的关于跨项目知识转移影响因素的8个假设中，只有4个得到统计分析结果的支持。为了进一步解释未得到支持的理论假设以及深入探索IT项目间复杂的知识转移现象，我们对北京两家IT服务公司（以下称为"服务A"和"服务B"）进行了案例研究。

一、案例选择与案例背景

埃森哈特（Eisenhardt，1989）认为，当我们对所研究问题知之甚少，或试图对一个研究问题有全新的理解时，案例研究是非常有用的。案例研究通过选择一个或多个案例并进行深入和全面的实地考察，用收集到的数据分析和说明问题。由于本课题研究IT服务企业跨项目知识转移的实践问题，这类研究的实践性强，也是前人研究得较少的领域，基于实地的案例研究有助于了解真实情况，从中总结实践规律。另外，本课题主要关注情境等多方面因素对跨项目知识转移活动的影响情况如何，属于典型的探索性质，采用案例研究，能够得到与问卷调查研究结果互为补充的研究结果，从总体上增强研究结果的可靠性和说服力。

案例研究主要有两个目的，一是验证理论，二是构建理论（Lee et al.，1999；Yin，2003）。理论验证型案例研究是基于事先提出的研究模型或理论主张，采用收集到的数据对模型或主张进行验证，因而强调理论在案例分析中的重要指导作用（毛基业，李晓燕，2010）。理论构建型案例研究无须研究模型或理论主张的引导，甚至采用扎根理论思想（Martin，Turner，1986；Strauss，Corbin，1998）进行完全开放式的探索性分析，最后构建出独特的理论模型。本研究进行案例研究主要是为了验证前面章节提出的关于跨项目知识转移影响因素的理论假设，解释有些假设没有得到定量实证检验数据支持的原因，以及揭示IT服务企业内部复杂的跨项目知识转移现象（包含有些理论假设得到调查数据支持的原因）。因此，本章的案例研究工作的主要目的是验证理论。本研究将采用分析性概括（Analytical Generalization）方法（Yin，2003），在已有理论框架的指导下，结合定量实证检验的结果，有针对性地开展案例研究并对两个案例访谈资料进行定性分析，以实现研究目标。

案例选择与研究目的密切相关。与大样本定量检验研究中随机获取数据的方法不同，案例研究特别是理论验证型研究方法的目的是验证已有的研究模型，因此，需要根据这些案例是否适合挖掘和发现各研究变量间的逻辑关系而选择和确定案例，需要从能够提供有理论见解的可能样本中选取有用的案例。在单案例研究中，案例选择相对简单，主要选择能够带来不同寻常见解的极端案例。在多案例研究中，案例选择往往关注是否具有复制逻辑（Replication Logic），即把不同的案例当成实验，相互印证或推翻从不同案例中得到的结论，从而产生更具普遍性的或更强健的结论（Eisenhardt, 1989；1991）。

本研究采用多案例研究方法，这主要源于多案例研究方法的优势所在，以及源于开展本研究的需要。埃森哈特（Eisenhardt, 1989；1991）认为，多案例研究有助于更全面地了解研究问题在实践中不同方面的反映，从而形成更完整的研究结论。此外，他还认为多案例研究能够通过不同案例重复支持类似结论的方式提高研究效度。比如，多个案例可以同时指向一个证据，或为相互的结论提供支持，这样能提高案例研究的有效性，使案例研究更全面、更有说服力。本书研究的是IT服务企业内部跨项目知识转移问题，此问题的相关研究目前很少。为提高研究的有效性，需要从实践中了解更多的真实情况和总结更丰富的规律。虽然单案例研究能够保证研究深度，并能更深入地了解案例背景，但它只能说明问题的某个方面，对于搭建知识结构框架往往是不够的。因此，有必要采用多案例研究方法探索IT服务企业内部跨知识转移的规律。

本课题选择两家IT服务企业作为案例调研对象，并且，两家公司都选择了一组并行项目作为访谈的对象。第一家企业（服务A）提供专业的知识管理应用软件及服务，第二家企业（服务B）提供企业管理系统等软件服务。

服务A为国内一家软件股份有限公司在北京地区的分公司。该软件股份有限公司建立于2001年4月，专业从事组织知识管理应用解决方案的管理咨询、软件研发和定制服务，为大型企业及高端用户提供行业内专业的内外部流程梳理与顾问咨询服务，为传统行业向移动互联网转型提供完整的规划，帮助企业提高整体效率和水平。它以管理咨询业和IT业为依托，融合现代IT技术和创新管理思想，致力于为客户提供知识管理解决方案，通过基于知识管理的企业知识化平台系列软件的提供、开发、实施和完整的知识管理培训及咨询服务为客户创造价值。公司建立了规范的产品研发、咨询、培训、销售和服务体系，有效地构建了技术、应用、管理的价值链和增值工程，优化和整合了资源，基于先进的项目管理和知识管理模式为客户提供优质的产品和服务。它是国内知名的大平台OA服务商和知识管理应用解决方案提供商的领头羊。如今已拥有19家分支机构，拥有大批资深的专业技术人员、资深咨询顾问和项目管理专家。

服务A作为该软件股份有限公司的分公司，自2011年开始专注精品移动平台软件开发，是一家致力于为企业提供移动互联网化解决方案的综合服务型公司，其主要业务涉及APP、微信、HTML5定制开发，具体包括APP定制化产品设计、研发及推动上线，专注为企业提供互联网产品；为有转型需求的企业组建互联网技术开发团队，提供人员考核、技术指导和培训，引领企业互联网转型。公司提供定制化及专业解决方案两类产品服务，开发领域涉及iPhone、iPad、Android和Windows Phone等移动平台，所服务对象涉及社交、娱乐、生鲜电商、美发业、生活服务、百货商场、社区、新闻、餐饮、出行、旅游、健康、教育、机械、数码、出版等行业和领域。截至2015年，服务A拥有超过300家的客户，包括新华社、万科、金融街、神州租车、汉能集团、链家地产、北旅、中国平安、大唐电信、泰达集团等。其中长期合作的500强企业客户有40家。公司为客户提供高效率、高质量的服务，通过科学严谨的实施方案、完善的项目流程管理和优秀的技术成果获得了客户极高的评价。

服务A注重研发与服务案例的积累与创新。它的服务行业跨度大、覆盖广，拥有丰富的研发案例，在各领域都有着相当丰富的产品和技术经验积累。比如，积累了大量的移动应用开发经验、网页漏洞及第三方应用漏洞防护等方面经验。该公司通过不断的专业技术研发创新和项目经验积累，为众多品牌企业提供服务，并在合作中赢得企业好评。同时，该公司还不断地积累行业经验，致力于产品创新与客户价值提升。

服务B为一家国际软件有限公司在北京的下属分支机构和华北区区域管理中心。其总部创建于1993年8月，于2005年7月在香港证券交易所成功上市。该软件公司是亚太地区领先的企业管理软件及电子商务应用解决方案供应商，是全球软件市场中成长最快的独立软件厂商之一，是中国软件产业的领导厂商。公司秉承"主动服务、快速反应"的服务理念，向全球范围内的顾客提供与软件产品相关的管理咨询、实施与技术服务，产品及服务覆盖企业的财务管理、供应链管理、客户关系管理、人力资源管理、知识管理、商业智能等，并能实现企业间的商务协作和电子商务的应用集成。不仅服务产品完备，而且服务方式有自身的特色。比如，该软件公司向客户提供热线、网络、现场以及远程等全方位、多元化的服务方式，成功搭建和推行企业信息化成功经验大型推广平台，以案例带动应用、以应用促进发展的方式，帮助客户总结并提炼出满足企业管理信息化需求的工具和方法。

目前，该国际软件公司已在我国设置几十家以营销与服务为主的分支机构，拥有一两千家咨询、技术、实施服务、分销等合作伙伴，其营销、服务及伙伴网络覆盖我国大陆200多个城市和地区，并已进入了中国台湾、新加坡、马来西亚、越南等亚太地区，形成便利的、综合的服务网络。服务B作为该国际软件公司在北京的下属分支机构和华北区区域管理中心，主要业务是销售ERP软件、提供企业信息化咨询及解决方案、实施企业ERP系统、售后服务和产品二次开发，拥有4000多家客户，营销和服务范围遍布北京及周边区县。

服务B及其公司总部在为客户提供产品和服务时，有一个明显的特点是强调依靠知识经验积累和创新来提升产品和服务质量水平。典型的例子是，在整个公司搭建和推行企业信息化成功经验大型推广平台，目的是促进项目经验知识的积累、扩散和再用。还有，服务B还提出了基于知识积累、再用与创新的自身的使命和目标，即通过不断创新、知识积累和流程优化，开发先进可靠的应用软件产品，为顾客创造价值，帮助客户企业提升管理竞争力，帮助顾客成功，努力成为其所在地区第一的企业管理系统提供商。

从以上对两个案例的背景分析可知，本案例所选择的服务A和服务B满足前面提到的要求或范围限定，即它们都属于IT服务行业，成立时间都在五年以上，业务范围覆盖的行业广泛、服务项目数量多，不同IT项目在时间上具有连贯性、在服务内容上具有一定的相似之处，公司制度也较为规范。它们都是典型的知识密集型企业，都注重项目实施经验的积累、跨项目分享与再用，以及基于以往经验的研发创新，这些现象实为经验知识的跨项目转移与扩散，因而在公司跨项目知识转移活动开展方面具有代表性。这些能有效地保证在案例调研中相关纵向数据的可获取性（Yan，Gray，1994）。

此外，服务A、服务B这两家IT服务企业不包含在原先我们用于问卷调研和定量数据收集的样本公司范围内，而是另外两家新的IT产业的项目型组织。每家企业都选择配对的两个并行项目进行访谈，详见下面的"案例数据收集"部分。最重要的是，这两家企业都将跨项目知识转移视为一种战略需求,并已开发了内部工作流程来推动这项知识活动。因此,这两家企业适合我们进行案例分析。

二、案例数据收集

这里主要采用正式访谈方法收集案例数据。在具体访谈时,采用半结构化方式,围绕研究主题而展开。比如,我们以这样的提问方式推进访谈活动。"您能否谈谈哪些项目团队组织管理因素会对不同项目实施团队间的经验交流与共享有影响?""您能否举些相关的例子说明一下?""还有其他的吗?",等等。本研究的访谈工作分为三个阶段,包括访谈前的访谈对象联络和访谈提纲设计、正式访谈和访谈后的录音转译工作,具体内容如下。

在正式访谈之前,围绕研究主题和理论框架,设计了相应的访谈提纲,见附录一。接着,通过往返邮件和电话联系服务A和服务B这两家IT企业的项目负责人或部门经理,将访谈目的传达给对方,由其负责受访对象的联系和时间的安排,调研团队这一方积极配合他们的安排。在此过程中,调研团队详细地表达了调研的目的、受访对象的要求、访谈的主题、专业词语的解释及粗略的访谈提纲,并和部分事业部负责人取得了联系。此外,如前所述,我们还事先通过网络查阅服务A和服务B企业的相关资料,了解其业务范围、组织结构、客户类型、公司出版物、新闻动态等,为深度访谈做准备。

经过访谈前的沟通协调,调研团队参观了服务A和服务B这两家IT企业,并在现场访谈了各自的2个配对的项目小组,其间总共采访了两个企业的9名人员。调研团队以服务A企业的华北区事业部为主要调研对象,采访了由该部门负责人推荐的一组并行项目的相关IT工作者。这组项目主要为两家国内客户服务:一个客户是啤酒制造商(简称为A_啤酒),另一个客户是饮料生产厂家(简称为A_饮料)。也即这两家客户企业都是快速消费品行业。参与访谈的受访者包括这组配对项目的两位项目经理、公司的地区经理以及项目管理办公室的一位关键人员,共4名人员。项目管理办公室人员提供了项目管理功能以及他们与项目互动相关的工作经验。服务B这家IT企业选择房地产事业部作为受调研的对象,也为我们的访谈调研提供了一组配对的项目,这两个项目都是针对房地产客户,其中一个项目的客户是国内一家房地产公司(称为"B_中国房地产公司"),另一个项目的客户是新加坡一家房地产公司(称为

"B_新加坡房地产公司")。在服务 B 公司，我们采访了 5 位工作人员，包括一名总经理、分别来自配对的知识源项目和知识接受方项目的各一名项目经理和各一名关键技术人员。服务 A 和服务 B 的受访谈项目及人员信息可用表 4-8 清晰地表示。

表 4-8 受访谈项目及人员信息

		并行项目 1：A_啤酒	并行项目 2：A_饮料
服务 A 企业	项目背景	客户企业是我国最早的啤酒生产企业，位列世界 500 强、中国 500 强、上市公司，2006 年至今，一直与服务 A 持续合作	客户企业是国内一家知名的现代化饮料生产企业，在全国各地建立了 30 多个分公司、代办处和 80 多个办事处
	受访人员	华北区经理	
		项目管理办公室人员	
		项目经理 A_啤酒	项目经理 A_饮料
		并行项目 1：B_新加坡房地产公司	并行项目 2：B_中国房地产公司
服务 B 企业	项目背景	客户企业是一家在新加坡上市的公司，以房地产为主业，是已经延续了上百年的财团	客户企业为国内房地产公司，未上市，为中小型企业
	受访人员	房地产事业部主管	
		项目经理 B_新加坡	项目经理 B_中国
		技术骨干 B_新加坡	技术骨干 B_中国

基于表 4-8 的受访项目及人员，调研团队展开了正式的访谈活动，具体的访谈内容以受访对象近期的跨项目知识转移合作案例为依托，结合了部门及受访对象实践经验，开展案例相关素材的收集。在正式访谈开始之前，由调研团队代表先阐述调研的主题、目的、用途等，接着由服务 A 的华北区经理和服务 B 的房地产事业部主管对各自企业内部不同项目间的知识转移情况做总体的回忆和介绍。然后，进入正式的访谈阶段，调研团队基于访谈提纲就具体的项目情境进行深入详细的对话与交流。在每一轮的采访中，通过提问与研究假设及统计分析结果有关的问题，我们咨询了这些工作人员关于在两个具体项目间转移知识的相关经验和看法。在访谈期间，我们保持思维开放，随时准备着从他们的解释和交流中获取新的见解。每个采访平均持续了近三个小时。平均而言，每个受访者的受访时间维持在半个小时至一个小时。在受访对象同意的情况下，我们对所有访谈内容进行全程录音，以确保资料的准确性和真实性。

最后，调研团队对本次调研做汇总评价。访谈结束后，调研团队及时地整理了现场笔记，并在24小时之内将访谈录音转译为文档，而且反复听录音和详细地交互校对，确保了录音稿的完整性和忠实于原意。这一工作主要是为后续的数据分析做准备。

此外，为了获得或补充所需信息，课题组还采用非正式沟通和档案收集的方法。非正式沟通既包含与项目经理的沟通，也包含与技术顾问的沟通。在非正式沟通中，笔者主要关注在半结构化正式访谈中难以了解到的信息。比如，笔者在A企业访谈时观察到，当问到公司在跨项目知识转移方面是否提供相关激励时，有些实施顾问看了看项目经理和部门经理后，只是简要做了回答。笔者就私下与实施顾问交流，结果发现是因为技术实施顾问认为公司或项目部门要提供相应的激励或保障措施，他们才会有动力去总结和共享经验，但这些技术实施顾问又不敢当着外人（指我们访谈团队）向领导提要求。这些材料为后来的案例分析提供了非常重要的证据。此外，当在分析实地访谈资料碰到前后不一致的地方时，笔者就与相关人员电话沟通，澄清事实。非正式访谈中相关人员提供的是纯私人看法，这是在正式访谈中很难得到的。

档案收集是一种典型的二手资料收集方法。在本研究中，课题组利用调研机会获取了受访企业的部分相关出版物，包括公司内部刊物、公司宣传资料、公司出版的研究报告等。课题组还访问受访企业网站，查阅和了解企业的相关资料，包括业务范围、公司新闻报道、公司在线论坛的使用情况等，也利用百度等搜索引擎检索了与受访企业有关的其他资料，如客户评价资料。通过多种途径收集有关IT服务企业跨项目知识转移的促进与阻碍因素的各种观点。

在使用正式访谈、非正式沟通和档案收集等方法的过程中，如果由不同方法收集得到的数据存在不一致的地方，则通过电话回访方式向相关受访人员澄清。根据中国人民大学毛基业教授和其他学者的研究，从多个来源收集和分析资料，使我们能够实现数据资料的三角化，可相互印证，同时有助于克服共同方法偏差，从而提升案例研究的可靠程度（毛基业，张霞，2008；Yin，2009）。这样，本课题通过多种渠道获取的案例数据可相互印证，有助于降低分析结果存在偏差的可能性，从而提升案例研究的可靠程度。

三、案例数据分析

根据埃森哈特（Eisenhardt，1989）和 Yin（2003）提出的多案例数据分析方法，本研究对服务 A 和服务 B 这两个 IT 服务企业跨项目知识转移案例分别进行案例内分析（Within - case Analysis）和跨案例分析（Cross - case Analysis），试图确认我们在研究框架中提出的理论假设尤其是那些未得到问卷调研数据支持的理论假设是否能在案例研究中找到相应的验证性答案。案例内分析将每一个案例视为独立的整体做全面分析，跨案例分析则对所有单案例分析结果进行统一的抽象和归纳，从而得出更全面的描述和更有力的解释。

案例内分析主要采用 Hsieh 和 Shannon（2005）提出的内容分析法（Content Analysis），对文本数据进行编码、归类和主题识别，以获得主观解释。内容分析法包括定性内容分析方法和定量内容分析方法，已被广泛应用于管理研究的各个领域。定性内容分析方法侧重于逻辑归纳，通过对原始数据进行认真核查和持续比较之后，根据某种有效的主观推断和解释，将其编码和归类，以形成特定的主题或类别。定量内容分析方法侧重于逻辑推理，比如，在将文本数据分门别类之后，计算每类内容出现的频率，进而推断变量之间可能存在的关系特征。由于本研究开展案例研究的目的是寻找前面章节定量检验结果背后的原因，而定性内容分析方法能够帮助我们实现这一目标，因而我们采用定性内容分析方法。

在进行定性内容分析时，首先需要确定编码参照类别。Stemler（2001）提出，编码方法有涌现式编码和先验式编码（An emergent vs. a priori coding）。涌现式编码的思路不受已有理论和研究框架的局限，在反复阅读、持续提炼原始数据的过程中不断涌现出新概念、变量间关系并最终得到研究模型，这是一种完全探索性的过程。先验式编码依托于已有的理论和研究框架而进行，通过反复阅读原始数据，细化和修改初步的理论框架，最终得到具有可操作性的研究模型。本研究对案例访谈资料的分析是围绕理论假设检验结果展开的，目的是为了揭示导致这些结果的原因、探索复杂的 IT 服务企业跨项目知识转移规律。因此，本研究适合采用先验式编码方法。我们根据本章第二节构建的理论研究模型以及第三节基于问卷调查的定量实证检验结果，建立五大参照类别，包括跨项目知识转移、项目团队能力、项目团队间关系、项目团队情境和项目任务情境，并且为部分参照类别建立子类别。项目团队能力的子类为知识源项目团队能力和知识接受方项目团队能力，项目团队情境的子类为知识源项目团队治理努力和知识接受方项目团队治理努力，项目任务情境的子类为项目间的任务相似性、知识源项目紧迫性和知识接受方项目紧迫性。另外，还设置"其他"这一子类，以便当某个分析单元难以被明确归到前面几个子类时使用。比如，调研团队在访谈知识接受方项目紧迫性对跨项目知识转移效果的影响关系时，受访者提到了所转移知识价值在其中的影响作用，这时，我们就将所转移知识价值的相关分析单元归到"其他"子类。

其次需要确定编码分析单元。内容分析常用的分析单元主要有六种，包括词语、概念、句子、段落、对话和整篇文档，它们既可以单独使用，也可以组合使用（Berg，2001）。在本项目的案例分析过程中，我们聚焦于一段情节，即将涉及一个话题的一系列对话作为我们定性资料分析的一个单元，用于确定所有影响跨项目知识转移的因素的潜在维度。下面举几个访谈实例。

关于知识源项目团队转移能力的编码分析单元：

> 我们每个月都有不定期的沟通会，部门的所有项目经理一般都要参加，一个项目经理在上面讲，其他项目经理在下面听。哪个项目经理讲得好，哪个讲得不好，都可以进行分析和评判，并指出其中存在的问题（服务B，房地产事业部主管）。

> 我们的专家基本上都是自己培养出来的，他会很快地定位这边提出的真正需求是什么。可能我们提出的需求是表象需求，而他会很快地判断出这后面的真实需求是什么，这样他就会针对这些需求作准备。如何转移一些隐性的东西（知识），是要靠自己在项目过程中去总结（服务B，项目经理）。

> A项目的哪些精华可取，并不是A项目的100%精华都适用于B项目，有些A项目的经验在B项目是行不通的。或者说是怎样去划分客户，这个客户细分为哪一类，我积累的经验又是属于哪一类型的，怎样将我的经验跟用户类型匹配起来。我觉得这个匹配问题很重要。所以，知识积累时，知识分类很重要（服务B，项目A技术工程师）。

关于知识接受方项目团队吸收能力的编码分析单元：

> 我们有些技术人员的消化吸收能力很强。有技术人员问完专家某个问题后，专家讲这个问题是这样解决的。他回去消化以后，回来说，"唉，我找到一个更好的解决方法"，然后他就会跟专家说，"这个问题我还有更好的方法可以解决，该怎样解决"（服务B，企业项目经理）。

关于项目间任务相似性的编码分析单元：

> 这两个项目（表1依托案例）之间有很多共性。做国内的时候，国外的那家已经到了上线测试的时候，我们抽调了2个人过来，把国外多元化发展模式告诉国内企业，建议国内企业考虑这种业务模式。现在这家国内企业也在规划今后3~5年的业务，现在主要是住宅，也在发展商业地产。
>
> 如果是同一行业，项目间的知识传递就不存在什么困难。如果是不同行业的项目，就会有障碍。
>
> 通过这种方式，我们一方面积累自己的行业经验，另一方面将先进的管理模式介绍给新的客户，这既是在传递知识，我们也拿到了项目。
>
> 也有两个项目的业务知识没有共性。比如说，我们曾经接过一个医药行业的项目。因为一个是制药企业，一个是房地产企业。我们在做这两个项目时，都是分别从其他不同的项目中找一些相关的案例。（毕竟）项目之间多多少少都有一些相似之处，如所用的实施方法论。
>
> 但项目间传递时，如向标杆学习时，会有困难；毕竟不同的项目团队有不同的惯例，（相关知识）在吸收的时候不一定能消化，也不太容易调整（服务B，企业房地产事业部主管）。

在确定编码参照类别和编码分析单元之后，课题组成员就开始进行案例内数据编码，并形成编码结果。本书作者和中国人民大学左美云教授分别负责一家公司访谈资料编码，各自独立编码。由于两位编码者对本项目的关键研究变量的操作化定义、详细解释编码的程序和相关事项等都非常熟悉，因此无需培训，而是直接进入编码过程。在各自编码过程中，两位编码者都根据编码参照类别表，反复阅读各自所负责公司访谈资料，对其中的分析单元进行分析和判断，将相关分析单元归到相应的编码参照子类别变量中。当某一个或若干个分析单元与参照类别表中某个子类别变量的操作化含义相同或相近时，就被归纳到该类别。比如,"知识源项目团队转移能力"的操作化定义是"知识源项目团队的能力确定识别自身所拥有知识的潜在用途和适用条件、评估知识接受方项目团队的知识需求和能力,并传递相应知识给知识接受方项目团队使用的能力"。那么,每位编码者会将访谈资料中与这一定义内容相近的所有分析单元归到这一子类别。如果碰到有分析单元与某个子类的理论定义不一致,就将其归到"其他"子类。

在完成单案例编码与分析之后,课题组成员进行跨案例分析,即比较了两个单案例(服务 A 和服务 B)分析的结果,并根据理论假设的主题对这些单案例研究结果进行整合。在此环节,美国加利福尼亚州立大学的邓雪飞教授参与到定性数据的编码工作中,她主要负责整合前两位人员负责的这两家公司的单案例访谈资料编码结果。对于每个维度的影响因素,如果两个公司案例的编码化数据存在不一致,三位编码人员就进行讨论和解决编码分歧问题。当需要时,他们会电话咨询这两个公司现场访谈的管理人员,对影响因素分类相关的编码分歧问题进行澄清。此外,这三位编码者还共同讨论在单案例分析阶段被归为"其他"子类别的分析单元,通过反复斟酌判断其所应该归属的子类别。

对于确实找不到明确归类的某些分析单元,我们尝试思考其是否蕴藏了原有理论研究模型中未考虑的新的关键变量,或者是否拓展了已有研究变量的原有定义。比如,"其他"子类别中有如下一段分析单元,这是服务 B 企业房地产事业部项目 B 的技术工程师在受访关于知识接受方项目紧迫性对跨项目知识转移效果的影响关系时提到的问题,它实际上涉及知识价值及其评估。因此,三位编码人员通过讨论,一致认为这是一个浮现的新的关键变量,即知识价值,并结合其他编码结果认为,知识接受方项目实施团队对知识源项目知识价值的评估会影响该团队进行跨项目知识转移的积极性。

> 如果从业务知识来说,因为不同项目的业务都存在差异,客户总要求将其他项目好的业务经验或其他客户的成功案例告诉他们。但哪些业务知识是好的,哪些是不好的,也就是说,如何从一个项目中筛选出来有用的业务知识,应用到另一项目,目前是存在问题的。所以,在不同项目之间,业务知识的筛选是有困难的(服务 B,项目 B 技术工程师)。

与 Yin(2009)、Miles 和 Huberman(1994)关于案例研究思路相一致,

我们对两个案例的研究和分析是一个不断迭代的过程，在这一过程中，我们不断地重新审核数据。基于上述努力，直到所有的分析单元基本上都能较好地得到归类并形成了一致的编码结果，这一编码工作才停止。对不同来源的一手数据和档案数据的三角剖析，揭示了较高的数据一致性，提升了我们研究发现的有效性。与问卷调查相比，案例研究促使我们更加注重细节，也有利于我们发现一些独特的见解。案例研究结果也能与定量调查数据的统计分析结果互为补充。也就是说，采用案例研究和调查问卷的多种方法能让我们对研究发现进行三角测量（Jick，1979）。下面展示我们对两家IT服务企业四个受访项目进行案例研究的主要发现。

四、案例研究发现

在这一部分，我们分析了案例访谈数据，详细考察了知识源项目团队和知识接受方项目团队的能力、知识源项目团队和知识接受方项目团队之间的关系、项目任务情境和项目团队情境这四个维度如何影响跨项目知识转移以及背后的原因。

1. 知识源项目团队转移能力和知识接受方项目团队吸收能力的影响

根据我们的访谈，这两家公司已制定和执行标准化程序来促进知识源项目团队将学习到的项目经验加以总结，并将项目总结存储在组织知识管理系统。这些机制、政策和标准化流程有助于确保知识源项目团队的转移能力。而且，受访谈的两家公司都强调，知识接受方项目团队的吸收能力对于有效的跨项目知识转移是非常重要的。正如服务A公司的相关人员所说的：

> 跨项目知识转移的效果主要是从知识接受方的角度进行评价的。与知识源的知识转移能力相比，知识接收者的吸收能力对知识转移结果有着直接和至关重要的影响（服务A，A_饮料的知识接受方项目经理）。

访谈材料还显示，知识源项目团队的知识转移能力和知识接受方项目团队的吸收能力对跨项目知识转移效果产生积极影响作用的程度是不同的。一个重要的原因是，与知识源项目团队的转移能力相比，技术人员和管理者往往更加关注与知识接受方项目团队吸收能力有关的知识转移结果。

2. 两个项目团队间双重关系的影响

我们通过对服务A和服务B的访谈发现，知识源项目团队和知识接受方项目团队之间的关系比我们原先预想的更为复杂；它是一个双重关系，既有相互合作，同时也不乏竞争。对此，有位知识接受方项目经理如此解释：

> 总体而言，我们两个项目团队之间的关系是很友好的。但是，这种关系有时候会变得有竞争性，比如，为争抢内部专家这一项有限资源而产生竞争关系（服务A，A_饮料的知识接受方项目经理）。

上述情境中的两个项目团队之间的竞争关系可能是由他们对组织内部有限资源的竞争使用所导致的。比如，当两个项目存在技术人员交叉时，在项目实施中出现的对技术人员这种人力资源的使用冲突可能会导致这两个项目的实施团队形成某种竞争关系。结果，这种竞争关系就可能会降低项目团队参与项目间知识转移的积极性。另外，当两个项目团队之间的关系处于友好合作状态时，他们的项目成员就更愿意相互分享信息和知识。例如，服务B公司的房地产新加坡项目（知识源项目）经理如此评论：

> （对跨项目知识转移）友好的气氛至关重要。如果不是这样，我宁愿把时间和精力投入到自己任务上，也不愿意回答其他项目成员的问题。

正是这种双重关系，使得两个项目团队之间的关系对跨知识转移效果的影响可能变得不确定和不显著。

3. 项目相似性的影响

我们对访谈数据的分析结果表明，项目之间的任务相似性往往被认为是客户业务（如产业）的相似性。这可从服务A的项目经理的分享中得到解释，他表示：

> 我们通常在同类行业寻找（客户）销售IT解决方案，并向潜在客户（A_饮料公司）展示与其业务和需求相似的现有客户（如A_啤酒公司）的案例，并帮助其分析两个案例的共性。这两家公司都来自相同的食品行业，运营的业务模式相似。在这种情况下，这两个项目（即服务于两家类似的公司）能够实现有效的知识复用（服务A，A_饮料的知识接受方项目经理）。

而且，项目相似性与跨项目知识转移结果之间的关系与跨项目转移知识的类型有关。当跨项目转移的知识与客户有关时，如业务流程和操作方面的知识，知识源项目和知识接受方项目之间的行业相似性就成为跨项目知识转移的显著影响因素。相反，当跨项目转移的知识是以技术为主的知识时，如硬件、软件知识，或项目实施方法，项目相似性对跨项目知识转移的影响就明显减弱。换句话说，受所转移知识的类型影响，项目相似性对跨项目知识转移的影响是权变的。就如服务 B 的总经理所说的那样（如下），根据行业部门对客户分析和对项目知识进行分类是非常重要的。

> 项目 A 的关键知识可能不能完全适用于项目 B。在这种情况下，对客户及所积累的知识进行分类成为对源项目知识与所关注的客户（知识接受方项目）进行匹配的两个重要的先决条件（服务 B，总经理）。

4. 知识源及知识接受方项目紧迫性的影响

根据我们对访谈资料的分析，项目紧迫感这一项目任务情境因素对跨项目知识转移产生不同的影响。对于知识源项目团队，当他们顶着时间压力去完成他们的项目时，他们就缺乏动力来转移和满足知识接受方项目团队获取知识的需求。这个发现得到服务 A 公司的知识源项目经理的回应，该项目经理提到：

> 如果我们项目的日程安排非常紧，跨项目知识转移就会存在很大的问题。我们团队的大部分成员不愿意花费时间向另一个项目团队转移知识，而是会尽全力完成我们既定的任务（服务 A，A_啤酒公司的知识源项目经理）。

但是，对于知识接受方项目团队，当他们感到完成项目任务有时间压力时，他们会评估外部（包括其他项目）知识的有用性，并确定最有效的方法来获取合适的知识，以解决项目问题。如果知识接受方项目团队感知到通过向其他项目学习能获益，他们就会有动力从知识源项目团队寻求和获取知识。否则，他们不会有动力去这样做，就如一位项目经理所解释的：

> 从接受方项目角度看，（知识转移的）先决条件是进行评估：究竟是自身去解决问题更好，还是从其他项目团队学习方法更好？不管是哪些方式，只要能产生最大的效益，我们就采用哪种方式（服务 A，A_饮料知识接受方项目经理）。

也就是说，在所转移知识对知识接受方项目有益的情况下，知识接受方项目团队感知的时间紧迫感可能就会对跨项目知识转移效果产生积极的影响作用。这种对所转移知识的价值的关注已得到各行业（如房地产、交通运输、教育行业）项目型组织的项目经理的反应和重视（Pemsel，Wiewiora，2013）。项目经理要对他们的项目负责，关注他们项目的绩效，如果他们未能看到知识共享活动带来的直接价值，他们就容易忽略这些知识共享活动。但是，当知识接受方项目团队感知到时间紧迫性以及通过评估觉得知识源项目团队的知识非常有价值时，鉴于跨项目知识转移需要知识源和知识接受方双方共同努力，一个组织或项目管理办公室激励知识源项目团队参与到跨项目知识转移过程中就变得至关重要。

5. 知识源项目团队和知识接受方项目团队的知识治理努力的影响

在一个组织中，知识治理努力被认为是促进跨项目知识转移的极为重要的因素，因为它有利于促进系统化的跨项目知识转移方式的开发，这些方式包括项目总结、每周例会、每月例会、项目日程中的里程碑报告等。如果缺乏知识治理工作的推动，知识源项目不会自动将知识转移给另一个项目的实施团队。服务 A 公司和服务 B 公司都采用知识治理措施包括知识共享文化、考核制度、文档规范化、研究院的支持、人员轮换或指定专门的跨边界知识负责人。例如，服务 A 公司的区域经理对项目文档的规范化做了细致的描述，如下所示：

在每一个项目完成的时候，项目团队提供一个项目回顾报告，应要特别注意的是，我们有知识共享文化和标准的报告模板来指导他们提交相关的项目文档。对所有的项目文档都进行分类和存储。关键的项目都会在公司会议上进行反思和总结（服务 A，区域经理）。

同样地，服务 B 公司的受调查者也就企业层面的知识治理系统分享了相似的观点。服务 B 公司的一位项目经理这样解释道：

在我看来，我们定期举办项目培训和相关会议，并分发每周和每月的项目总结，以及项目生命周期各阶段的项目报告。所有这些都已成为我们日常惯例和组织文化的一部分。这些实际上就是实践工作中的跨项目知识转移典型例子（服务 B，B_中国房地产公司的知识接受方项目经理）。

由于IT服务企业以绩效为导向，他们已经注意到跨项目知识转移对项目结果的影响。以往的研究（Landaeta，2008）就已实证检验了跨项目知识转移对项目绩效的正向影响关系。我们的访谈数据也显示，因为知识接受方项目团队的目标是提高项目绩效，所以他们有动力去从知识源项目团队获取知识。在这些情况下，知识源项目团队采取知识治理措施就显得很有必要，而知识接受方项目团队的知识治理努力可能会对跨项目知识转移效果产生更大的影响作用。

第五节　实证研究综合结果分析

在对跨项目知识转移及其影响因素的调查研究中，我们综合采用基于问卷调查数据的定量分析和基于访谈数据的定性分析相结合的方法。这两种方法相辅相成，有利于我们深入了解各种因素对跨项目知识转移的影响。我们的研究揭示了IT服务公司跨项目知识转移的复杂性，并强调要促进跨项目知识转移效果，关注多方面的影响因素是很重要的。特别地讲，当考察项目情境下的知识转移活动时，项目型组织应该考虑与项目相关的因素，比如，项目任务情境和项目团队情境。我们的研究进一步表明，项目型组织需要考虑跨项目知识转移的主体，即知识源项目团队与知识接受方项目团队，并对他们采取相应的激励策略。本书的研究发现拓展了以往关于项目学习的相关研究（Bakker et al.，2011；Newell，Edelman，2008；Pemsel，Wiewiora，2013）。下面我们阐述通过定量和定性数据分析得到的一些关键的研究发现。

第一，知识源项目团队转移能力和知识接受方项目团队吸收能力产生不同的影响。在跨项目情境下，知识接受方项目团队的吸收能力（不是知识源项目团队的转移能力）对跨项目知识转移效果产生显著的影响。这可从受问卷调研数据支持的假设2（H2）和不受支持的假设1（H1）得到证明。就如访谈结果所显示的，知识源项目的转移能力和知识接受方项目团队的吸收能力对跨项目知识转移效果的影响程度可能不同。知识接受方项目团队的吸收能力决定了其有效吸收和应用知识的程度。其中一个重要的原因是，吸收能力反映了知识接受方处理信息的认知能力，而这一能力进一步促进知识接受方的知识再创造过程（Alavi，Leidner，2001）。

第二，双重关系产生不确定的影响。我们的研究假设（H3）预测，知识源项目团队和知识接受方项目团队之间的良好关系能够促进项目之间的知识转移。然而，这一假设并未得到调查数据的支持。我们随后的访谈结果表明，知识源项目团队和知识接受方项目团队之间的关系可能是一种包括相互合作与竞争的双重关系。由于这种双重性关系，项目团队之间的关系对跨项目知识转移的影响变得不确定和不显著。这一发现与 Enberg（2012）的研究结果一致。Enberg（2012）的研究结果显示，在研发项目的知识整合活动中，竞争与合作是并存的。特别地讲，合作可以避免个人和集体的知识泄露这种不愿意看到的事情发生，也能够促进彼此对项目工作过程形成共同的理解，从而在竞争的项目情境下促成知识整合。

第三，项目相似性产生正向影响。问卷调查数据分析结果支持我们之前的研究假设——项目的相似性与跨项目知识转移效果正相关（H4）。这种正相关关系在我们的案例研究中也得到验证。而且，我们的访谈数据分析揭示了一个重要的发现，即项目相似性的影响具有权变性，也就是说，项目相似性对跨项目知识转移的影响视所转移知识的类型而定。当所转移知识与业务或客户有关时，项目相似性就成为跨项目知识转移的一个显著的预测因素。

第四，知识源项目与知识接受方项目的紧迫性产生不同的影响。我们的研究假设预测，知识源项目的紧迫性会削弱跨项目知识转移效果（H5）。这一假设在我们的问卷调研数据统计分析中得到检验。然而，令人惊讶的是，知识接受方项目的紧迫性与跨项目知识转移效果正相关这一研究假设（H6）未被证实。我们通过后续的访谈进一步发现，当知识接受方项目团队处在时间压力之下时，团队会对是否进行知识跨项目转移进行评估，以确定最有效的方法来解决问题。在这种情况下，知识接受方项目团队的管理者和成员可能倾向于依靠自己的经验和知识来解决问题，而不是从其他项目团队获取外部知识，除非他们认为知识源项目团队能够提供他们需要的、有用的知识（Pemsel, Wiewiora, 2013）。

第五，知识源项目团队和知识接受方项目团队知识治理努力产生不同的影响。我们的定量数据分析表明，知识接受方项目团队的知识治理努力对跨项目知识转移效果有着正向的、显著的影响（H8），但知识源项目团队的知识治理努力并未产生正向的、显著的影响（H7）。此外，我们的访谈结果显示，以绩效为导向的 IT 服务企业鼓励知识接受方项目团队从知识源项目团队处获取有用的知识。因此，相比较而言，跨项目知识转移效果可能更多地获益于知识接受方项目团队知识治理努力，而不是知识源项目团队的知识治理努力。在某种程度上，这就解释了问卷调研数据统计分析得到的知识接受方项目团队知识治理努力是跨项目知识转移的显著影响因素，但知识源项目团队的知识治理努力却不是的原因。

第五章　IT 服务企业跨项目知识转移影响因素的内在作用机理研究

第一节　研究模型与理论假设

一、研究模型

从上一章的研究结果可看出，项目团队、组织情境和项目任务情境是 IT 服务企业跨项目知识转移的主要因素。本章以社会认知理论为基础构建研究模型，深入分析这些因素对跨项目知识转移的影响机理。对于社会认知理论，本书第一章有详细的阐述，其核心内容是三元交互论。班杜拉（Bandura，1978）认为，个人、环境和行为是处在社会环境中的三个关键要素，它们之间存在交互的因果关系。环境既会影响行为，也会影响个人认知，个人认知也会影响行为。行为执行的结果也会反过来影响个人认知，并对环境产生反作用。

我们认为，社会认知理论适用于跨项目知识转移影响因素研究，这主要体现以下几个方面。首先是研究层面的适用性。由前面的论述分析可知，社会认知理论同样适用于群体或团队层面问题的研究。而跨项目知识转移发生在两个不同团队之间，属于团队集体活动。因此，本书研究的跨项目知识转移影响因素问题属于团队层面的问题，适合采用社会认知理论作为理论基础。

其次是研究变量内涵的吻合性。三元交互论中的三个重要变量分别是环境、个人认知和行为。对于个人行为，班杜拉侧重研究观察学习。观察学习通过个人对他人示范行为的注意、保持、再生和强化这一系列环节来完成。它具有几个重要特点：个人可通过观察获得间接经验，无需亲身经历试错学习；个人并非简单、机械地照搬他人的经验，而会创造性地对这些经验进行整合，形成更优的行为及结果；在获取和学习间接经验的整个过程中，个人的认知发挥着重要的作用。跨项目知识转移也是一种间接学习活动。这是因为组织开展跨项目知识转移的目的是为了将知识源项目团队积累的经验和知识应用到知识接受方项目，以使后者能够快速获取解决问题所需要的知识，以提高项目实施效率和绩效。也就是说，接受方项目团队无需亲自试错和创造新知识，而是通过认知和创造性学习而获取所需知识。因此，跨项目知识转移强调对项目实施经验与已有知识的间接学习的思想与班杜拉侧重研究观察学习的思想相一致。

对于主体因素，社会认知理论强调主体认知的重要性，即认为主体能够通过调节自我认知而调节环境因素对行为的影响。项目团队认知也是跨项目知识转移的一个重要因素。这是因为项目团队是知识的主要载体和运用者，也是跨项目知识转移的主要执行者。跨项目知识转移要有效地进行，需要源项目团队运用团队认知机制转移和共享有用的知识，同时需要接受方项目团队运用团队认知机制吸收和学习源项目团队转移过来的知识。因此，跨项目知识转移的实质是一个基于项目任务的团队认知与学习的过程。所以，社会认知理论强调主体认知重要性的思想可用于解释跨项目知识转移强调项目团队认知的重要性。

对于环境因素，社会认知理论强调其与主体行为的交互作用。跨项目知识转移总发生在一定的情境中，必然也会受情境因素的影响。这些情境实际上是跨项目知识转移活动所依托的环境。因此，社会认知理论强调行为受环境影响的逻辑可用于解释跨项目知识转移会受情境因素影响的问题。

最后，社会认知理论提供了环境、主体与行为之间的两条影响路径。社会认知理论强调环境、认知及行为的三元交互影响，而以往研究倾向于据此分析环境对认知、行为的影响路径，比如，Tsai 和 Cheng（2010）研究了组织氛围对主体认知进而对主体知识共享意愿的影响机理（即图 1-1 实线方向），Chen 和 Lin（2013）研究了文化智能对团队知识共享的直接（即借鉴图 1-1 虚线方向）与间接（即借鉴图 1-1 实线方向）两种影响机制。因此，本研究借鉴这些研究文献，侧重于借鉴社会认知理论中的环境对认知和行为的影响路径，研究情境因素和项目团队认知因素对跨项目知识转移的影响关系。

关于情境因素，项目作为临时性系统，不仅具有项目任务特征的结构性因素，而且嵌入组织系统中（Manning，2008）。而且，只有在个人分析、回顾和理解了在项目情境和组织情境下共享的数据和信息之后，知识才可能被获取、共享和应用（Wu，Kuo，2007）。这就意味着跨项目知识转移的开展必然会受到项目情境和组织情境的影响。对于组织情境，可能会对组织有效性产生显著影响作用的知识管理架构有组织的职能性结构、制度、文化和技术（Gold et al.，2001；Pandey，Dutta，2013）。因为知识存储在个人头脑中，组织需要制定相关规定以鼓励个人通过项目回顾会、论坛、实践社区等非技术手段从其他项目获取和应用知识，需要营造友好文化以鼓励个人共享其所拥有的知识，且文化是一个组织共享、应用和创造知识的最重要的、决定性的因素（Wu，Kuo，2007）。另有研究证实，激励机制和文化支持的缺乏是两个显著地阻碍项目型组织知识管理活动取得成功的因素（Ajmal et al.，2010）。而技术性（如技术工具）和职能性（如组织结构）的知识管理架构不能确保一个组织有能力对知识进行管理及跨项目转移（Wu，Kuo，2007）。而且，技术性工具被证实对IT项目知识转移的影响不显著，原因之一是IT工作者对技术性知识管理工具比较熟悉，很少有使用障碍（Karlsen，Gottschalk，2004）。因此，本书将重点研究IT服务企业的组织制度支持和组织文化支持对项目团队及跨项目知识转移的影响机制，而暂不探讨组织的职能结构和技术工具可能产生的影响效应。对于项目情境，与只反映单个项目特征的项目时间紧迫性等因素相比，项目间的任务相似性和资源相依性明显地反映了项目型组织中两个项目彼此之间关系的"跨项目"特征。而且，这种"跨项目"特征如何影响跨项目知识转移的具体机制鲜少得到研究。因此，本书将重点分析项目间的任务相似性和资源相依性这两个因素对跨项目知识转移的影响关系。

关于跨项目知识转移，根据 Bartsch 等人（2013）项目实施学习所得知识分为关于市场（关于客户和竞争对手）、技术和项目管理的知识，本书从业务领域知识、实施技术知识和项目管理知识三个维度进行测度。其中，业务领域知识指与客户有关的融入项目产品或服务中的相关知识，实施技术知识指项目实施涉及的技术知识、工具、方法等，项目管理知识指项目管理的工具、方法等。也就是说，本书将跨项目知识转移视作二阶变量。

关于项目团队认知因素，社会认知理论中的主体认知主要涉及主体主观感知到的执行特定行为所需的能力及动力，即"我能"和"我愿意"，它们共同

"影响主体的决策制定、愿望、要投入多少精力在某一行为上、他们在困难和挫折面前坚持多久、他们的思维模式是自我妨碍的还是自我帮助的"（Bandura，1991）。行为理论也认为，对于任何层面的任何事情，行动者需要同时具备高效行动的才能（Ability）和动机才能取得高绩效（Baldwin，1959）。基于这些观点，有学者认为，主体进行知识转移的决策至少受到主体本身的才能（即知识和经验）及其意愿的驱动，并综合才能和意愿这两个维度来测量知识发送方的转移能力（Minbaeva，Michailova，2004）和知识接收方的吸收能力（Minbaeva et al.，2014）。受这些理论观点和应用研究的启发，我们用转移能力和转移意愿两个维度变量测量知识源项目团队认知能力，用吸收能力和吸收意愿两个维度变量测量知识接受方项目团队认知能力。

综上分析，基于社会认知理论及以往研究，本书认为组织情境和项目情境作为环境因素，会直接影响（借鉴图1-1虚线方向）及通过"知识源项目团队认知能力及知识接受方项目团队认知能力"间接影响（借鉴图1-1实线方向）跨项目知识转移，并构建了相应的研究模型，如图5-1所示。

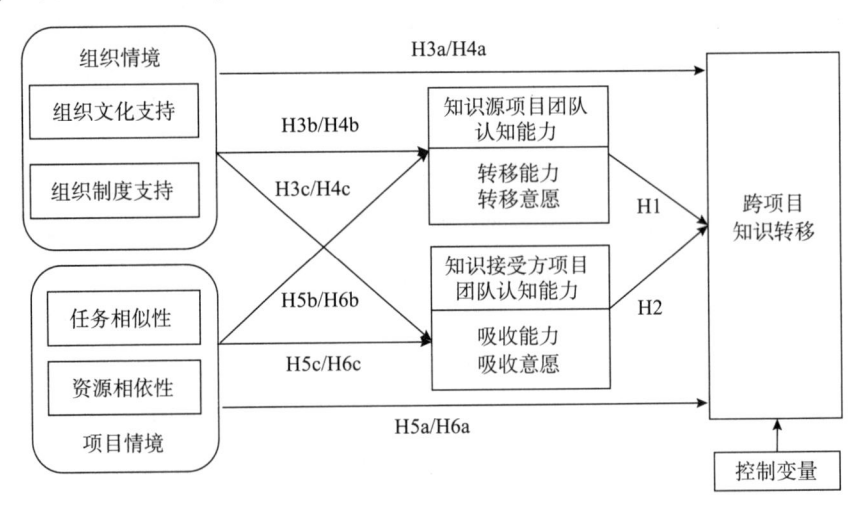

图5-1 跨项目知识转移影响因素内在作用机理的研究模型

此外，结合已有研究文献、访谈资料和专家学者们的建议，本研究选择项目规模、项目复杂性和项目经验作为控制变量。Ko等人（2005）认为，项目规模会影响到ERP项目实施过程中的知识转移效果。有国内学者在研究跨组织合作研发复杂产品系统项目中的知识管理问题时，也将项目规模作为一个控制变量（童亮，2006）。借鉴这些研究，本书将控制不同的项目规模可能会对 IT 服务企业内部跨项目知识转移产生的影响。IT 项目的复杂性指项目可能涉及实时数据处理、多个软件开发环境、多个技术平台以及多个系统的集成等（Xia，Lee，2005）。Xia 和 Lee（2005）和李晓燕（2010）认为项目复杂性会影响到 IT 外包项目的实施工作及其中的知识交流活动，因而都将其控制不变。不同类型的 IT 项目具有不同程度的复杂性，比如，与修改应用软件包的项目相比，直接实施一个套装的应用软件所需的知识不会过于复杂，所面临的挑战也较少，那么项目团队就可能较少进行跨项目交流和从外部其他项目获取有用知识。因此，有必要控制项目复杂性对 IT 服务企业内部跨项目知识转移的影响。项目经验指项目经理或独立负责过 IT 项目实施的技术骨干的工作经验。将项目经验作为一个控制变量主要是受国际信息系统会议的匿名评审专家意见的启发。我们的论文"IT 服务企业跨项目知识转移的影响因素实证研究"（Zhao et al.，2011）被 2011 年第 32 届国际信息系统会议（International Conference on Information Systems，ICIS）录用之前，一位匿名评审专家提出，作为问卷填写者，不同项目经理的工作经验丰富程度不一样，对于同样的问题，各自填写的答案可能不一样。映射到 IT 项目实施实践，通过访谈我们了解到，工作经验越丰富的项目经理或技术骨干，对问题的看法会越成熟和越全面。因此，我们听取 ICIS 评审专家的意见，将项目经验作为一个控制变量。

二、理论假设

下面将针对图 5-1 的研究模型提出相应的理论假设。

1. 项目团队认知能力

如前所述，知识源项目团队认知能力包括源项目团队的转移能力和转移意愿。转移能力是指知识源识别自身知识的价值及适用条件、评估知识接收方的知识需求，以及向知识接收方有效传递知识的能力（Martin，Salomon，2003）。在个体层面，IT 领域的实证研究已得到，知识源的转移能力与知识的有效转移显著正相关（Ko et al.，2005；徐青，2006；尹洁，等，2011）。根据 Nonaka（1994）的知识创造理论，团队的知识和能力是个人知识和能力的有机集成。Stevens 和 Campion（1994）在研究团队作业（Team Work）问题时也指出，团队成员需要具备完成团队任务所需要的知识和技能，这些知识和技能体现为团队能力。这一能力是团队成员个体的技能与知识的有机集成，是团队拥有的执行任务的整体能力。因此，我们认为转移能力与知识转移效果的正相关关系同样在 IT 项目团队层面成立。而且，根据个体层面的研究我们推测，在 IT 服务企业，知识源项目团队的转移能力越强，越能快速而准确地识别接受方项目团队提出的知识需求、越能提供有用的项目知识、越能采取合适的方式转移这些知识。相应地，知识接受方项目团队就越能从跨项目知识转移中获取和学习到有用的业务领域知识、信息技术知识和项目管理知识。

转移意愿是知识源对是否愿意向知识接受方转移知识的倾向。个体层面的研究已证实，知识源转移知识的内在动机或意愿越强烈，就越有利于业务、技术和项目管理等各种知识的转移，IT 项目的实施效果也会越好（Ko et al.，2005；徐青，2006）。相反，如果知识源对知识的保护意识强，一般较少能提供完整的知识，这会增加所转移知识的因果模糊性，不利于接受方有效地理解和运用这些知识，因而会阻碍知识的有效转移（Simonin，1999；2004）。

与个体一样，项目团队同样具有意识状态。社会认知理论创始人班杜拉（1997）提出的团队效能感概念就是一个强有力的例证。Marks 等人（2001）在研究团队作业问题时指出，团队意识（Team Awareness）是所有团队成员所拥有的将自己融入整个团队思考问题的认知状态，是一种主动性的、整体性的意识。这两个研究都表明，项目团队意识是成员个体意识的有机综合反映。因此，我们认为：知识源项目团队的转移意愿与跨项目知识转移也会有正相关关系。因为 IT 项目实施工作都是知识密集型工作，当知识源项目团队愿意转移知识时，相当于为接受方项目团队提供了一种快速学习进而高效解决问题的途径（Shi et al.，2005）。由于知识接受方的吸收意愿往往受知识源的转移意愿影响（Menon，Pfeffer，2003），当知识源项目团队转移知识的意愿水平越高，提供的知识越丰富，知识接受方项目团队从中学习和消化这些知识的意愿也会越强烈，因而越能从中学到业务领域、技术和项目管理等多方面的知识。

此外，根据社会认知理论，主体认知会对主体行为产生影响作用。而综上分析可知，在 IT 服务企业内部，作为知识源项目团队认知的构成因素，知识源项目团队的转移能力和转移意愿都会与跨项目知识转移正相关。因此，我们认为：在 IT 服务企业内部，知识源项目团队认知会对跨项目知识转移产生积极的影响作用。于是，我们提出如下假设：

H1：在 IT 服务企业，知识源项目团队认知能力对跨项目知识转移有正向的影响。

如前所述，知识接受方项目团队认知包括接受方项目团队的吸收能力和吸收意愿。吸收能力是指知识接受方识别和吸收来自外部的新知识并将其应用于商业终端的能力（Cohen，Levinthal，1990）。它很大程度上取决于接受方原有的知识存量。吸收能力越强，说明接受方的知识基础越扎实，因而对外部知识的反应和接受能力越强，从外部学习知识的效果也会越好。IT/IS 领域的不少实证研究表明，知识接受方个体的吸收能力和 IT 项目知识转移效果正相关（Timbrell et al.，2001；Ko et al.，2005）。而团队由个体组成，团队能力是个人能力的有机集合体（Nonaka，1994；Stevens，Campion，1994）。因此，我们认为：在 IT 服务企业内部，知识接受方项目团队的吸收能力对跨项目知识转移效果会有正向的影响作用。即吸收能力越强，知识接受方项目团队就越能够从与知识源项目团队的交流中学到各种知识，包括业务领域知识、信息技术知识和项目管理知识。

吸收意愿反映知识接受方乐意从知识源处获取和学习所需知识的倾向。根据社会认知理论中的期望理论，当知识接受方认为参与知识转移能够使其获取所需知识或满足其需求时，他就会有高昂的积极性。而这种积极性是知识转移活动得以顺畅进行的一个重要促进因素。IT 领域的实证研究结果表明，知识接受方个体的吸收意愿越强烈，从知识源个体学习技术知识、业务知识等的效果就越好（Ko et al.，2005；徐青，2006）。在项目团队层面，有案例研究结果表明，知识接受方项目团队往往不愿意跨项目团队寻找知识，而是喜欢在团队内部"重新发明轮子"（Newell，College，2004）。这种现象必然会割裂不同项目的实施团队间的沟通，抑制了企业内部跨项目知识转移的发生和推进。这从反面说明，知识接受方项目团队的吸收意愿对于跨项目知识转移的有效开展是非常重要的。因此，我们认为：在 IT 服务企业内部，知识接受方项目团队的吸收意愿越强烈，对跨项目知识转移越有促进作用。

此外，根据社会认知理论，主体认知会对主体行为产生影响作用。而综上分析可知，在 IT 服务企业内部，作为知识接受方项目团队认知的构成因素，知识接受方项目团队的吸收能力和吸收意愿都会与跨项目知识转移正相关。由此推知，在 IT 服务企业内部，接受方项目团队认知会促进跨项目知识转移。

于是，我们提出如下假设：

H2：在 IT 服务企业，知识接受方项目团队认知能力对跨项目知识转移有正向的影响。

2. 组织情境

组织理论认为，组织文化是会影响组织成员行为的一个变量，它对组织成员行为具有指导作用（Trice，Beyer，1993）。在知识转移及其他知识管理活动中，组织文化支持是一个不可缺少的因素。学者们通过对知识管理应用进行深入研究后发现，企业推动知识管理的很多成功因素都与组织文化密切相关（Davenport，Prusak，1998；Alavi，Leidner，1999）。组织文化会有效地推动知识管理的持续执行（Choi，Lee，2003）。作为知识管理的一个环节，知识转移活动的有效进行同样离不开组织文化的支持。Davenport 和 Prusak（1998）以及 McDermott 和 O'Dell（2001）都认为，对于成功的知识转移活动，组织文化是其中的一个决定性因素，其所发挥的作用是组织技术和制度因素所不可替代的。如果没有良好的组织文化，即使拥有完善的知识管理系统和信息技术平台，也难以取得理想的知识转移效果，知识管理系统只有在与组织文化相结合时才会对知识转移活动发挥作用。Hsu（2006）在实证研究后得出结论，激励知识分享、提倡主动学习的文化环境有助于知识的分享和转移。

在国内，有学者研究了创新型文化和支持型文化对知识转移的影响。其中，创新型文化是一种激励创造性工作和勇于承担风险行为以适应动态竞争环境的氛围，支持型文化主要是提供支持、鼓励开放、提倡关系和谐等这样的氛围。实证研究结果是，创新型文化显著且正向地影响人员互动交流和正式的团队交流，支持型文化显著且正向地影响关于流程规划的程序交流（陈明，周健明，2009）。

IT/IS 领域的实证研究也表明，在同一个项目团队内部，良好的团队文化（Karlsen，Gottschalk，2004）、团队凝聚力（Joshi，Sarker，2006）和相互信任的氛围（Joshi et al.，2007）都对项目实施相关知识的有效转移具有显著的促进作用。国内有实证研究也显示，领导重视与组织文化对制造企业信息化项目中从实施顾问到关键用户的知识转移有显著的正相关关系（尹洁，等，2011）。在项目团队层面，Disterer（2002）指出，拒绝犯错的项目组织文化是阻碍 IT 服务企业跨项目知识转移的一个重要因素。

借鉴已有研究，我们认为良好的组织文化会极大地促进跨项目知识转移。这是因为鼓励进行跨项目知识转移和知识共享的组织文化，对提高不同项目团队间的互动频率和活跃跨项目知识转移活动都会有帮助。还有，鼓励跨项目知识转移、理性接受和利用其他项目的经验和知识的组织文化有助于避免"重复发明轮子"（Reinventing the Wheel）。可以说组织文化是一种软因素，能为跨项目知识转移活动提供无形的、强有力的组织保障。从社会认知理论的角度看，组织文化是跨项目知识转移活动开展的一种环境，必然会对这一活动产生影响作用。由此推知，能够提供强有力保障作用的组织文化支持必然会对跨项目知识转移活动产生积极的影响作用。因此，我们提出如下假设：

H3a：在IT服务企业，组织文化支持对跨项目知识转移有正向的影响作用。

社会认知理论还认为，环境也会影响主体认知。作为一种环境因素，组织文化支持必然也会对参与跨项目知识转移的项目团队的认知产生影响作用。社会心理学认为，处在不同文化环境中的个人可能具有不同的认知模式，文化会影响个人的认知模式（Fischer，1980）。组织文化作为一种环境，必然会影响到组织内部的主体认知。由第三章对认知的论述可知，在知识转移情境下，转移主体双方的认知包括知识源的转移能力和转移意愿，以及知识接受方的吸收能力和吸收意愿。

而研究文献已证实了组织文化对知识源和知识接受方参与知识转移的能力和意愿都有促进作用。国内有学者借鉴Fey和Denison（2003）的研究，将组织文化划分为倾向于授权和团队引导的参与性文化、倾向于核心价值观和共同愿景引导的一致性文化、倾向于组织学习和试错的适应性文化以及倾向于战略目标和任务目标引导的使命性文化，采用定性和定量相结合的方法，以银行系统为研究背景，实证考察了组织文化对知识转移主体的影响关系。结果发现，这四种文化都对组织内部员工的转移能力、转移意愿、吸收能力和吸收意愿均有显著的正向影响关系（李靖华，庞学卿，2011）。IT/IS领域的研究已证明，组织文化对激发和调动项目成员参与知识转移的积极性具有非常重要的促进作用（Goh，2002；Karlsen，Gottschalk，2004；祁红梅，黄瑞华，2008）。一般地讲，个体转移或学习知识的意愿水平越高，对个体能力水平的提升幅度就越大。因此，组织文化也会对知识源个体的转移能力和知识接受方个体的吸收能力有积极的影响作用。

由前面的分析可知,团队能力是成员个体能力的有机集合体（Nonaka,1994；Stevens,Campion,1994）,团队意识是成员个体意识的有机综合反映（Bandura,1997；Marks et al.,2001）,而团队认知主要由团队能力和团队意识构成（Cannon-Bowers et al.,1993；Mohammed,Klimoski,1994）。因此,借鉴个体层面的研究成果,我们认为跨项目知识转移中的项目团队认知也会受到组织文化的正向影响。鼓励知识的跨项目转移与再用的组织文化将有助于诱导和增强知识源项目团队的转移意愿和知识接受方项目团队的吸收意愿,进而也会有利于提高这两个团队的转移能力水平和吸收能力水平。

综合以上分析,我们认为在IT服务企业内部的跨项目知识转移中,组织文化支持对知识源项目团队认知能力和知识接受方项目团队认知能力都会产生积极的影响效应。因此,我们提出如下假设:

H3b:在IT服务企业,组织文化支持对知识源项目团队认知能力有正向的影响作用。

H3c:在IT服务企业,组织文化支持对知识接受方项目团队认知能力有正向的影响作用。

组织行为理论认为,制度是构成组织系统的一个子系统,会对组织内部成员的行为产生激励作用或规范作用（Petlt,1967）。这些制度主要包括各种正式的组织政策、激励制度、规范流程等。在本研究中,我们称组织制度对知识管理活动的促进作用为组织制度支持。

组织制度支持对知识转移与其他知识管理活动的有效进行发挥着非常重要的作用。Gold等人（2001）对组织环境与知识管理活动之间关系做了深入的实证研究,结果表明组织内部的规则、政策、程序、流程等制度对知识管理活动具有显著的促进作用。Karlsen和Gottschalk（2004）的实证研究结果也表明,用于协调知识转移与吸收的制度和程序与IT项目知识转移绩效存在显著的正相关关系。

根据我们的文献回顾结果,影响知识转移的组织制度大致可分为两类,一类是激励制度,一类是规范制度（左美云,等,2011）。激励制度是用于激励知识转移行为的各种制度要素,包括物质和非物质方面的激励制度。这些激励制度对知识转移的持续进行主要起着调节和促进的作用。所以,建立激励知沟通与转移的制度和程序对知识转移是很重要的（Davenport，Prusak，1998）。规范制度是指对主体参与跨项目知识转移活动起规范作用的相关制度，如考核制度、核心员工办公室分配制度、回访客户后需要记录客户所反馈问题以及解决方案的规定等。这些规范制度对知识转移活动的持续进行主要起保障作用。

根据社会认知理论，组织制度支持作为跨项目知识转移活动的一种环境，必然会对这一活动产生影响作用。而由前面分析可以推知，在IT服务企业内部，作为一种特殊的知识转移活动形式，跨项目知识转移同样会受到组织的激励制度和规范制度的影响。无论是激励制度还是规范制度，都是跨项目知识转移的强有力保障，都会使得这一活动有"法"可依、有"序"进行，从而有利于提高这一活动的效率。所以，我们提出如下假设：

H4a：在IT服务企业，组织制度支持对跨项目知识转移有正向的影响作用。

根据社会认知理论，作为一种环境，组织制度还会影响知识转移主体的认知。我们知道，在个体之间的知识转移过程中，往往会存在"不愿在此地共享"（Knudsen，Zedtwitz，2003）和"非此地发明"（Katz，Allen，1982）的症状，前者指知识源不愿意将自己所拥有的知识特别是核心知识转移给他人的现象，后者指知识接受方不愿意从他人处获取和吸收不是自己创造的知识。"不愿在此地共享"的症状容易造成知识源提供知识的态度不积极或拒绝提供有用的知识，而"非此地发明"症状会导致知识接受方假装吸收知识，甚至拒绝吸收知识，从而负面地影响知识转移的效率和效果。这些症状同样存在于团队或群体之间的知识转移活动中。Menon和Pfeffer（2003）指出，在组织内部，一个部门往往不会期望能从其他部门获得有用知识，因为这个部门认为其他部门往往缺乏向外部转移知识的意愿。而要避免这些问题，就需要借助组织制度的作用。

组织制度在影响知识转移主体意愿方面发挥着两个重要的作用，一个是激励作用，另一个是规范作用。首先，激励制度能成为一种制度驱动力，有利于激发知识源的转移意愿和知识接受方的吸收意愿。组织应该制定合理的激励制度和绩效考评制度，才能激发主体共享和学习知识的动机，从而才能达到知识转移的目的。实证研究也表明了组织激励制度对于调动主体积极参与知识转移活动的重要性。Burgess（2005）实证研究了组织内部不同业务小组（Subunits）之间的知识转移影响因素问题后得出，组织激励机制与项目成员投入知识转移的时间成正比。Bosch – Sijtsema 和 Postma（2010）通过对项目组织的知识转移进行案例研究得到，契约制度有利于诱导转移主体的动机。其次，规范制度能对知识源不愿意向外部共享知识和知识接受方不愿意吸收外部知识的行为起到相应的规范作用，如起到处罚作用。比如，当积极参与知识转移活动能使项目如期按质按量完成、而因源项目团队不愿意转移知识或接受方不愿意接受知识而导致项目延期时，项目团队往往会因项目延期而受到组织制度的惩罚，这种惩罚就是组织规范制度在知识转移活动中发挥作用的一种体现。因此，组织规范制度能对"不愿在此地共享"和"非此地发明"的症状起到有效的抑制作用。因此，在将知识源团队和知识接受方团队的决策和态度导向有利于知识转移的方向上，组织的激励制度和规范制度发挥着重要的作用。

IT 服务企业内部的跨项目知识转移同样是两个团队之间的知识转移。由上面分析可推知，组织制度支持将会对源项目团队的转移意愿和接受方项目团队的吸收意愿有重要而积极的影响作用。Schindler 和 Eppler（2003）在实证研究后就得出，经验学习活动的制度化是跨项目知识转移的一个关键成功要素。Mainga（2010）对悉尼咨询公司的跨项目学习进行案例分析得出的结论也验证了这一观点。

当组织制度支持激发和增强了知识源项目团队的转移意愿和知识接受方项目团队的吸收意愿时，跨项目知识转移活动会有所增加，跨项目转移的知识也会因此而增多。这必然会在一定程度上加强接受方项目团队的知识基础，进而增强该团队的吸收能力。同时，跨项目知识转移活动越多，也会在一定程度上使知识源项目团队转移知识的经验变得越丰富，转移知识的能力就变得越强。另外，有些组织制度会对知识源项目团队的转移能力和知识接受方项目团队的吸收能力有直接的影响作用。如组织的跨项目培训制度，它无疑会使知识源项目团队的转移能力（即培训能力）和知识接受方项目团队的吸收能力得到增强。因此，我们认为在 IT 服务企业内部的跨项目知识转移中，组织制度支持对知识源项目团队的转移能力和知识接受方项目团队的吸收能力具有促进作用。

综合以上分析，我们认为在 IT 服务企业内部的跨项目知识转移中，组织制度支持对知识源项目团队认知能力和知识接受方项目团队认知能力产生积极的影响效应。因此，我们提出如下假设：

H4b：在 IT 服务企业，组织制度支持对知识源项目团队认知能力有正向的影响作用。

H4c：在 IT 服务企业，组织制度支持对知识接受方项目团队认知能力有正向的影响作用。

3. 项目情境

任务相似性指不同任务以及它们的实施方法的共性程度（Astley，Zajac，1991）。任务相似性衡量的是源项目和接受方项目之间的任务相似程度，是影响跨项目知识转移成功的一个关键要素（Schindler，Eppler，2003）。这是因为只有当两个项目具有相似性时，这两个项目之间才会存在某种程度的知识关联性，它们的实施团队才会相互转移和学习相关的经验和知识（Singley，Anderson，1989）。任务相似性越大，项目间的知识关联性越大，越能够驱使源项目团队和接受方项目团队频繁互动、相互转移和学习知识（Lewis et al.，2005）。因此，在跨项目情境下，任务相似性越大，知识转移成功的可能性就越大（Björkegren，1999）。❶

任务相似性是一种项目情境，是跨项目知识转移活动所处的一种环境。根据社会认知理论，由项目团队主体所执行的跨项目知识转移活动必然会受到任务相似性这一环境因素的影响。由于 IT 服务企业专门承担信息化服务项目，这些 IT 项目在业务需求、系统功能、所用技术、实施步骤等方面或多或少会存在一定的相似程度。由前面的分析可推测，当两个项目之间的任务相似程度越高时，各自的实施团队相互交流和学习业务领域、信息技术和项目管理等各方面知识的可能性就越大。因此，我们提出如下假设：

H5a：在 IT 服务企业，任务相似性对跨项目知识转移有正向的影响作用。

根据社会认知理论，任务相似性还会影响参与跨项目知识转移的两个项目团队的认知。Newell 和 College（2004）在其研究中指出，知识源项目和知识接收方项目之间的任务相似性越大，越有利于它们的实施团队对彼此的知识

---

❶ 当然，相似性只是在一定程度上存在。如果两个项目的任务、实施方法、实施工具甚至实施人员完全相同时，执行项目任务会被视为重复性行为，此时跨项目知识转移难以被有效实施，甚至未能被"当回事"，因而也就难以实现预期的跨项目知识转移效果（Björkegren，1999）。而如果两个项目的任务性质及相关因素完全不同时，它们之间就缺乏知识关联性，跨项目知识转移就无法进行。这两种特殊情况不属于我们的研究范畴。

"供给与需求"形成共同理解。共同理解代表知识源与知识接受方在工作价值观、规范、问题解决案例、以前的工作经历等方面具有一定的相似程度（Nelson，Cooprider，1996）。研究显示，知识源与知识接受方的共同经历是知识转移的一个重要影响因素（Hansen，1999），它有助于排除双方主体在知识转移中可能碰到的理解障碍，从而有助于提升双方主体的转移能力和吸收能力；如果缺乏共同理解，转移双方就会对哪些应该转移、为什么要转移等问题产生不一致的观点，从而导致不好的结果（Krauss，Fussell，1990；Nelson，Cooprider，1996）。比如，知识源提供的知识并非是知识接受方所需要的知识，知识源没能选择合适的方式将知识有效地转移给知识接受方，因而知识接受方未能通过知识转移得到有用知识并将其用于解决实际问题。也就是说，缺乏共同理解会对转移能力和吸收能力产生负面影响作用。由此推知，知识源项目与知识接受方项目之间的任务相似性会使它们的实施团队形成共同理解，从而对这两个团队的转移能力和吸收能力具有促进作用。

另外，知识源项目和知识接收方项目之间的任务相似性也会影响它们的实施团队参与跨项目知识转移的意愿。Fitzek（1999）认为，任务相似性关系到源项目团队所转移知识在接受方项目的适用性。而Pak和Park（2004）提出了与知识适用性相关的一个概念，即知识必要性（Desirability）。他们将知识必要性用于衡量知识源所转移知识与知识接受方已有知识和技能之间的结合程度，从中考察知识源是否投入大量的时间和精力来促进这一必要知识的形成，也即知识源是否有强烈的知识转移意愿。当知识必要性越大，知识源的转移意愿越高。知识必要性同样会影响知识接受方的吸收意愿。因为根据Fitzek（1999）的观点，知识的适用性越大，所转移知识的应用不确定性就越小，接受方项目团队就越能感知到跨项目转移知识的有用性。根据社会认知理论中的结果期望理论，接受方项目团队就会越愿意通过跨项目知识转移学习和消化所需的知识，因而吸收意愿就越高。因此，任务相似性的大小与知识源项目团队转移意愿和知识接受方项目团队吸收意愿的强烈程度是正向相关的。

综合以上分析，我们认为在IT服务企业内部的跨项目知识转移活动中，任务相似性将会对知识源项目团队认知能力和知识接受方项目团队认知能力产生积极的影响效应。因此，我们提出如下假设：

H5b：在IT服务企业，任务相似性对知识源项目团队认知能力有正向的影响作用。

H5c：在IT服务企业，任务相似性对知识接受方项目团队认知能力有正向的影响作用。

资源相依性指两个项目共享组织资源（包括设备、软件、人员、数据等资源）的程度（Brown et al.，1998；Verma，Sinha，2002；Parolia et al.，2011）。资源相依的初衷是企业为了节约成本和提高资源使用的综合效率（Brown et al.，1998），但同时也会促进资源共享者之间的知识交流。Spilerman（1971）指出，资源相依性提供了互助平台，资源共享者因此相互帮助。Ransley 和 Rogers（1994）认为，共享资源有助于组织内成员相互帮助、相互鼓励、促进合作，因而有助于最大化所有成员的学习成果。有文献甚至直接将资源相依性视为合作、经验共享的一个衡量指标（Johnson，2005）。这些研究表明，资源相依性对资源共享者之间的知识交流有积极的促进作用。

在IT服务企业，由于资源有限，多个项目往往共享组织资源，也即资源相依的现象普遍存在。人力资源相依有如技术人员重叠，当某位技术人员同时参与知识源项目和知识接受方项目时，他将在源项目积累的工作经验和知识直接再用到接受方项目是一种必然的现象，这是一种最直接的跨项目知识转移。软硬件设施相依有如工作场所、会议室、技术工具、沟通平台等的共享，这无形中为知识源项目团队和知识接受方项目团队提供了接触和交流的机会，增加两个团队相互探讨业务问题的技术实现方案、项目实施的有效管理方法等。Parolia 等人（2011）以印度信息系统供应商的项目经理为调研对象，通过实证研究发现，项目是利用资源相依性的有效形式，资源相依性对项目团队间的沟通和相互支持具有显著的正向影响关系。

另外，根据社会认知理论及前面章节的分析，资源相依性是跨项目知识转移活动所处的一种环境，它必然会对这一活动产生影响作用。所以，综上分析，我们认为在IT服务企业内部，知识源项目与知识接受方项目之间的资源相依性会促进彼此之间的知识转移活动。所以，我们提出以下假设：

H6a：在IT服务企业，资源相依性对跨项目知识转移有正向的影响作用。

根据社会认知理论，资源相依性还会影响源项目团队与接受方项目团队的认知。首先，在团队能力方面，由于项目间的资源相依性提供了跨项目交流的机会和平台，接受方项目团队能够借此增长知识和提升能力，源项目团队也能够在此过程中产生新灵感和积累转移知识的经验。特别是当技术人员交叉时，知识源项目的技术人员直接参与到接受方项目中，与接受方项目团队的其他人员一起工作、共同探讨、共享知识，这无疑会对源项目团队的转移能力和吸收能力的提升有最直接的、积极的促进作用。Maier（1970）研究就发现，资源相依性会带来更有效的、更有创意的问题解决方案。Fan 和 Gruenfeld（1998）在其研究中也指出，高的资源相依性会促使问题的解决方案更快产生并得到有效运用。因此，我们认为在 IT 服务企业内部的跨项目知识转移活动中，知识源项目和知识接受方项目的资源相依性都将有助于增强源项目团队的转移能力和接受方项目团队的吸收能力。

其次，在团队意愿方面，资源相依及其所带来的互动与沟通容易驱动源团队之间的情感互动（Fan, Gruenfeld, 1998）。Brown 等人（1998）认为，情感互动会使两个项目团队感受到一种无形的心理承诺——因资源相依而保持合作关系带来的好处强于因不合作而产生的矛盾与冲突，因而会努力促成彼此之间的合作，而不愿意去尝试因不合作行为可能导致的失败风险。而且，资源相依性越高，倾向合作的心理承诺会越强。显然，这种情感互动和心理承诺有利于诱导或增强两个项目团队参与跨项目知识转移的转移意愿和吸收意愿。当然，也有学者认为，资源相依程度高，就容易产生资源使用上的冲突和决策制定受限的问题（Aiken, Hage, 1968）。这会阻碍团队之间有效合作关系的形成，因而在某种程度上会抑制源项目团队转移知识和接受方项目团队吸收知识的积极性。但是，Brown 等人（1998）强调，资源相依性的潜在好处胜过不合作关系所带来的不良影响。因此，我们认为在 IT 服务企业内部，资源相依性对于激发参与跨项目知识转移的源项目团队的转移意愿和接受方项目团队的吸收意愿有促进作用。

综合以上分析，我们认为在 IT 服务企业内部的跨项目知识转移活动中，资源相依性将会对知识源项目团队认知能力和知识接受方项目团队认知能力产生积极的影响效应。因此，我们提出如下假设：

H6b：在 IT 服务企业，资源相依性对知识源项目团队认知能力有正向的影响作用。

H6c：在 IT 服务企业，资源相依性对知识接受方项目团队认知能力有正向的影响作用。

第二节 量表开发与数据收集

一、操作化定义界定与量表开发

借鉴已有文献,结合前面章节的案例分析结果,下面提出各研究变量的操作化定义,并开发相应的量表。

1. 跨项目知识转移

在 IT 领域,Disterer(2002)指出,IT 服务企业内部跨项目转移的知识涉及业务知识、技术知识、管理知识等。Rus 和 Lindvall(2002)和 Tiwana(2004)认为软件开发项目知识包括开发系统所需的信息技术知识和系统所支持的商业应用领域知识,前者如设计知识、开发方法、程序语言等,后者如嵌入到系统中的各种业务知识等。Kang 和 Hahn(2009)把信息系统项目实施涉及的相关知识分为业务知识和技术知识,并将业务知识界定为信息系统目标应用领域的相关知识,将技术知识界定为项目实施所需的技术知识。此外,Basselier 等人(2003)指出,IT 项目的有效实施离不开项目管理方面的知识。

通过访谈实践发现,IT 服务企业内部跨项目转移的知识范围颇为广泛,包括嵌入信息系统中的业务领域知识,如业务模式、业务流程、业务解决方案、商业惯例、行业政策、与客户沟通技巧等;信息系统实施所需的技术知识,如软件技术知识、开发技能、经验诀窍、规范性的技术实施方法等;以及项目管理知识,包括项目成本控制、项目进度控制、项目质量控制、项目风险控制等方面的知识。

回顾第四章第一节对跨项目转移知识类别的分析可知,在 IT 服务企业内部,跨项目转移的知识包括业务领域知识、实施技术知识和项目管理知识,这三类知识都是有效实施 IT 项目所必需的,发挥着互补效应。根据已有研究,互补效应可以用构成型二阶因子模型来解释(Tanriverdi,Venkatraman,2005;Tanriverdi,2006)。借鉴这些研究,我们用业务领域知识跨项目转移、信息技术知识跨项目转移和项目管理知识跨项目转移解释跨项目知识转移这一因变量,并用二阶因子模型表示。其中,业务领域知识跨项目转移、信息技术知识跨项目转移和项目管理知识跨项目转移为一阶因子，跨项目知识转移为二阶因子。这些因子的操作化定义如下：

跨项目知识转移是指依托于一定的组织情境和项目情境，采用一定的转移方式，将项目实施相关知识从知识源项目实施团队转移到知识接受方项目实施团队的一种沟通活动，这一活动使得源项目的知识在接受方项目得到再用。

业务领域知识的跨项目转移是指在IT服务企业内部，与IT产品或服务的应用领域相关的知识从源项目团队转移到接受方项目团队的活动（Kang, Hahn, 2009）。这些知识主要是与客户方有关的业务知识。现有文献对业务领域知识转移主要做定性的理论分析。比如，Rosemann和Chan（2000，2001）对ERP项目实施与管理活动所涉及的业务领域知识做了较为全面和详细的分析和归纳，这类知识包括客户方企业的会计、采购、人力资源管理等职能管理知识，沟通制度、文档管理、培训与教育、组织文化、激励等组织管理知识，以及公司特别的业务知识和最终用户使用信息系统的知识。少数学者对业务知识转移开发量表进行定量测量。比如，有国内学者从业务流程、沟通习惯和要求、商业惯例、行业背景知识这几个方面定量测量IT外包项目中的业务知识转移（邓春平，2008）。因此，本课题借鉴已有研究，设计业务领域知识跨项目转移的量表，见表5-1。

实施技术知识的跨项目转移是指在IT服务企业内部，IT项目实施涉及的技术知识和方法从源项目团队转移到接受方项目团队的活动（Kang, Hahn, 2009）。Rosemann和Chan（2000，2001）分析了ERP项目实施涉及的技术知识，包括ERP选型与分析的知识、对ERP系统进行二次开发所需的编程知识，以及ERP软件的架构、功能、局限性等方面知识。Basselier等人（2003）认为IT项目的实施技术知识涉及需求调研报告、规划分析报告、各种开发文档、编程知识、数据存储方案、客户服务常见问题等。其他学者也分析和测量了IT项目实施涉及的技术知识，包括系统实施方法、系统实施技巧以及系统的编程、配置、集成、测试等（Rus, Lindvall, 2002；Xu, Ma, 2008；邓春平，2008）。我们通过访谈了解到，IT服务企业内部两个项目的实施团队之间相互转移的实施技术知识涉及上面多个维度的知识。因此，本课题借鉴已有研究，设计实施技术知识跨项目转移的量表，见表5-1。

表 5-1　各研究变量的测量量表

		题　项	来　源
跨项目知识转移	业务领域知识转移	在项目进行过程中，知识接受方项目团队向知识源项目团队学习	Doz, Hamel (1998); Rosemann, Chan (2000; 2001); 邓春平, (2008)
		业务模式知识	
		业务流程知识	
		业务问题解决方案	
		业务环境知识（商业惯例、行业政策、行业法规等）	
		与客户有效沟通的方式和技巧	
	实施技术知识转移	在项目进行过程中，知识接受方项目团队向知识源项目团队学习	Rosemann, Chan (2000; 2001); Rus, Lindvall (2002); Basselier et al. (2003); Xu and Ma (2008); 邓春平 (2008)
		项目实施技术或工具知识	
		项目实施方法（如流程配置、系统调试等技能）	
		项目实施规范（如测试规范）	
		项目实施技巧	
	项目管理知识转移	在项目进行过程中，知识接受方项目团队向知识源项目团队学习	Rosemann, Chan (2000; 2001); Rus, Lindvall (2002); Basselier et al. (2003); Xu, Ma (2008); 邓春平 (2008)
		项目质量控制方法	
		项目成本估算与控制方法	
		项目进度估算与控制方法	
		项目风险评估与控制方法	
组织文化支持		在项目进行过程中，	Szulanski (1996); Gold et al. (2001)
		项目部门鼓励知识接受方项目团队向知识源项目团队学习有用的项目实施经验	
		项目部门鼓励知识接受方项目团队向知识源项目团队请教碰到的疑难问题	
		项目部门鼓励知识接受方项目团队多与知识源项目团队有经验的专家交流和讨论	
		知识接受方项目团队和知识源项目团队都意识到彼此间的交流和学习对于完成项目任务的重要性	
		知识接受方项目团队和知识源项目团队都意识到彼此间的交流和学习对于公司成功的重要性	
		知识接受方项目团队和知识源项目团队相互交流和学习的氛围很浓	

续表

	题 项	来 源
组织制度支持	在项目进行过程中，项目部门要求我们团队在实施里程碑事件之前，都要查阅和借鉴其他项目积累下来的相关知识和经验，以免重犯错误	Szulanski（1996）；Gold et al.（2001）
	项目部门制定规范化的跨项目交流程序	
	项目部门制定标准政策，把跨项目交流与学习活动制度化	
	项目部门制定标准化的激励制度，激励我们团队在跨项目交流中学以致用	
	项目部门建立一套规范的考核体系，用于测量跨项目交流与学习的效果	
	项目部门将个人参与跨项目学习活动的积极程度与个人绩效挂钩	
	接受方项目团队能明显感受到项目部门制度对跨项目交流流动的影响	
任务相似性	知识源项目与知识接受方项目	Rustagi（2008）；樊钱涛、王大成（2009）；访谈材料
	所完成的业务内容相近	
	所遇到的问题及其解决方案相似	
	所嵌入的业务流程相似	
	所需要的知识和技术相同	
	所采用的实施方法相似	
	所采用实施方法背后的原理是相通的	
	实施的程序和惯例相同	
资源相依性	在项目进行过程中，知识接受方项目团队与知识源项目团队	Brown et al.（1998）；Parolia et al.（2011）；Muthusamy, White（2005）；Verma, Sinha（2002）；自己设计
	共享数据（文档模板、以往项目产品数据等）	
	共享过程信息	
	共用基础设施（如工作场所、会议室等）	
	共用同一套开发、测试或配置工具	
	有专人负责团队间合作问题	
	有技术人员重叠	
	尽量错开在同一时间使用同一关键资源	

续表

		题项	来源
知识源项目团队认知能力	转移能力	在项目进行过程中，对知识接受方项目团队提出的知识需求，知识源项目团队	Knudsen, Zedtwitz (2003); Martin, Salomon (2003); Ko et al. (2005); 疏礼兵 (2006)
		能够准确地识别出对方团队真正的知识需求	
		能够采用适当的方式传递知识	
		能够用简单明了的语言把问题讲清楚	
		能够对所传递知识进行有效的分类，方便理解和再用	
		能够提供完整的知识	
		能够提供相关的辅助材料（如培训材料、论文资料）	
		能够提供所传递知识的使用情境说明	
	转移意愿	在项目进行过程中，对知识接受方项目团队提出的知识需求，知识源项目团队	Suzlnaksi (1996); Ko et al. (2005); 邓春平 (2008)
		会爽快地提供对方团队所需的知识	
		会主动地提供对方团队所需知识的辅助材料，如培训文档、论文	
		会及时地给对方团队提供培训课程	
		会及时到现场指导对方团队的工作	
		会积极参与对方团队的讨论会，共同探讨问题解决方案	
		会耐心地回复对方团队咨询的问题	
知识接受方项目团队认知能力	吸收能力	对于知识源项目团队提供的知识，知识接受方项目团队	Szulanski (1996); Ko et al. (2005)
		能够理解这些知识的内涵和外延	
		能够快速识别出对项目有用的知识	
		能够有效地进行消化和吸收	
		能够查阅其他的辅助资料，对此进行深入的学习	
		能够将其用于解决实际的项目问题	
		能够在此基础上提出更好的问题解决方案	
	吸收意愿	在项目实施过程中，知识接受方项目团队	
		很重视通过与对方项目团队交流来获取行业背景知识	Ko et al. (2005)
		很重视通过与对方项目团队交流来获取项目实施经验	
		把对方项目团队传递的知识看作一种宝贵的学习资源	Lin, Lee (2004)
		很愿意跟对方项目团队讨论实施过程中碰到的疑难问题	
		愿意投入时间和精力学习和消化对方项目团队传递过来的知识	Szulanski (1996)
		积极地将对方项目团队所传递知识用于解决项目问题	Mehrwald (1999)
项目复杂性		知识接受方项目	Xia, Lee (2005); 李晓燕 (2010)
		涉及多个实时数据处理	
		涉及多个软件开发环境	
		涉及多个技术平台	
		涉及多个信息系统的集成	

项目管理知识的跨项目转移是指在 IT 服务企业内部，对项目实施工作进行有效管理的知识从源项目团队转移到接受方项目团队的活动（Basselier et al.，2003；Goles et al.，2008）。对于项目管理知识，由美国的项目管理协会（Project Management Institution，PMI）提出的项目管理知识体系（Project Management Body of Knowledge，PMBOK）包含的内容最为全面，包括项目范围管理、项目时间管理、项目费用管理、项目质量管理、项目人力资源管理、项目沟通管理、项目风险管理、项目采购管理和项目综合管理共九大模块。这些知识模块同样应用于 IT 项目实施活动中。Basselier 等人（2003）指出，IT 项目实施相关的项目管理知识有如进度规划、资源分配、成本控制、关系管理等各种知识。国内学者对离岸软件外包的调研发现，从客户方企业转移到 IT 服务企业的项目管理知识涉及质量控制方法、成本估算与控制方法、进度控制方法等（邓春平，2008）。从对 IT 服务企业的实地访谈中了解到，IT 项目经理主要关注项目的质量、成本和进度，彼此间经常交流的主要是涉及项目质量控制、项目成本预算、项目进度控制和项目风险控制的知识。因此，本课题结合理论分析和已有研究，设计项目管理知识转移的量表，见表 5-1。

2. 组织文化支持

对于组织文化，不同学者给出了多种定义。Schein（1990）对组织文化做了深入的分析和系统的阐述，认为组织文化是由某个团队在探索和解决适应外部环境和内部问题的过程中发现、创造和形成的模式，这种模式由一些基本假设构成，用于指导成员的行为方向。Barney（1986）认为组织文化是关于人们应该做什么和不应该做什么的信念。美国著名的管理学者斯蒂芬（2008）将组织文化定义为"每一个组织随时间演变而形成的共有的价值观、信条、仪式、神话及实践体系和模式，这些共有的信念在很大程度上决定了组织成员的看法和对周围世界的反应"。通过分析可知，每个学者都认同组织文化的必要内涵是为组织成员所共享的集体信念，这种信念约束和规范着组织成员的行为方式。

在知识管理领域，不少学者研究了组织文化对知识管理活动的影响作用。一个典型的研究是 Gold 等人（2001）的研究。他们将组织文化作为组织管理机制的一个维度，并将其定义为在组织内部形成的强调知识交流与共享重要性以及鼓励这一行为的文化氛围。从已有研究可知，组织文化对于知识管理活动的重要性在于能形成一种良好的共享氛围来促进组织的知识转移、知识共享等行为,并在某种程度上对这些行为产生引导和规范的作用。因此,借鉴已有文献关于组织文化的定义和本课题具体的研究情境,我们将组织文化支持定义如下。

组织文化支持是指在 IT 服务企业内部形成的行为规范、思维习惯、工作方式、合作氛围等对跨项目知识转移所产生的积极影响程度(Gold et al.,2001)。组织文化对知识转移活动或知识管理活动的支持程度,不少学者对此做了定量研究,如有学者定量考察了影响信息系统开发项目知识转移的团队文化、团队凝聚力等(Sarker et al.,2005;Joshi,2005,2006)。但是,这些研究聚焦于单个团队内部的知识转移活动。团队之间的知识转移也需要依托于组织文化的支持。Szulanski(1996)在研究同一组织内部不同部门间最佳实践转移时,开发了相关量表测量组织情境,其中包括组织文化的量表。Gold 等人(2001)将组织文化支持作为一种组织管理架构因素,也设计了相应的量表进行测量。在 IT 服务企业内部,跨项目知识转移实际上是两个项目团队间的知识转移,因而同样需要项目组织文化的支持。因此,本课题主要借鉴 Szulanski(1996)和 Gold 等人(2001)的研究,结合案例分析了解到的实际情况,设计组织文化支持的量表,见表 5-1。

3. 组织制度支持

Gold 等人(2001)在研究组织管理支持对知识管理活动的影响作用时,将制度性管理架构界定为组织内部执行的规则、政策、程序、流程、激励制度、考核制度等。同样地,跨项目知识转移也需要 IT 服务企业组织层面或项目部门的制度支持。因此,这里借鉴 Gold 等人的定义,将组织制度支持界定为:

组织制度支持指 IT 服务企业制定的工作流程、政策、程序、制度等对跨项目知识转移所产生的积极影响程度(Gold et al.,2001)。

对知识管理活动中的组织制度支持,有学者开发了量表进行定量测量。比如,Szulanski(1996)在研究同一组织内部不同部门间最佳实践转移时,将组织制度作为组织情境的一部分,开发了相关的测量量表。Gold 等人(2001)将组织制度作为一种组织管理架构,也设计了相应的量表进行测量。在 IT 服务企业内部，有效的跨项目知识转移同样需要项目组织制度支持。因此，我们在设计组织制度支持的测量题项时，主要借鉴 Szulanski（1996）和 Gold 等人（2001）的研究。此外，通过前面章节的案例分析发现，国内的 IT 服务企业大都意识到组织制度对于有效的跨项目知识转移活动的重要性和必要性，但较少有企业明确制定与跨项目知识转移相关的正式制度来推动和保障这一活动。所以，我们根据这一现实情况，额外设计了"感知到的组织制度支持对跨项目知识转移的影响程度"这一题项，以更真实地体现研究现状。最后，开发得到组织制度支持的量表，见表 5-1。

4. 任务相似性

现有文献虽然论及任务相似性对于跨项目知识转移的重要性（Singley, Anderson, 1989; Lewis et al., 2005），但很少给出明确的定义。其实，项目间的任务相似性是项目之间知识关联性或相依性的一种体现。因为只有当两个项目的任务以及执行任务的相关因素（如人员、工具）具有某种程度的相似性，这两个项目之间才会存在某种知识关联性，这两个项目的实施团队之间才有可能发生经验和知识的转移和再用活动。Astley 和 Zajac（1991）指出，任务相似性不仅指任务本身的相似程度，还包括完成任务所需的相关知识和经验的相似程度。在访谈中，不少受访者谈到，两个团队要有交流，首先要求他们的项目在业务需求、开发技术、开发实施方法等方面存在相似性。因此，借鉴 Astley 和 Zajac（1991）的研究，我们给出任务相似性的操作化定义：

> 任务相似性指 IT 服务企业内部知识源项目和知识接受方项目在各自所执行的任务以及嵌入任务执行中的工作流程和实施方法的相似程度（Astley, Zajac, 1991）。

根据我们所能查阅的资料，现有文献对项目间的任务相似性做了一些理论分析（Astley, Zajac, 1991; Singley, Anderson, 1989; Lewis et al., 2005），未设计量表对其进行定量测量和实证检验。但有文献设计量表测量了任务不确定性（Task Uncertainty）（Rustagi, 2008; 樊钱涛，王大成，2009），而任务不确定性是与任务相似性相对的一个概念，因为任务相似性体现了不同任务之间的稳定性。因此，我们认为识别已有文献所设计的任务不确定性的内容维度有助于开发任务相似性的适用题项。所以，借鉴已有研究成果（Rustagi, 2008; 樊钱涛,王大成,2009),结合前面章节案例分析了解到的IT服务企业项目知识管理实际情况,本课题设计了任务相似性量表,见表5-1。

5. 资源相依性

资源相依性,顾名思义,是指两个主体之间对于资源的相互依赖程度。具体地说,从现有文献看,学者们主要从两个角度研究资源相依性,并给出了相应的定义。一个是从资源互补的角度进行研究的,将资源相依性定义为不同交易伙伴(Exchange Partners)对对方所拥有资源的依赖程度,以及由此形成的权力关系(Emerson,1962;Pfeffer,Salancik,1978)。另一个是从资源互斥的角度进行研究的,将资源相依性定义为不同主体共享同一资源的程度。比如,Brown 等人(1998)和 Parolia 等人(2011)将在项目团队间的资源相依性定义为这些团队之间共享同一种资源的程度。Verma 和 Sinha(2002)通过多案例研究,将资源相依性界定为不同项目在用于支撑项目实施活动的相关要素上的相互依赖程度。

第二种角度所定义的资源相依性是一种反向相依性(Thompson,1967)。也就是说,分配给每个项目的资源与分配给其他项目的资源是反向关系,一个项目分配到的资源量增加,就会导致另一个项目所分配到的资源量的减少。在IT服务企业的服务实践中,往往是多项目并行运作,这些项目多共享相同的资源,以减少成本投入和提高经济效益。因此,IT服务企业内部两个项目之间的资源相依性主要是互斥的相依性。

借鉴已有文献,我们将资源相依性定义如下:

> 资源相依性指IT服务企业内部知识源项目和知识接受方项目共享组织提供资源的程度。

上述定义是一种互斥的、共享型的资源相依性,而非互补的资源相依性,即一个项目分配到资源的增加,就会导致另一个项目所分配到的资源的减少(Thompson,1967)。对于共享型资源相依性,有的文献进行定性的理论分析(Muthusamy,White,2005)和案例研究(Verma,Sinha,200),认为不同主体主要在可用时间、人力资源(Human Resources)、管理资源、技术和硬件设施等资源上相依;有的文献做定量的实证研究,设计了包括共享数据、共享过程信息、共享软硬件资源、共享管理人员和技术人员等测量量表(Brown et al.,

1998；Parolia et al.，2011）。此外，受理论分析的启示（Muthusamy，White，2005；Verma，Sinha，2002），资源相依性还可以用资源相依程度来度量。因此，借鉴已有研究，本课题设计资源相依性的量表，见表5-1。

6. 知识源项目团队认知能力

以往文献主要研究的是个体认知。Neisser（1967）认为，个体认知是指个人选择外部信息，并对这些信息进行组织和解释，从而创造出关于这个世界的有意义图像的思维过程。美国心理学家Gagne（1974）在其提出的信息加工学习理论中，将认知定义为对外部信息有选择地接收、监控、调节、复述和重构的一种大脑活动，这一活动会受到认知能力和认知期望的影响。对于团队认知，班杜拉没有给出具体的定义，他更侧重于研究集体效能感，并将其定义为"群体成员对群体成功地完成特定任务或取得特定成就的能力的共同信念"（Bandura，1997）。国内外其他学者主要从共享心智模式与交互记忆系统这两个方面解释团队认知。Cannon-Bowers等人（1993）将共享心智模型定义为团队成员所形成的对于任务的准确解释和期望，以有利于协调自己的行为以适应团队作业行为需要和其他成员的需求。Mohammed和Klimoski（1994）认为，共享心智模式是团队内部一致或共享的知识结构，是团队成员共同拥有的有组织的理解和心理表征。与强调团队内部成员知识结构一致性或相似性的共享心智模式不同，交互记忆系统强调的是团队成员知识专长的差异性和平衡性（Yoo，2001）。

借鉴已有研究对认知的定义，我们将跨项目转移情境下的知识源项目团队认知能力界定如下：

> 知识源项目团队认知能力指知识源项目团队所有成员所形成的关于向组织内部知识接受方项目团队转移和共享知识这一活动的理解能力和心理表征。

如前面章节所论述的，知识源项目团队认知能力包括该团队的转移能力和转移意愿。现有文献基于不同角度对知识源转移能力的认识各有侧重。有的是基于要素维度，有的是基于过程维度。在要素维度上，Minbaeva和Michailova（2004）认为知识源转移能力包括转移知识的能力和意愿；在过程维度上，Martin和Salomon（2003）认为知识源转移能力包括知识源对知识的识别能力、评估能力和传授能力。而Knudsen和Zedtwitz（2003）则同时从内容维度和过程维度分析了知识源转移能力的构成，认为这一能力包括基本能力、转移意愿和专业技能，这三个要素都包含在知识源对知识的选择、准备和配置这三种过程能力当中。很明显，转移能力和转移意愿是两个不同的构念。而且，知识转移是一个过程性活动，与要素维度相比，基于过程维度的能力划分能更清晰地体现知识源转移能力的内涵。因此，我们倾向于从过程视角界定转移能力。

借鉴 Knudsen 和 Zedtwitz（2003）对转移能力的阐述和界定，结合 IT 服务跨项目知识转移情境，我们将源项目团队的转移能力定义如下：

> 知识源项目团队的转移能力指知识源项目团队能够准确地理解接受方项目团队的知识需求、据此选择需要转移的相关知识、并选择合适的转移方式将这些知识有效转移给知识接受方项目团队的能力。

现有文献在考察知识源的转移能力时，多从沟通理论的角度，采用沟通编码能力作为研究变量。比如，Ko 等人（2005）将沟通编码能力定义为知识源掌握好语言、能把想法表达清楚使得容易理解的能力，并从语言掌握程度、书面沟通能力、口头表达能力、能在适当时间说出合适的东西等方面开发量表进行测量。国内学者徐青（2006）也借鉴 Ko 等人量表设计的维度，开发了国内 ERP 项目实施中的沟通编码能力的量表。国内有学者在研究研发团队内部知识转移的影响因素问题时，用传递能力作为知识源转移能力的研究变量，并开发了相应的量表，这些题项包括用简单明了的语言表达知识的能力、用文字或图表分享知识的能力、通过各种方式分享知识的能力以及通过多种渠道传递知识的能力（疏礼兵，2006）。

直接研究和测量知识源转移能力的文献相对较少。Martin 和 Salomon（2003）在研究跨国公司知识转移问题时，专门对知识源转移能力做了深入的分析，认为这一能力包括知识源识别知识、评估知识和传递知识的能力。Knudsen 和 Zedtwitz（2003）也对知识源转移能力做了详细研究，认为转移能力包括知识源选择知识、准备知识和配置知识的能力。但是，这些研究都是定性的理论分析，未对转移能力进行定量测量。

从学者们的理论分析可以看出，知识源的转移能力包括能力范围较广，涉及转移知识之前的选择（或识别）知识和准备（或评估）知识的能力，以及转移知识时的传递（或配置）知识的能力。而目前对沟通编码能力、知识传递能力等的研究和测量都只是反映了知识源在转移知识时的传递能力，未包括转移知识前的选择知识和准备知识的能力。因此，本研究借鉴 Martin 和 Salomon（2003）以及 Knudsen 和 Zedtwitz（2003）给出的知识转移能力定义，以及 Ko 等人（2005）和疏礼兵（2006）开发的量表，围绕知识源转移知识前的准备能力和转移知识时的传授能力，设计了 IT 服务企业内部跨项目知识转移中源项目团队的转移能力的，见表 5-1。

对于转移意愿，学者们主要从两个角度进行考察。一部分学者通过测量知识源向知识接受方转移知识的积极性态度考察知识源的转移意愿。比如，Simonin（1999）通过度量知识源对知识的保护程度来分析转移意愿对知识转移的影响关系。国内有学者从知识源转移知识的积极性考察 ERP 项目实施过程中知识源的转移意愿与知识转移效果之间的关系（徐青，2006）。另有国内学者从直接提供所需知识、提供培训和学习机会、到现场指导、面对面交流和回复疑问等的积极性和耐性考察 IT 外包过程中知识源参与知识转移的意愿水平（邓春平，2008）。另外一部分学者从知识源转移知识的动机角度考察知识源的转移意愿。比如，Osterloh 和 Frey（2000）研究知识源的转移动机对知识转移的影响机制，Burgess（2005）从增加晋升机会、获得良好的绩效评估、获得上司更多的认可、获得物质报酬等方面考察同一组织内部跨团队之间知识源的转移动机。

由于转移意愿是知识源转移或保留知识的态度的一种反映，因此，从态度角度出发所做的测量能更直接地体现转移意愿的内在含义，而从动机角度出发所做的测量是一种间接的考察方法，未能直观明了地反映转移意愿的内涵。Ko 等人（2005）从转移知识的态度测量 ERP 项目实施中知识源的内在动机，从获取利益的角度测量知识源的外在动机，研究结果发现，内在动机对知识转移具有显著的正向影响关系，而外在动机的影响关系不显著。这有力地证明与对利益动机的测量相比，从转移知识的态度这一角度考察知识源的转移意愿显得更为可行、更为合理。因此，我们将从 IT 服务企业内部知识源项目团队参与跨项目知识转移活动的态度考察转移意愿，并对这一构念做如下定义：

> 知识源项目团队的转移意愿指 IT 服务企业内部知识源项目团队积极参与跨项目知识转移活动，并愿意向组织内部的知识接受方项目团队转移和分享经验和知识的程度。

对于转移意愿,现有文献已提供了比较成熟的测量量表,主要从知识源转移知识的主动性、积极性、耐心程度、支持程度等维度进行测量(Suzlnaksi,1996;Ko et al.,2005;邓春平,2008)。我们将其借鉴应用到本研究中,结合前面章节案例调研了解到的信息,设计了知识源项目团队转移意愿的测量量表,见表 5–1。

7. 知识接受方项目团队认知能力

与对知识源项目团队认知能力的定义一样,我们借鉴已有文献对认知的研究,将跨项目转移情境下的知识接受方项目团队认知能力界定如下:

> 知识接受方项目团队认知能力指知识接受方项目所有成员所形成的关于向组织内部知识源项目团队获取和学习知识这一活动的理解能力和心理表征。

如前面章节所论述的,知识接受方项目团队认知能力包括该团队的吸收能力和吸收意愿。对于吸收能力,最经典的要数 Cohen 和 Levinthal(1990)的研究。他们将吸收能力定义为知识接受方识别和吸收来自外部的新知识,并将其应用于商业终端的能力(Cohen,Levinthal,1990)。Simonin(1999)在研究跨国公司跨行业合作中的知识转移问题时,将吸收能力定义为对已有经验的学习能力。这两个文献的研究层次是组织层面的知识转移。在团队层面,Szulanski(1999)在研究公司内部不同部门之间的最佳实践转移时,将吸收能力界定为知识接受方对外部新知识进行评估和消化,并成功地将其应用于业务的能力。通过案例分析了解到,在 IT 服务企业,知识接受方项目团队从外部获取新知识,并对其进行消化和利用的能力对于有效地完成 IT 项目是很重要的。因此,借鉴 Cohen 和 Levinthal(1990)以及 Szulanski(1999)的研究,将 IT 服务企业内部跨项目知识转移情境下知识接受方项目团队的吸收能力定义为:

> 知识接受方项目团队的吸收能力指知识接受方项目团队对来自组织内部的源项目团队的知识进行价值识别、消化吸收并用于完成项目任务的能力。

在吸收能力的量表设计上,Szulanski(1996)提供了有益的可借鉴的理论素材。Szulanski 遵循 Cohen 和 Levinthal(1990)提出的吸收能力定义,从识别、吸收和应用外部知识这三个方面开发跨团队知识转移中接受方团队吸收能力的量表。此后，Ko等人（2005）也借鉴Szulanski的量表，开发了适合ERP项目知识转移情境的知识接受方吸收能力的量表。本研究借鉴Szulanski（1996）和Ko等人（2005）开发的量表，结合前面章节案例调研了解到的信息，开发了知识接受方项目团队吸收能力的量表，见表5-1。

对于吸收意愿，学者们主要从两个角度进行定义。大多数学者从知识接受方接受和学习知识的态度这一角度对吸收意愿进行定义。比如，Cummings（2001）通过测量知识接受方从知识源处获取和学习知识的耐性和积极性考察吸收意愿。Lin和Lee（2004）从知识接受方对学习外部知识的重视程度测量吸收意愿。国内学者徐青（2006）从重视通过参与知识转移活动学习知识、愿意付出努力学习知识和喜欢参与知识转移活动三个方面考察知识接受方的吸收意愿。还有学者从动机角度考察知识接受方的吸收意愿。比如，Nelson和Winter（1982）认为缓解压力是产生吸收意愿的一个重要因素，当某个企业面临外部环境带来的生存压力时，其模仿和吸收其他企业知识以及创造新知识的欲望就会很强烈。Hamel（1991）在研究跨国战略联盟中的合作伙伴学习问题时，将提升市场增长潜力和赢得市场机会视为激发联盟企业吸收知识的一个动因。

由于吸收意愿反映的是知识接受方对是否采纳和接受知识所持有的一种意愿或倾向，因此，从积极性、耐性、重视程度、努力程度等态度因素所做的测量能更直接地体现吸收意愿的内在含义。而缓解压力、获取利益等动机因素应是激发吸收意愿产生的前置影响因素，从这些动机出发对吸收意愿所做的测量是一种间接的考察方法，未能直观明了地反映吸收意愿的内涵。Ko等人（2005）从吸收知识的态度测量ERP项目实施中知识接受方的内在动机，从获取利益的角度测量知识接受方的外在动机，研究结果发现，内在动机对知识转移具有显著的正向影响关系，而外在动机的影响关系不显著。这有力地证明，与对利益动机的测量相比，从知识吸收态度这一角度考察知识接受方的吸收意愿显得更为可行、更为合理。因此，我们将用IT服务企业内部知识源项目团队参与跨项目知识转移活动的态度考察吸收意愿，并将这一构念定义如下：

知识接受方项目团队的吸收意愿指知识接受方项目团队积极参与组织内部的跨项目知识转移活动并愿意从知识源项目团队获取和学习经验知识

的程度。

现有文献对吸收意愿的实证研究已不少,已产生了相对成熟的量表,有的测量知识接受方吸收知识的态度(Cummings, 2001; Lin, Lee, 2004; 徐青, 2006),有的测量吸收知识的利益动机(Nelson, Winter, 1982; Hamel, 1991; Burgess, 2005)。两种方法相比,基于态度的测量方法能更直观明了地反映知识接受方的吸收意愿。因此,我们采用接受方项目团队吸收知识的态度测量其吸收意愿。借鉴已有文献中的量表,结合前面章节案例调研了解到的信息,本研究开发了吸收意愿的量表,见表5-1。

本书也对控制变量进行测量。对于项目规模,有文献分别采用IT人员参与项目实施的全时工作量(Full-time Equivalents)(Ko et al., 2005)和项目投资额(童亮,2006)进行测量。在跨项目情境下,与获取精确的全时工作量相比,获取项目投资额相对简单,因此我们选择"项目合同金额"考察IT项目规模,并对项目合同金额按大小进行分段,请问卷填答者从根据具体的项目金额情况从中选择即可。对于项目复杂性,本研究主要借鉴Xia和Lee(2005)提供的测量题项,并结合IT项目的实际特点对这些题项进行相应取舍,见表5-1。对于项目经验,通过实地访谈我们得到,一个项目经理在IT领域工作的时间越长,掌握的项目经验就越丰富,"在IT领域工作时长"可以反映项目经理工作经验的丰富程度。所以,我们确定采用"在IT领域工作时长"作为项目经验的测量指标。

二、量表效度检验

(一) 内容效度检验

在汇总以上各构念的测量题项得到了综合的量表之后,我们进行内容效度(Content Validity)检验。内容效度检验考察的是题项所要测量的内容或范围取样的适当程度(Moore, Benbasat, 1991)。根据这两位学者的观点,具有好的内容效度的测量量表必须满足两个条件:一是测量题项要涵盖所要测量内容的范围;二是测量题项应具有代表性,能够反映所要的测量内容。依据这些要求,本研究对设计的测量量表进行两轮的内容效度检验。

起初邀请一位信息系统领域的博士生 A 和一位有 IT 项目工作经历的知识管理研究领域的博士生 B 对构念的操作化定义及题项进行内容效度检验。检验的内容包括构念的含义表达是否清晰、题项是否测量了所对应的潜在构念、题项的内容是否充分、题项措辞是否贴切和容易理解等。他们提出的意见主要有：①有些题项的表达不够简练；②有些题项用词语义不够明确，令人费解，如任务相似性的题项"所完成的业务内容相近"中的"业务内容"所指不明确，有碍理解；③有些构念的题项数量多，而其中有多个题项测量的维度基本相同。

根据以上反馈意见，对初始量表做了相应的修改。修改内容主要有：①修改了语言表达不简练的题项；②修改了语义含糊不清或措辞不贴切的题项；③对同一个构念的题项数量多，并且其中有多个题项的测量目标基本相同的情况，在遵循题项对理论和实践重要性的前提下，对这些题项进行合并，尽量做到既保持原来的测量目标，又能减少题项数量；④删除不符合实践情况或在实践中发生较少的题项。此次修改前后的结果见表 5-2。

表 5-2　第一轮测量工具内容效度检验前后结果比较

原始表述	修改后
1. 业务领域知识跨项目转移（BKT）	
无修改	
2. 实施技术知识跨项目转移（TKT）	
在项目进行过程中，接受方项目团队从源项目团队学到了	在项目进行过程中，我们项目团队从对方项目团队学到了
项目实施方法（如流程配置、系统调试等技能）	项目开发、实施方法（如流程配置、系统调试等技能）
项目实施规范（如测试规范）	项目实施的规范化方法（如测试规范化方法）
项目实施技巧	项目开发、实施经验
3. 项目管理知识跨项目转移（PKT）	
无修改	
4. 组织文化支持（CS）	
在项目进行过程中，	在项目进行过程中，
项目部门鼓励我们项目团队向对方项目团队学习有用的项目实施经验	公司鼓励项目团队间的合作与交流
项目部门鼓励接受方项目团队向源项目团队请教碰到的疑难问题	公司鼓励项目团队间的问题探讨
项目部门鼓励接受方项目团队多与源项目队有经验的专家交流和讨论	公司鼓励一个项目团队碰到问题时，及时向其他项目团队请教

续表

原始表述	修改后
接受方项目团队和源项目团队都意识到彼此间的交流和学习对于完成项目任务的重要性	公司强调项目团队间的合作与交流对于完成项目任务的重要性
接受方项目团队和源项目团队都意识到彼此间的交流和学习对于公司成功的重要性	删除
接受方项目团队和源项目团队相互交流和学习的氛围很浓	公司内部项目团队间合作与交流的氛围很浓
5. 组织制度支持（IS）	
在项目进行过程中，	在项目进行过程中，
项目部门要求我们团队在实施里程碑事件之前，都要查阅和借鉴其他项目积累下来的相关知识和经验，以免重犯错误	题项合并为： 公司有明确制度规定项目团队间交流
项目部门制定标准政策，把跨项目交流与学习活动制度化	
项目部门制定规范化的跨项目交流程序	公司拥有规范的项目团队间合作与交流程序
项目部门制定标准化的激励制度，激励我们团队在跨项目交流中学以致用	公司有明确制度激励项目团队间的合作与交流
项目部门建立一套规范的考核体系，用于测量跨项目交流与学习的效果	题项合并为： 公司制度规定团队绩效与团队间协作和共享程度挂钩
项目部门将个人参与跨项目学习活动的积极程度与个人绩效挂钩	
接受方项目团队能明显感受到项目部门制度对跨项目交流流动的影响	您团队能明显感受到公司制度对项目团队间协作的促进作用
6. 任务相似性（TS）	
知识源项目与知识接受方项目	我们团队与对方团队所实施的项目
所完成的业务内容相近	业务性质相近
所遇到的问题及其解决方案相似	功能需求相近
所嵌入的业务流程相似	服务领域相近
所需要的知识和技术相同	需要的信息技术知识相通
所采用的实施方法相似	系统或服务的开发方法相似
所采用实施方法背后的原理是相通的	删除
实施的程序和惯例相同	删除

续表

原始表述	修改后
7. 资源相依性（RD）	
在项目进行过程中，知识接受方项目团队与知识源项目团队	在项目进行过程中，我们项目团队与对方项目团队
有技术人员重叠	有技术人员交叉
8. 转移能力（TC）	
在项目进行过程中，对接受方项目团队提出的知识需求，源项目团队	在项目进行过程中，当向源项目团队提出知识需求时，我们项目团队感觉到对方项目团队
能够对所传递知识进行有效的分类，方便理解和再用	能够对所传递知识进行有效的分类
9. 转移意愿（TW）	
在项目进行过程中，对接受方项目团队提出的知识需求，源项目团队	在项目进行过程中，当向源项目团队提出知识需求时，我们项目团队感觉到对方项目团队
会爽快地提供对方团队所需的知识	题项合并为：
会主动地提供对方团队所需知识的辅助材料，如培训文档、论文	愿意提供我们团队所需的知识及相关的辅助材料
会及时地给对方团队提供培训课程	愿意给我们团队提供培训课程
会及时到现场指导对方团队的工作	愿意派人到现场指导我们团队的工作
会积极参与对方团队的讨论会，共同探讨问题解决方案	愿意参与我们团队的讨论会
10. 吸收能力（AC）	
对于源项目团队提供的知识，接受方项目团队	对方项目团队提供的知识，我们项目团队
能够理解这些知识的内涵和外延	删除
能够快速识别出对项目有用的知识	能够快速识别出有用的知识
能够查阅其他辅助资料，对此进行深入的学习	能够有效地理解
能够在此基础上提出更好的问题解决方案	能够在此基础上提出更好的解决方案
11. 吸收意愿（AW）	
在项目实施过程中，接受方项目团队	在项目实施过程中，我们项目团队
很重视通过与源项目团队交流来获取行业背景知识	题项合并为：
很重视通过与源项目团队交流来获取项目实施经验	很重视通过与对项目团队的交流来获取知识和经验

第五章　IT服务企业跨项目知识转移影响因素的内在作用机理研究

续表

原始表述	修改后
把源项目团队传递的知识看作一种宝贵的学习资源	把对方项目团队传递过来的知识和经验看作一种学习资源
很愿意跟对方项目团队讨论实施过程中碰到的疑难问题	很愿意跟对方项目团队讨论实施过程中碰到的问题
愿意投入时间和精力学习和消化对方项目团队传递过来的知识	很愿意投入时间和精力消化对方项目团队传授的知识和经验
会积极地将对方项目团队所传递知识用于解决项目问题	会积极地将对方项目团队所传授知识和经验用于解决项目问题
12. 项目复杂性	
无修改	

第一轮内容效度检验修改得到的量表共有57个题项。据此，我们设计了问卷初稿。问卷采用五点评分标准，"1"表示"非常不同意"，"2"表示"较为同意"，"3"表示"一般"，"4"表示"比较同意"，"5"表示"非常同意"。这些标准表示填写者对每一条语句反映实际情况的认可程度。为获取有用的额外信息，我们还在问卷的最后部分增加了三个开放性问题。

随后，我们进行第二轮的内容效度检验。我们邀请两位有丰富实施经验的IT项目经理，请他们试填写问卷初稿并提出修改意见。在这一过程中，我们采用有声思维方法❶（Davey，1983）。也就是说，我们将问卷初稿分别给这两位项目经理，请他们在试填写过程中随时说出对问卷有疑问的地方，如某个题项很费解等；同时结合自身的实践经验，评论问卷中的问项，说出自己的修改意见、补充意见以及相关建议。我们及时与他们互动。

与第一轮只检验测量题项的字面效度检验不同的是，第二轮的内容效度检验包括两个环节：首先，请这两位IT项目经理评论问卷的序言，本研究作者根据他们的意见和建议做相应的修改，目的是为了使问卷的序言能够在一开始就将试填答者的思维引导进入到"跨项目知识转移"这一情境中；其次，请

---

❶ 有声思维法（Think Aloud）是一种口头报告分析方法，要求受试者在思考问题时大声地说出自己正在思考的内容（包括疑问），通过记录、分析这些内容，可以发现受试者较为真实的想法（Davey，1983）。

这两位 IT 项目经理评论问卷中的问项，本研究作者根据他们的意见和建议做相应的修改，以进一步提高问卷的内容效度。

首先是问卷序言的评论与修改。修改前后的问卷序言如下。通过比较，很明显，修改后的问卷序言更有助于将问卷填答者引导进入"跨项目知识转移"这一情境中，用语也显得更为亲切。

修改前的问卷序言：

尊敬的×××经理：

您好！在项目进行过程中，不同项目的实施团队之间可能存在相互交流和学习知识的现象。现选取两个不同项目 A 和 B 作为分析对象，它们的特征如下。

项目	项目团队	角色	备 注
A	甲	知识发送方	1. 项目 A 与项目 B 是两个不同的独立项目，而非同一个大项目下面的两个子项目； 2. 项目 A 与项目 B 的实施时间有交叉，可以都是正在进行的，也可以是已经结束的；
B	乙	知识接受方	3. 项目 A 与项目 B 各自的实施团队甲和乙是两个不同的团队，但可能会共用人员、工具等资源； 4. 考察对象是甲项目团队和乙项目团队之间经验知识交流的整体情况，而非个人间的经验知识交流情况

为更好地考察甲项目团队和乙项目团队间相互交流与学习经验知识的效果，请回忆您独立负责或带领的项目团队更多地充当知识接受方的乙项目团队时两个项目团队间的整体交流情况，包括您的项目团队向作为知识发送方的甲项目团队学习知识的情况和甲项目团队向您的项目团队发送、传递经验知识的情况。

问卷填写无须记名，答案没有对错之分。所有数据和信息仅供学术研究之用，绝不对外公开。请您根据对实际情况的回顾放心填答。

感谢您的鼎力支持！

第五章　IT服务企业跨项目知识转移影响因素的内在作用机理研究

修改后的问卷序言：

尊敬的×××经理：

您好！

在项目进行过程中，不同项目团队之间可能存在相互交流经验和知识的情况。其中，知识发送方团队为向对方团队传递知识和经验的团队，知识接受方团队为向对方团队学习知识和经验的团队。请选取您负责实施的一个IT项目，回顾您团队与同时进行的另一个项目的实施团队之间知识交流的情况。以您的项目团队为知识接受方团队，对方项目团队为知识发送方团队，请您根据实际情况填写本问卷。

问卷填写无须记名，本次调研数据仅供学术研究之用。

注意事项：

1. 您的项目与对方项目是两个不同的独立项目，而非同一个大项目下面的两个子项目；

2. 您的项目与对方项目存在相似性，故两个团队之间存在经验和知识交流；

3. 您的项目与对方项目的实施时间有交叉，可以都是正在进行的，也可以是已经结束的；

4. 您团队与对方项目团队是两个不同的团队，但可能会共用人员、工具等资源；

5. 考察对象是您团队和对方项目团队之间（而非个人之间）的经验知识交流情况。

感谢您的鼎力支持！

其次是问卷中问项的评论与修改。这两位IT项目经理反馈的问卷存在问题大致包括以下几个方面：①有些题项语句过长，未能达到一目了然的效果；②有些构念的题项冗赘，信息量过载；③有些构念内部的题项缺乏逻辑性，使得填写者有时感到某个题项的出现显得很突兀；④从问卷整体上看，各独立部分题项的排列欠缺逻辑性，比如，吸收意愿的问题回答完之后，马上回答两个项目之间任务相似性的问题，填写者感到思维有了很大的跳转。

针对以上问题，结合两位项目经理的意见和建议，我们对问卷做了修改。修改内容主要有：①语句表述尽量言简意赅；②修改冗赘的题项，力求使问题容易理解；③适当调整问卷中部分问项的顺序，力求前后问项具有一定的逻辑性；④删除不符合实践情况或在实践中发生较少的题项。这一轮的问卷问项修改前后的结果对比，如表 5-3 所示。

表 5-3　第二轮测量工具内容效度检验前后结果比较

修改前（第一轮修改结果）	修改后（第二轮修改结果）
1. 业务领域知识跨项目转移（BKT）	
在项目进行过程中，我们项目团队从对方项目团队学到了	通过与对方项目团队的交流，您团队学到了
1）业务模式知识	1）业务模式知识
2）业务流程知识	2）业务流程知识
3）业务问题解决方案（如借助软件规避潜在的业务风险的方法等）	3）业务问题解决方案（如借助软件规避业务风险的方法等）
4）业务环境知识（如商业惯例、行业政策等）	4）业务环境知识（如商业惯例、行业政策等）
5）与客户有效沟通的方式和技巧	5）与客户有效沟通的方式和技巧
2. 实施技术知识跨项目转移（TKT）	
在项目进行过程中，我们项目团队从对方项目团队学到了	通过与对方项目团队的交流，您团队学到了
1）项目实施技术或工具知识	1）项目技术知识
2）项目开发、实施方法（如流程配置、系统调试等技能）	2）项目开发技能
3）项目实施的规范化方法（如测试规范化方法）	3）项目规范化方法（如测试规范化方法）
4）项目开发、实施经验	4）项目实施经验
3. 项目管理知识跨项目转移（PKT）	
在项目进行过程中，我们项目团队从对方项目团队学到了	通过与对方项目团队的交流，您团队学到了
1）项目质量控制方法	1）项目质量控制方法
2）项目成本估算与控制方法	2）项目成本估算与控制方法
3）项目进度估算与控制方法	3）项目进度估算与控制方法
4）项目风险评估与控制方法	4）项目风险评估与控制方法

续表

修改前（第一轮修改结果）	修改后（第二轮修改结果）
4. 组织文化支持（CS）	
在项目进行过程中	在项目进行过程中，
1）公司鼓励项目团队间的合作与交流	1）公司鼓励项目团队间交流
2）公司鼓励项目团队间的问题探讨	2）公司鼓励项目团队间的问题探讨
3）公司鼓励一个项目团队碰到问题时，及时向其他项目团队请教	3）公司经常开展跨项目经验交流活动
4）公司强调项目团队间的合作与交流对于完成项目任务的重要性	4）公司强调项目团队间交流对于完成项目是重要的
5）公司项目团队间合作与交流的氛围很浓	5）公司内部项目团队间交流的氛围浓厚
5. 组织制度支持（IS）	
在项目进行过程中，	在项目进行过程中，
1）公司有明确制度激励项目团队间的合作与交流	1）公司有明确制度激励项目团队间交流
2）公司有明确制度规定项目团队间交流	合并题项为：
3）公司拥有规范的项目团队间合作与交流程序	公司有规范程序指导项目团队间交流
4）公司制度规定团队绩效与团队间协作和共享程度挂钩	4）公司有明确制度考核项目团队间交流的效果
5）您团队能明显感受到公司制度对项目团队间协作的促进作用	5）您团队能感受到公司制度对项目团队间交流有促进作用
6. 任务相似性（TS）	
我们团队与对方团队所实施的项目	您团队与对方团队所实施的项目
1）业务性质相近	1）业务性质相近
2）服务领域相近	2）服务领域相近
3）功能需求相近	3）功能需求相近
4）系统或服务的开发方法相似	4）实施过程相似
5）需要的信息技术知识相通	5）需要的信息技术知识相通
7. 资源相依性（RD）	
在项目进行过程中，我们项目团队与对方项目团队	在项目进行过程中，您团队与对方项目团队
1）共享数据（文档模板、以往项目产品数据等）	1）共享数据
2）共享过程信息	2）共享过程信息

续表

修改前（第一轮修改结果）	修改后（第二轮修改结果）
3）共用硬件设施（如工作场所、会议室等）	3）共用软硬件设施
4）共用同一套开发、测试或配置工具	
5）由专人负责团队间合作问题	4）有专人负责项目团队间交流的相关工作
6）有技术人员重叠	5）有人员交叉
7）尽量错开在同一时间使用同一关键资源	6）尽量错开在同一时间使用同一关键资源
8. 转移能力（TC）	
在项目进行过程中，当向源项目团队提出知识需求时，我们项目团队感觉到对方项目团队	在项目进行过程中，当向对方项目团队提出知识需求时，您团队感觉到
1）能够准确地识别出我们团队真正的知识需求	1）他们能够准确地识别出我们团队真正的知识需求
2）能够对所传递知识进行有效的分类	2）他们能够对所传递知识进行有效的分类
3）能够选用合适的传递方式	3）他们能够选用合适的传递方式
4）能够用简单明了的语言把问题讲清楚	4）他们能够用简单明了的语言把问题讲清楚
5）能够提供方完整的知识	合并题项为： 他们能够提供有用的知识及相关材料
6）能够提供相关的辅助材料（如培训材料、论文资料）	
7）能够提供所传递知识的使用情境说明	
9. 转移意愿（TW）	
在项目进行过程中，当向源项目团队提出知识需求时，我们项目团队感觉到对方项目团队	在项目进行过程中，当向对方项目团队提出知识需求时，您团队感觉到
1）愿意提供我们团队所需的知识及相关的辅助材料	1）他们愿意给您团队提供培训
2）愿意给我们团队提供培训课程	2）他们愿意派人到现场指导您团队工作
3）愿意派人到现场指导我们团队的工作	3）他们愿意参与您团队的讨论会
4）愿意参与我们团队的讨论会	4）他们会耐心地回复您团队的咨询
5）会耐心地回复我们团队咨询的问题	5）他们愿意给团队提供所需的知识及相关材料
注：在修改前后，转移意愿（TW）的测量题项的顺序做了调整	
10. 吸收能力（AC）	
对方项目团队提供的知识，我们项目团队	对方项目团队提供的知识，您团队
1）能够从中快速识别出有用的知识	1）能够从中快速识别出有用的知识
2）能够有效地理解	2）能够有效地理解

续表

修改前（第一轮修改结果）	修改后（第二轮修改结果）
3）能够有效地消化和吸收	3）能够有效地消化和吸收
4）能够将其用于解决实际的项目问题	4）能够将其用于解决实际的项目问题
5）能够在此基础上提出更好的解决方案	5）能够在此基础上提出更好的解决方案
11. 吸收意愿（AW）	
在项目实施过程中，我们项目团队：	在项目进行过程中，您团队：
1）很重视通过与对方项目团队的交流来获取知识和经验	1）重视同对方项目团队交流以获取所需的经验和知识
2）很愿意跟对方项目团队讨论实施过程中碰到的问题	2）愿意跟对方项目团队讨论碰到的项目问题
3）把对方项目团队传递过来的知识和经验看作一种学习资源	3）把对方项目团队提供的经验和知识视为学习资源
4）很愿意投入时间和精力消化对方项目团队传授的知识和经验	4）愿意投入时间和精力消化对方项目团队提供的经验和知识
5）会积极地将对方项目团队所传授知识和经验用于解决项目问题	5）积极地运用对方项目团队提供的经验和知识
12. 项目复杂性	
我们团队实施的项目	您团队实施的项目
1）涉及多个实时数据处理	1）涉及多个实时数据处理
2）涉及多个软件开发环境	2）涉及多个软件开发环境
3）涉及多个技术平台	3）涉及多个技术平台
4）涉及多个信息系统的集成	4）涉及多个信息系统的集成

（二）结构效度检验

结构效度检验是指题项实际测量到的内容与所要测量目标内容之间的吻合程度。参照 Moore 和 Banbasat（1991）的研究方法，在本研究中，结构效度检验分两轮进行：第一轮是在不告知判别者构念的定义和数量的情况下，请他们对所有的测量题项进行分类，并给每一类命名；第二轮是在告知判别者构念的定义和数量的情况下，请他们对所有的测量题项进行分类。如果测量题项被一致地分到某个类别中，就认为这些测量题项对于这个类别所对应的构念具有聚合效度，而相对于其他构念则具有区分效度。在本研究中，两轮的结构效度检验如下。

1. 第一轮结构效度检验

在正式分类之前，我们将所有测量题项剪成小纸条，每个小纸条上只有一个题项。为避免所有题项放在一起数量过多，我们将所有题项分成三大部分：第一部分是跨项目知识转移的题项，相应的构念有业务领域知识跨项目转移、实施技术知识跨项目转移和项目管理知识跨项目转移；第二部分是情境因素变量和控制变量项目复杂性的题项，情境因素变量有组织文化支持、组织制度支持、任务相似性和资源相依性；第三部分是项目团队认知因素的题项，对应的变量有转移能力、转移意愿、吸收能力和吸收意愿。

随后我们将各部分的题项都随机打乱，请四位判别者进行独立判断。这四位判别者都是中国人民大学商学院的博士生，一名拥有丰富的IT项目实施经验，一名主修知识管理研究方向和兼具IT背景知识，另外两名主修管理科学与信息系统研究方向。首先，我们对这四位判别者进行相关的培训，并请他们做了试判别。然后，我们分别向这四位判别者提供测量题项，请他们根据自己的理解对各部分的题项进行分类，并用一个词组或短语给每个类别命名。在这一过程中，我们并未告知这四位判别者测量题项的潜在构念。判别结果如表5-4至表5-6所示。

表5-4　判别者对跨项目知识转移的类别命名

实际测量构念	各判别者分类后所取构念名称			
	判别者甲	判别者乙	判别者丙	判别者丁
业务领域知识跨项目转移	客户知识学习	业务领域知识获取	业务领域知识学习	客户相关知识学习
实施技术知识跨项目转移	操作型知识转移	实施技术知识转移	方法类知识的共享	实施技术知识和技能知识的共享
项目管理知识跨项目转移	项目管理知识的分享	项目管理知识的转移	管理知识的转移	管理类知识的共享

表5-5　判别者对情境因素和项目复杂性的类别命名

实际测量构念	各判别者分类后所取构念名称			
	判别者甲	判别者乙	判别者丙	判别者丁
组织文化支持	组织文化	文化	文化影响	文化的作用
组织制度支持	制度所发挥的作用	制度因素	组织制度的重要	组织制度的力量
任务相似性	任务相似性	任务和技术方法的相似性	项目任务特征	项目相似度
资源相依性	资源共享	资源共享	共享资源	资源共享程度
项目复杂性	项目复杂度	系统开发的技术复杂性	信息系统开发的难度	系统的复杂程度

表5-6　判别者对项目团队认知的类别命名

实际测量构念	各判别者分类后所取构念名称			
	判别者甲	判别者乙	判别者丙	判别者丁
转移能力	沟通能力	传递能力	表达能力	传授能力
转移意愿	提供知识的积极性	要不要传递知识的态度	对项目的支持情况	知识共享程度
吸收能力	学习外部知识的能力	学习能力	从外部获取知识和应用知识的能力	获取和运用外部知识解决问题的能力
吸收意愿	重视从外部获取知识	积极寻找外部知识	消化吸收知识的程度	努力学习外部知识的态度

通过对表5-4至表5-6中的实际测量构念和四位判别者对各部分题项分类后的命名进行比较后得出，这四位判别者不仅对每部分题项区分的类别数与实际的构念数都一致，而且，他们对题项分类后给每个类别所取的名称基本上反映了原有相应构念的内涵，有的甚至接近于相同。这些说明本量表具有较好的聚合效度和区分效度。

表5-7是四位判别者对跨项目知识转移题项进行分类的具体结果，对角线是四位判别者把测量题项准确地归到相应构念的题项总数。总体上看，此次归类的题项总数为52，得到正确归类的题项数为49，因而得到正确归类比率为94%，达到较高的效度。其中，构念"实施技术知识跨项目转移"有3个纸条被分到"项目管理知识跨项目转移"构念上，这上面的题项都是"项目规范化方法（如测试规范化方法）"。通过与四位判别者的讨论了解到，在实践中，从整个IT项目来看，规范化管理是项目管理的工作内容，因而有三位差别者将其归到"项目管理知识跨项目转移"。因此，我们将题项"项目规范化方法（如测试规范化方法）"从构念"信息技术知识跨项目转移"调整到"项目管理知识跨项目转移"上。

表5-7　第一轮跨项目知识转移题项分类结果（未给出构念定义及其数量）

目标类别	BKT	TKT	PKT	其他	题项纸条总数	归类正确率
BKT	20				20	100%
TKT		13	3		16	81%
PKT			16		16	100%

题项纸条总数：52　　正确归类的题项纸条数：49　　正确归类比率：94%

表5-8是四位判别者对情境因素和控制变量项目复杂性的题项进行分类的结果。对于"组织文化支持（CS）"的题项，错误归类的纸条数有两个，上面的内容都是"公司经常开展跨项目经验交流活动"，并且都被归到"组织制度支持（IS）"构念上。错误归类的这两位判别者认为"公司经常开展跨项目经验交流活动"是一种例行的工作，应该是一种制度体现。但另外两位认为这体现的是一种良好的学习氛围。最后经讨论，我们依然确定"公司经常开展跨项目经验交流活动"归属于"组织文化支持（CS）"。

"组织制度支持（IS）""资源相依性（RD）""任务相似性（TS）"和"项目复杂性（PC）"的题项纸条归类正确率都为100%。其中，对于"任务相似性"中的题项"业务性质相近"和"服务领域相近"，有判别者建议将它们合并为"服务的业务领域相近"会显得更为清晰明了。因此，我们也做了相应的修改。

从总体上看，情境因素和控制变量项目复杂性归类的题项纸条总数为100，正确归类的题项纸条数为91，因此，正确归类比率为91%，达到较高的结构效度。

表5-8 第一轮情境因素题项分类结果（未给出构念定义及其数量）

目标类别	CS	IS	TS	RD	PC	其他	题项纸条总数	归类正确率
CS	18	2					20	90%
IS		16					16	100%
TS			20				20	100%
RD				28			28	100%
PC					16		16	100%

题项纸条总数：100　　　正确归类的题项纸条数：91　　　正确归类比率：91%

表5-9是四位判别者对项目团队认知题项进行分类的结果。可以看出，源项目团队的转移能力（TC）和转移意愿（TW）、接受方项目团队的吸收能力（AC）和吸收意愿（AW）的题项都能够被正确地归到相应的类别中。这说明这些构念的量表具有良好的聚合效度和区分效度。

表5-9 第一轮项目团队认知题项分类结果（未给出构念定义及其数量）

目标类别	TC	TW	AC	AW	其他	题项纸条总数	归类正确率
TC	20					20	100%
TW		20				20	100%
AC			20			20	100%
AW				20		20	100%

题项纸条总数：80　　正确归类的题项纸条数：80　　正确归类比率：100%

2. 第二轮结构效度检验

第二轮的题项分类请两位正在从事IT项目服务工作的有多年经验的在职博士生参与。与第一轮的操作一样，将所有题项分为三部分，即跨项目知识转移的题项、情境因素和控制变量项目复杂性的题项，以及项目团队认知的题项。并将题项随机打乱，在正式分类之前对两位判别者进行培训和请他们试分类。不同的是，这一轮事先告诉他们各部分的构念，只请他们将各部分的题项分配给相应的构念。

此次分类的结果如表5-10所示。可以看出所有题项都被准确地归类，而且四位判别者的评论多为正面肯定。但也存在小小的问题：有判别者提议有些题项可以再度精简言辞，以尽量减小经理填写时的心理压力和时间花费。比如，吸收意愿构念中的"愿意投入时间和精力消化对方项目团队提供的经验和知识"可直接改为"愿意投入精力消化对方项目团队提供的经验和知识"就可以了。因此，我们根据这些评论意见对问卷题项的措辞做了相应的修改，最后得到用于预调研的测量题项，如表5-11所示。

（三）预测试

在大规模地收集数据之前，我们选取小样本进行预测试。我们根据表5-11的测量量表设计调研问卷。由于我们考察的知识转移活动发生在不同项目团队之间而非个体之间，调查问卷需要由活动范围覆盖整个团队、熟悉团队整体情况的IT项目经理填写。因此，我们以IT项目经理作为预测试对象。通过E-mail向IT项目经理发送问卷链接以及实地调研的方法，共收到34份有效的预测试问卷。

表5-10 第二轮题项分类结果（给出构念定义及其数量）

目标类别	BKT	TKT	PKT	CS	IS	TS	RD	PC	TC	TW	AC	AW	题项纸条总数	归类正确率
BKT	10												10	100%
TKT		6											6	100%
PKT			10										10	100%
CS				10									10	100%
IS					8								8	100%
TS						8							8	100%
RD							12						12	100%
PC								8					8	100%
TC									10				10	100%
TW										10			10	100%
AC											10		10	100%
AW												10	10	100%

题项纸条总数：112　　　正确归类的题项纸条数：112　　　正确归类比率：100%

表5-11 用于预调研的测量题项

变量维度	变量	题项	题项内容
跨项目知识转移	BKT		通过与对方项目团队的交流，您团队学到了
		BKT1	业务模式知识
		BKT2	业务流程知识
		BKT3	业务问题解决方案（如借助软件规避业务风险的方法等）
		BKT4	业务环境知识（如行业政策，商业惯例）
		BKT5	与客户有效沟通的方式和技巧
	TKT		通过与对方项目团队的交流，您团队学到了
		TKT1	项目技术知识
		TKT2	项目开发技能
		TKT3	项目实施经验
	PKT		通过与对方项目团队的交流，您团队学到了
		PKT1	项目质量控制方法
		PKT2	项目成本估算与控制方法
		PKT3	项目进度估算与控制方法
		PKT4	项目风险评估与控制方法
		PKT5	项目规范化方法（如测试规范化方法）

续表

变量维度	变量	题项	题项内容
组织情境	CS		在项目进行过程中，
		CS1	公司鼓励项目团队间交流
		CS2	公司鼓励项目团队间的问题探讨
		CS3	公司经常开展跨项目经验交流活动
		CS4	公司强调项目团队间交流对于完成项目是重要的
		CS5	项目团队间交流的氛围浓厚
	IS		在项目进行过程中，
		IS1	公司有明确制度激励项目团队间交流
		IS2	公司有规范程序指导项目团队间交流
		IS3	公司有明确制度考核项目团队间交流的效果
		IS4	您感受到公司的制度会对项目团队间交流有促进作用
项目情境	TS		您团队与对方团队所实施的项目
		TS1	服务的业务领域相近
		TS2	功能需求相近
		TS3	实施过程相似
		TS4	需要的信息技术知识相通
	RD		在项目进行过程中，您团队与对方项目团队
		RD1	共享数据
		RD2	共享过程信息
		RD3	共用硬件设施
		RD4	有人员交叉
		RD5	有专人负责项目团队间交流的相关工作
		RD6	尽量错开在同一时间使用同一关键资源
	PC		您团队实施的项目
		PC1	涉及多个实时数据处理
		PC2	涉及多个软件开发环境
		PC3	涉及多个技术平台
		PC4	涉及多个信息系统的集成
项目团队认知能力	TC		在项目进行过程中，当向对方项目团队提出知识需求时，您团队感觉到
		TC1	他们能够准确地理解您团队的知识需求
		TC2	他们能够对所传递知识进行有效的分类
		TC3	他们能够采取适当方式给您团队提供知识
		TC4	他们能够将所提供的知识表达清楚
		TC5	他们能够给您团队提供有用的知识及相关材料

续表

变量维度	变量	题项	题项内容
项目团队认知能力	TW		在项目进行过程中,当向对方项目团队提出知识需求时,您团队感觉到
		TW1	他们愿意给您团队提供培训
		TW2	他们愿意派人到现场指导您团队工作
		TW3	他们愿意参与您团队的讨论会
		TW4	他们会耐心地回复您团队的咨询
		TW5	他们愿意给您团队提供所需的知识及相关材料
	AC		对方项目团队提供的经验和知识,您团队
		AC1	能够从中快速识别出有用的知识
		AC2	能够有效地理解
		AC3	能够有效地消化和吸收
		AC4	能够将其用于解决实际的项目问题
		AC5	能够在此基础上提出更好的解决方案
	AW		在项目进行过程中,您团队
		AW1	重视同对方项目团队交流以获取所需的经验和知识
		AW2	把对方项目团队提供的经验和知识视为学习资源
		AW3	愿意跟对方项目团队讨论碰到的项目问题
		AW4	愿意投入精力消化对方项目团队提供的经验和知识
		AW5	积极地运用对方项目团队提供的经验和知识

然后,我们采用 SPSS 13.0 软件,对 34 个样本的数据进行探索性因子分析。我们事先对各个因子进行 KMO(Kaiser – Meyer – Olkin)检验,测试样本数据是否适合做因子分析。KMO 值是相关系数与偏相关系数的一个比值。KMO 值越大,表示测量指标间的共同因素越多,越适合进行因子分析;KMO 值越小,则越不适合进行因子分析。根据 Kaiser(1974)的观点,KMO 值需要大于 0.5 才能进行因子分析。在本研究中,对各因子测得的 KMO 值大部分大于 0.5,如表 5 – 12 所示,因而适合进行因子分析。

我们采用主成分分析方法,使用正交旋转法(Varimax)和特征值大于 1 的因素提取法。由于所要测量的因子较多,探索性因子分析分为三组进行,它们分别为影响跨项目知识转移的主体因素、情境因素和跨项目知识转移。在每一组题项的探索性因子分析中,结果都包括公因子解释的方差(包括单项和累计的方差)和因子载荷;并且,根据题项的聚合程度和内容,分别对它们对应的因子进行命名。遵循这一思路,下面对每一组的测量题项进行探讨性因子分析。

第五章　IT服务企业跨项目知识转移影响因素的内在作用机理研究

表5-12　探索性因子分析结果

变量维度	变量	题项	题项内容	载荷	KMO	Cronbach's Alpha
跨项目知识转移	BKT		通过与对方项目团队的交流，您团队学到了		0.627	0.766
		BKT1	业务模式知识	0.909		
		BKT2	业务流程知识	0.807		
		BKT3	业务环境知识（如行业政策，商业惯例）	0.706		
	TKT		通过与对方项目团队的交流，您团队学到了		0.536	0.624
		TKT1	项目技术知识	0.591		
		TKT2	项目开发技能	0.839		
		TKT3	解决业务问题的技术方案	0.849		
	PKT		通过与对方项目团队的交流，您团队学到了		0.624	0.888
		PKT1	项目质量控制方法	0.788		
		PKT2	项目成本估算与控制方法	0.883		
		PKT3	项目进度估算与控制方法	0.798		
		PKT4	项目风险评估与控制方法	0.781		
		PKT5	项目沟通管理方式和技巧	0.894		
组织情境	CS		在项目进行过程中		0.694	0.926
		CS1	项目部门鼓励项目团队间交流	0.865		
		CS2	项目门鼓励项目团队间的问题探讨	0.878		
		CS3	项目部门经常开展跨项目经验交流活动	0.853		
		CS4	项目部门强调项目团队间交流对于完成项目是重要的	0.875		
		CS5	项目团队间交流的氛围浓厚	0.806		
	IS		在项目进行过程中		0.720	0.920
		IS1	公司有专人负责项目团队间的合作与交流	0.838		
		IS2	公司有明确制度激励项目团队间交流	0.723		
		IS3	公司有规范程序指导项目团队间交流	0.802		
		IS4	公司有明确制度考核项目团队间交流的效果	0.887		
		IS5	您感受到公司的制度会对项目团队间交流有促进作用	0.781		

· 183 ·

续表

变量维度	变量	题项	题项内容	载荷	KMO	Cronbach's Alpha
项目情境	TS		您团队与对方团队所实施的项目		0.670	0.705
		TS1	服务的业务领域相近	0.632		
		TS2	功能需求相近	0.626		
		TS3	实施过程相似	0.714		
		TS4	需要的信息技术知识相通	0.774		
	RD		在项目进行过程中，您团队与对方项目团队		0.805	0.836
		RD1	共享数据	0.905		
		RD2	共享过程信息	0.870		
		RD3	共用软硬件设施	0.785		
		RD4	有人员交叉	0.805		
	PC		您团队实施的项目		0.547	0.759
		PC1	涉及多个实时数据处理	0.865		
		PC2	涉及多个软件开发环境	0.793		
		PC3	涉及多个技术平台	0.812		
		PC4	涉及多个信息系统的集成	0.757		
项目团队认知能力	TC		在项目进行过程中，当向对方项目团队提出知识需求时，您团队感觉到		0.816	0.812
		TC1	他们能够准确地理解您团队的知识需求	0.646		
		TC2	他们能够采取适当方式给您团队提供知识	0.810		
		TC3	他们能够将所提供的知识表达清楚	0.766		
		TC4	他们能够给您团队提供有用的知识及相关材料	0.800		
	TW		在项目进行过程中，当向对方项目团队提出知识需求时，您团队感觉到		0.719	0.856
		TW1	他们愿意给您团队提供培训	0.695		
		TW2	他们愿意派人到现场指导您团队工作	0.916		
		TW3	他们愿意参与您团队的讨论会	0.771		
		TW4	他们会耐心地回复您团队的咨询	0.557		
		TW5	他们愿意给您团队提供所需的知识及相关材料			
	AC		对方项目团队提供的经验和知识，您团队		0.801	0.737
		AC1	能够从中快速识别出有用的知识	0.775		
		AC2	能够有效地理解	0.700		
		AC3	能够将其用于解决实际的项目问题	0.764		
		AC4	能够在此基础上提出更好的解决方案	0.546		

续表

变量维度	变量	题项	题项内容	载荷	KMO	Cronbach's Alpha
项目团队认知能力	AW		在项目进行过程中，您团队		0.696	0.855
		AW1	重视同对方项目团队交流以获取所需的经验和知识	0.823		
		AW2	把对方项目团队提供的经验和知识视为学习资源	0.799		
		AW3	愿意跟对方项目团队讨论碰到的项目问题	0.692		
		AW4	愿意投入精力消化对方项目团队提供的经验和知识	0.702		
		AW5	积极地运用对方项目团队提供的经验和知识	0.769		

注：表5-11的测量题项代号与表5-12后面的探索性因子检验分析与题项调整解释中的题项代号相一致，表5-12中各测量题项的代号（如RD1至RD4）都是经过题项调整后对保留下来的各题项重新赋予的顺序号。

首先，我们对跨项目知识转移的所有测量题项（见表5-11第三列）进行探索性因子分析。因子"业务领域知识跨项目转移"中的题项BKT3"业务解决方案（如借助软件规避业务风险的方法等）"落在"实施技术知识跨项目转移"上，得分为0.593。通过与一位有多年的IT工作从业经验的在职博士生（工作职位是项目经理）交流了解到，IT服务主要是借助IT技术来解决业务问题，因此，很多IT项目经理会将BKT3理解为解决业务问题的技术方案。基于此，我们将BKT3调整为归属于"实施技术知识跨项目转移"的测量题项，同时将其修改为"解决业务问题的技术方案"，以便理解。另外，BKT5"与客户有效沟通的方式和技巧"落到"项目管理知识跨项目转移"因子上，在其上的得分为0.650。仔细分析，BKT5属于项目管理中的沟通管理内容，因而将其调整归属于"项目管理知识跨项目转移"构念。

对于"信息技术知识跨项目转移"，TKT3"项目实施经验"在各个因子上的得分都小于0.4。由于此题项源自对访谈材料的提炼，通过与IT项目经理的交流得知，在IT项目工作中，项目实施经验涉及业务、技术和项目管理等多个方面。也就是说，TKT3可用于测量"业务领域知识跨项目转移""实施技术知识跨项目转移"和"项目管理知识跨项目转移",因而不具有区分效度和聚合效度。因此,我们将 TKT3 删除。对于"项目管理知识跨项目转移",PKT5"项目实施规范"虽然载荷较高,为 0.592,但在"信息技术知识跨项目转移"因子上的得分也不低,为 0.507,大于 0.4。也即 PKT5 不具区分效度,因而将其删除。我们对调整后的跨项目知识转移的测量题项再次进行探索性因子分析,结果如表 5-12 所示,跨项目知识转移各变量的测量题项均具有良好的区分效度和聚合效度。

其次,我们对影响跨项目知识转移的情境变量的所有测量题项(见表 5-11 第三列)进行探索性因子分析。由于控制变量"项目复杂性"也是属于项目情境的一个潜变量,因此,将其与组织文化支持、组织制度支持、任务相似性和资源相依性一起做探索性因子分析。结果显示,组织文化支持、组织制度支持、任务相似性和项目复杂性的测量题项在所在因子的载荷都高于 0.6,而在其他因子上的载荷都小于 0.4,说明这几个变量的测量题项都具有较高的聚合效度和区分效度。但是,资源相依性的测量题项的聚合效度和区分效度并不是很好。资源相依性中的 RD5"您团队与对方项目团队有专人负责团队间交流的相关工作"落到因子"组织制度支持",在其上的载荷为 0.813,通过查阅文献发现,Szulanski(1996)等将"有专人负责跨项目知识转移的相关工作"归为制度因素,并有较高的得分,因此这里将 RD5 调整到"组织制度支持"。还有,RD6 在"资源相依性"及其他因子上的得分都小于 0.4。这可能是由此题项的测量角度与其他题项角度不同而导致的。RD6 的测量题"尽量错开在同一时间使用同一关键资源"是受理论分析结果的启示而设计的,目的是拟测量资源相依的程度,而其他题项都是从所共享资源的要素角度进行设计的。测量角度的不同使得 RD6 与其他题项难以聚合在一起。因此,这里将 RD6 题项删除。对调整后的所有情境因素题项再次进行主成分分析,结果如表 5-12 所示,各个情境因素和控制变量项目复杂性的测量题项在所在因子的载荷都大于 0.5,在其他因子的载荷都小于 0.4,因而均具有良好的区分效度和聚合效度。

最后,以同样的方法,我们对项目团队认知能力的所有测量题项(见表 5-11 第三列)进行探索性因子分析。使用 SPSS 13.0 软件对 34 个样本数据进行处理,得到的 KMO 值为 0.636,累计的公因子解释总方差为 71.397。但是,根据正交旋转法(Varimax)和特征值大于 1 的因素提取方法,得到五个因子。其中，转移能力的第五个测量题项 TC2 "在项目实施过程中，当向对方项目团队提出知识需求时，您团队感觉到对方项目团队能够对所提供的知识进行有效的分类"的载荷只有 0.235，小于 0.4，而在第五个因子上的得分为 0.781，成为第五个因子的唯一测量题项。经分析，我们认为，"转移能力"主要考察的是源项目团队能够在适当的时间以合适的方式提供所需知识的能力，而"对知识进行有效分类的能力"似乎超出这一能力范围。这可能是 TC2 自成一个因子的主要原因。因此，我们将题项 TC2 删除。

随后，我们再对剩余的测量题项重新进行主成分分析。结果发现，吸收能力的第三个题项 AC3 "对方项目团队提供的经验和知识，您团队能够有效地消化和吸收"的载荷仅为 0.233，在其他因子上的得分也都小于 0.4。经分析，AC2 "对方项目团队提供的经验和知识，您团队能够有效地理解"已经包含 AC3 的内容，因而将 AC3 删掉。"转移意愿"和"吸收意愿"各自的测量题项的聚合效度和区分效度都很好。对于调整后的项目团队认知的所有题项进行第三次的主成分分析，结果如表 5-12 所示。转移能力、转移意愿、吸收能力和吸收意愿的所有题项在所属因子上的载荷都大于 0.5，在其他因子上的载荷都小于 0.4（因课题数量多，未在表 5-12 中列出），因而具有良好的区分效度和聚合效度。

表 5-12 汇总了调整后的各个研究变量的测量题项及其因子载荷、KMO 值和 Cronbach's Alpha 值。

另外，我们还对各构念进行信度检验，结果见表 5-12 的最后一列。从表中可以看出，各构念的 Cronbach's Alpha 值在 0.624 到 0.926 之间。根据 Churchill 和 Peter（1984）提出的标准，Cronbach's Alpha 值在 0.6 以上为信度可接受，0.7 以上为信度较高，在 0.8 以上为信度非常好。在本研究中，大多数因子的信度在 0.7 以上，只有"信息技术知识的跨项目转移"的信度低于 0.7，但高于 0.6，因而测量量表的信度都在可接受范围内。

以上的效度和信度检验表明，我们经过多轮测验和调整得到的测量量表具有较高的信度和效度，符合开展大样本调研的要求。至此，我们设计了调查问卷，见附录四，用于进行大规模的调研。

（四）大样本数据收集与预处理

本研究自开始大规模发放问卷，到停止收集数据和开始处理数据共历时 8

个多月。为保证数据质量，我们事先设定适当的样本收集标准，以满足研究有效的需要。本研究对受试样本的选择做了以下几个方面的要求与限定。

（1）由于我们的研究主题是 IT 服务企业内部跨项目知识转移的影响因素问题，因此，问卷填写者所在的工作单位必须是 IT 服务企业。而且，这些企业必须实施过或正在实施多个不同的 IT 服务项目。

（2）问卷填写者必须是部门经理、项目经理或独立负责过 IT 项目的技术工程师。因为我们的研究层次是项目团队，这些人员对项目实施及其中发生的知识转移情况较为熟悉，能够提供关于团队参与跨项目知识转移的整体情况。

（3）问卷填写者必须就两个独立项目而不是一个大项目群下面的两个子项目的实施团队之间的知识转移情况提供数据。而且，这两个项目存在某种程度的关联性，如功能需求的相似、所服务的业务领域的相似等，也即满足我们所谓的"任务相似性"。这一要点在问卷序言中进行重点强调。

（4）问卷填写者提供数据所涉及的进行跨项目知识转移的两个项目的实施时间有交叉，可以都是正在进行的，也可以是已经结束的。这主要是为了满足我们研究并行项目团队间知识转移的需要。

（5）问卷填写者提供数据所涉及的两个项目的实施团队是两个不同的团队，但允许存在共用人员、工具等资源的情况。

（6）问卷填写者必须亲自参与进行跨项目知识转移，或者虽没有亲自参与但熟知两个项目的实施团队之间的知识转移情况，如部门经理。

以上关于样本选择的注意事项通过在问卷序言中重点强调、问卷收集方式选择、问卷发放范围控制、问卷填写邀请信重点强调等途径得到具体落实。

接下来，我们借助免费的问卷星在线问卷调查平台发布问卷。随后，采用多种渠道大规模地收集问卷，主要包括关系人网上调研、借助网络通信工具的在线调研和实地调研。关系人网上调研是通过 E-mail 或其他方式向笔者及导师带领的课题组成员认识的相关人士发送问卷在线链接地址，请他们帮忙填写问卷。借助网络通信工具的在线调研是我们将问卷链接地址发到专门从事 IT 项目工作的 MSN 和 QQ 讨论群，通过交流邀请一些 IT 项目经理和技术工程师帮忙填答问卷。实地调研是与熟悉人士电话联系征得对方同意后，让这些人填写问卷。这些问卷调研渠道的具体内容如下：

（1）关系人网上调研。我们将本课题研究者及导师带领的课题组成员认识的从事 IT 工作的相关人士称为关系人。我们先通过电话或 E-mail 与这些人联系，征得同意后向他们发送问卷填写邀请信，内容包括问卷的调研主题、网上问卷链接地址、问卷填写说明及相关激励。

（2）借助网络通信工具在线调研。为获得更多数据和扩大样本覆盖面，我们还通过网络通信工具发放一部分问卷。我们加入专门从事 IT 项目工作的 MSN 和 QQ 讨论群，通过交流认识到一些 IT 项目经理和技术工程师，然后请他们帮忙填答问卷。此外，我们借助这些网络通信工具群发邮件，将问卷的调研主题、网上链接、填写说明及相关激励等内容表达清楚，期待感兴趣的 IT 从业者帮忙填写问卷。

（3）实地调研。这些问卷填答者主要是中国人民大学商学院和信息学院从事 IT 工作的在职博士生和工程硕士生，他们必须是 IT 项目经理或独立负责过 IT 项目的技术工程师。我们利用这些人来校上课的机会，在向他们说明此次调研目的和内容之后，给他们发放纸质问卷，请求帮忙填写。另外有少数几位从事 IT 工作的朋友，我们利用见面机会采用同样的方法请他们帮忙填答问卷。此外，我们还请这些人帮忙，把问卷发放给他们认识的担任 IT 项目经理或有独立负责过 IT 项目的技术工程师填写。

经统计，通过第一、第二种在线调研渠道得到的问卷有 141 份。根据在线显示的信息，这些问卷由北京、上海、广州、福建等地的 IT 项目经理或技术工程师填写。通过第三种实地调研得到的问卷共有 31 份问卷，经仔细查看，这些问卷基本符合要求，属于有效问卷。这样共收到 172 份问卷。

在正式运行之后，我们先对样本数据进行一定的处理，包括缺失值处理、异常值处理和无偏差评估。

1. 缺失值处理

对于采用网络调研得到的问卷，由于我们在发布问卷之前就已经将在线系统中各个题项设配为必答项，只有填答完每个题项时，才能提交问卷。因此，这部分问卷不存在缺失值。现场填写的问卷偶尔会出现没有填答的问题，但这些问题数量很少，分布也不成规律，可能是疏忽造成的。为充分利用这些问卷，我们根据比较普遍的数据预处理方法，采用其他样本在该变量的整体平均值加以替代。之后，我们将所有样本分为两组，即存在缺失值的样本和不存在缺失值的样本，对它们进行 T 检验。结果是两组样本方差的差异程度的显著性水平为 0.079，大于 0.05 的临界值，接受"两组样本数据的方差相同"的原假设。说明用其他样本在该变量的整体平均值替代缺失值是合理的。

2. 异常值处理

为控制问卷质量，我们对总共收到的 172 个样本数据进行异常值处理。首先，检验和处理以下这两种情况：①有些问卷在连续多个因子所对应的题项的填写答案都一样，说明填写者有不认真填写的可能性，因而将这些问卷剔除。②有些问卷在连续多个因子所对应的题项上都选"4"或"5"（"同意"或"非常同意"），而在接下来其他因子的题项上为另一个极端，都选"1"或"2"（"非常不同意"或"不同意"）。我们认为，这些问卷的填写者也可能是态度不够认真，因而将它们删除。其次，采用 SPSS 软件进行描述性统计，看各变量出现频率的正态分布柱状图。此次结果没有发现存在明显的异常值。经这些工作之后，最后得到的有效问卷共有 137 份。

3. 无偏差评估

由于实地调研得到的问卷只有少数，且这些问卷多数是现场回收，而大部分问卷是通过网络调研得到的，问卷上每个问题都是必答项。因此，计算问卷回收率的意义并不大。但是，网络调研和实地调研得到的样本数据可能存在差异。因此，我们测试网络调研所得问卷与实地调研所得问卷之间的无应答偏差（Non - response bias）。使用 T 检验对在线调研样本数据和实地调研样本数据进行计算和比较，结果发现各研究变量的差异显著性水平（SIG 值）都在 0.05 以上。此外，我们也对项目规模、项目复杂性及项目经验这三个控制变量进行 T 检验，这些变量在实地调研和网络调研这两种情况下也无明显的差异。这说明通过实地调研和网络调研收集得到的样本数据对于本课题的研究并无偏差影响。

4. 共同方法偏差检验

与第三章的定量实证检验一样，本课题采用程序控制和统计控制（周浩，龙立荣，2004）两种方法控制大样本数据的共同方法偏差。在程序控制上，本研究对测量环境、题项语境、题项本身都做了相关的努力。我们采用在线调研和现场调研这两种不同渠道，问卷填写者来自北京、上海、广州、福建等不同地点。我们通过对多位 IT 项目经理的多轮问卷预测试，听取他们的意见，调整了测量题项顺序，使问卷填写起来更有逻辑性，并采用正向提问题，尽量避免穿插反向提问题。此外，我们进行了测量题项的字面效度、内容效度等检验，并听取受试者的意见，对测量题项的语句表达进行了几轮修改，力求简洁、精练，详细过程见本章前面章节的量表开发过程。这些努力都有助于克服或减少共同方法偏差。

在统计控制上，本课题采用常用的 Harman 单因素检验方法（Podsakoff, Organ, 1986；周浩，龙立荣, 2004）。我们把业务项目知识跨项目转移、信息技术知识跨项目转移、项目管理知识跨项目转移、组织文化支持、组织制度支持、任务相似性、资源相依性、转移能力、转移意愿、吸收能力和吸收意愿的所有测量题项放在一起，做单因素分析。结果发现，各测量题项的载荷都很低且均不显著，而且 KMO 值小于 Kaiser（1974）所提供的最小参考值 0.5。这说明单因子分析不可行，不能用于进一步的实证检验，"单一因素解释所有的变异量"的假设不成立。而当取消公因子个数为 1 的设定、让所有测量题项自由地分配到多个因子上时，结果是：因子的信度（Cronbach's Alpha 都大于 0.6，详见表 5-14）和效度（详见表 5-15）都明显变好。本研究中单因子分析和多因子分析的结果对比说明，本研究样本数据中存在的共同方法偏差是可接受的。

第三节 数据处理与模型检验

本节借助统计分析工具对大样本数据进行处理和分析。首先，采用 SPSS 软件来对大样本数据进行描述性统计和分析；其次，选择偏最小二乘回归（Partial Least-Squares Regression, PLS）方法，采用 PLS-Graph 软件，对大样本数据进行处理；最后，对通过软件处理得到的结果进行分析和讨论。

一、样本描述性统计

本研究收集得到的有效样本的描述性统计结果如表 5-13 所示。从中可知，男性所占比例大于 2/3，女性所占比例小于 1/3，即男性为女性的两倍多。这反映了在 IT 行业的偏信息技术类工作中，大部分从业者是男性。

由于我们的调研对象为 IT 服务企业的项目部门经理、IT 项目经理和独立负责过 IT 项目实施的技术骨干，这些都是 IT 服务企业的业务骨干和技术骨干。从表 5-13 中可以看出，30 岁以下的业务骨干或技术骨干占到 48.2%，31~40 岁的占到 47.4%，这两个年龄段的人员共占到 95.6%。业务骨干或技术骨干在 41~50 岁这一年龄段的只占到 4.4%，在 51 岁以上年龄段的为 0%。这些说明在 IT 服务企业，企业的业务骨干和技术骨干比较年轻。这可能与 IT 工作性质有关。IT 工作属于知识密集型工作，工作压力较大，比较适合年轻人。同时也说明，年轻的项目业务骨干和技术骨干是 IT 服务企业发展的重要力量。

从专业背景看，在 IT 服务企业的部门经理、项目经理和技术工程师中，接近 80% 的专业背景是与 IT 相关的专业，如计算机、管理信息系统等专业。大概 17% 的专业背景是与管理相关的专业，如技术经济及管理、项目管理等专业。由此可知，IT 服务企业的员工多是技术出身。

从学历看，所占比例最高的是本科学历，占到 52.5%；其次是硕士研究生，占到了 38.0%，大专和博士研究生的比例都很少，这两者总和只占到 9.5%。这说明，IT 服务行业的业务骨干和技术骨干的学历程度总体上是比较高的。一个重要原因是，IT 服务行业是知识密集型行业，项目实施所涉及的业务领域知识和信息技术知识更新速度快，这要求 IT 工作者需要具备较强的专业基础和学习能力。另外，博士研究生的比例只有 2.2%。一个可能的原因是，博士研究生一般具有很强的专业基础和学习能力，但欠缺实践经验和业务能力，难以满足 IT 项目实践对专业知识和实践经验双重能力的要求。因此，IT 服务企业的业务骨干和技术骨干多为本科生和硕士研究生。

依从事 IT 工作的年限看，人数所占比例从最多到最少的时间段依次为 6~10 年、3~5 年、11~15 年、3 年以内和 15 年以上，比例分别为 30.7%、26.3%、20.4%、17.5% 和 5.1%。前四个时间段的人数比例接近成等差数列，最后一个时间的人数比例较小，与其他时间段的比例相差较多。这些数据说明，IT 服务企业的项目部门经理、项目经理和独立负责实施过项目的技术工程师大多数具有比较长时间的 IT 项目工作经历，为 3~15 年不等，因而具有较为丰富的项目实施经验，能够对不同项目的实施团队间知识转移的整体情况有较好的把握。因此，我们认为他们所提供的数据能适当地反映 IT 服务工作中跨项目知识转移的实际情况。

从项目持续时间看，在一年以上的 IT 项目最多，占到 43.8%，其次是 6~12 个月的 IT 项目，占到 33.6%，再次是 3~6 个月的 IT 项目，占到

21.2%，3个月内就结项的IT项目很少，仅占1.4%。这些数据说明多数的IT项目实施时间较长。这与IT项目合同金额的分布情况相对应。也就是说，IT项目越大，实施时间越长。

从项目合同金额看，在51万~100万元和101万~500万元的IT项目分别占到了25.6%和29.2%，二者总和超过一半。接下来是501万~1000万元和1000万元以上的IT项目，各占17.5%，共为35%。50万元以下的IT项目仅为10.2%。可以看出，一个独立的IT项目一般是比较大的项目。

此外，从项目类型看，调研样本涉及的IT项目有ERP项目、产品（中间件）研发项目、手机软件开发项目、互联网服务项目、金融行业应用软件项目、办公自动化项目、供应链管理项目、客户关系管理项目、商务智能项目、电子政务项目等多种类型。

表5-13 描述性统计特征

分类		样本数	百分比（%）	分类		样本数	百分比（%）
性别	男	97	70.8	工作年限	3年以内	24	17.5
	女	40	29.2		3~5年	36	26.3
年龄	30岁及以下	66	48.2		6~10年	42	30.7
	31~40岁	65	47.4		11~15年	28	20.4
	41~50岁	6	4.4		15年以上	7	5.1
	51岁以上	0	0	项目持续时间	3个月内	2	1.4
专业	IT相关专业	107	78.1		3~6个月	29	21.2
	管理相关专业	23	16.8		6~12个月	46	33.6
	其他	7	5.1		一年以上	60	43.8
学历	大专	10	7.3	项目合同金额	50万元以下	14	10.2
	本科	72	52.5		51万元~100万元	35	25.6
	硕士研究生	52	38.0		101万元~500万元	40	29.2
	博士研究生	3	2.2		501万元~1000万元	24	17.5
	其他	0	0		1000万元以上	24	17.5

二、测量模型检验

1. 信度检验

信度检验是基于样本数据，考察各因子题项的内部一致性。一般情况下，研究者采用克隆巴赫系数（Cronbach's Alpha）和组合信度（Composite Reliability, CR）进行信度检验。Cronbach's Alpha 系数是目前社会科学领域使用最多的信度检验方法。根据 Churchill 和 Peter（1984）提出的标准，Cronbach's Alpha 值在 0.6 以上表示信度可接受，0.7 以上表示信度较高，在 0.8 以上表示信度非常好。业务领域知识跨项目转移、信息技术知识跨项目转移、项目管理知识跨项目转移、组织文化支持、组织制度支持、任务相似性、资源相依性、转移能力、转移意愿、吸收能力、吸收意愿和项目复杂性的信度如表5-14的第二列所示❶，都在 0.6 以上，属于可接受范围。

组合信度是一组观测变量能够稳定地测量某个潜变量的程度（Bagozzi, Yi, 1988）。由于社会科学领域的因子载荷一般都不会太高，因此，Bagozzi 和 Yi（1988）建议组合信度达到 0.6 即可。Raine-Eudy（2000）指出，当组合信度达到 0.5 时，测量工具基本上可以稳定地反映潜在构念。在本研究中，各构念的组合信度如表 5-14 的第三列所示，都在 0.7 以上，都大于 0.6 的标准。

表5-14 测量题项信度

构　念	Cronbach's Alpha	Composite Reliability	题项数量
业务领域知识跨项目转移	0.737	0.855	3
信息技术知识跨项目转移	0.697	0.832	3
项目管理知识跨项目转移	0.615	0.808	5
文化支持	0.849	0.894	5
制度支持	0.769	0.850	5
任务相似性	0.706	0.822	4
资源相依性	0.758	0.848	4
转移能力	0.783	0.862	4
转移意愿	0.730	0.822	5
吸收能力	0.622	0.850	4
吸收意愿	0.651	0.792	5
项目复杂性	0.635	0.821	4

---

❶ 控制变量项目规模和项目经验都只有一个测量项，且是客观的定量测量题项而非主观的定性测量题项，因而不能进行信度检验。

Cronbach's Alpha 系数和组合信度的结果都表明，本研究用于大规模收集数据的测量工具具有较高的信度水平。

2. 效度检验

在大样本数据分析中，常用内容效度（Content Validity）和结构效度（Construct Validity）对测量工具进行效度检验。内容效度用于检验测量题项的代表性，即所使用的题项是否反映了对应概念的基本内容，也即从构念到测量题项的推演是否符合逻辑。结构效度由聚合效度（Convergent Validity）和区分效度（Discrimination Validity）组成。聚合效度是指"不同的观察变量是否可用来测量同一潜变量"，而区分效度是指"不同的潜变量是否存在显著差异"（陈晓萍，等，2008）。在前面章节中已详细论述，本书模型中各构念的测量题项均源于已有文献和实地调研资料，并且通过了研究领域专家的多轮审查，因而其内容效度能够得到有效的保证。因此，这里主要检验各题项的聚合效度和区分效度。

聚合效度通常采用因子载荷和平均方差撮取量（AVE，Average Variance Extracted）进行考察。首先是因子载荷检验。当因子载荷大于0.71，因子可以解释测量题项（也即观察变量）50%的变异量，此时构念效度达到优秀状态；当因子载荷大于0.63，因子可以解释测量题项40%的变异量，此时构念效度非常好；当因子载荷大于0.55，因子可以解释测量题项30%的变异量，此时构念效度良好（Tabachnick，Fidell，2007）。限于构念本质特征、测量工具本质特性、测量误差影响等，社会科学领域的测量量表的因子载荷一般都不会太高。因此，有专家建议采用Tabachnick和Fidell（2007）的标准，提出当因子载荷大于0.55即可（邱皓政，林碧芳，2009）。

在本研究中，我们通过因子载荷和AVE值判断所有测量题项的聚合效度，结果如表5-15所示。首先是因子载荷。从表中可看出，所有测量题项的因子载荷最少为0.589，最多为0.878，符合"因子载荷大于0.55"的标准，说明各构念测量题项的聚合效度良好。其次是AVE值。AVE实际上是因子载荷的平方，反映一个构念能被一组测量题项有效估计的效度（Fornell，Larker，1981）。而当因子载荷大于0.55即符合要求，此时构念效度良好（Tabachnick，Fidell，2007；邱皓政，林碧芳，2009）。据此推知，当AVE大于0.303（为0.55的平方）时，表示构念的测量题项的聚合效度良好。本研究中所有构念的 AVE 值都大于或等于 0.434，这说明各构念的测量题项的聚合效度是良好水平。总之，因子载荷和 AVE 值都显示，本研究中各构念测量题项的聚合效度都处于良好状态。

表 5-15 测量题项的聚合效度：因子载荷及 AVE

构　念	测量题项	因子载荷	AVE	AVE 平方根
业务领域知识跨项目转移（BKT）	BKT1	0.788	0.663	0.814
	BKT2	0.878		
	BKT3	0.773		
信息技术知识跨项目转移（TKT）	TKT1	0.835	0.711	0.843
	TKT2	0.818		
	TKT3	0.711		
项目管理知识跨项目转移（PKT）	PKT1	0.642	0.458	0.677
	PKT2	0.673		
	PKT3	0.757		
	PKT4	0.712		
	PKT5	0.589		
组织文化支持（CS）	CS1	0.808	0.629	0.793
	CS2	0.865		
	CS3	0.798		
	CS4	0.708		
	CS5	0.779		
组织制度支持（IS）	IS1	0.761	0.531	0.729
	IS2	0.723		
	IS3	0.682		
	IS4	0.771		
	IS5	0.704		
任务相似性（TS）	TS1	0.631	0.537	0.733
	TS2	0.754		
	TS3	0.822		
	TS4	0.712		
资源相依性（RD）	RD1	0.790	0.584	0.764
	RD2	0.836		
	RD3	0.757		
	RD4	0.662		

续表

构　念	测量题项	因子载荷	AVE	AVE 平方根
转移能力（TC）	TC1	0.832	0.611	0.782
	TC2	0.786		
	TC3	0.763		
	TC4	0.742		
转移意愿（TW）	TW1	0.748	0.481	0.694
	TW2	0.724		
	TW3	0.679		
	TW4	0.679		
	TW5	0.633		
吸收能力（AC）	AC1	0.726	0.588	0.767
	AC2	0.692		
	AC3	0.854		
	AC4	0.786		
吸收意愿（AW）	AW1	0.657	0.434	0.659
	AW2	0.751		
	AW3	0.593		
	AW4	0.680		
	AW5	0.599		
项目复杂性（PC）	PC1	0.649	0.535	0.731
	PC2	0.749		
	PC3	0.776		
	PC4	0.746		

某个因子是否具有区分效度，常通过比较该因子的 AVE 值平方根和该因子与其他因子间相关系数的大小关系来判断。当前者大于后者时，说明该因子与其他因子之间具有良好的区分效度。我们利用大样本数据分析得到的因子间相关系数和计算得到的 AVE 值平方根如表 5-16 所示，各因子的 AVE 平方根均明显大于该因子与其他因子的相关系数。这说明本研究各构念之间具有良好的区分效度。

表 5-16 测量题项的区分效度：AVE 平方根及构念间相关系数

测试题项	BKT	TKT	PKT	CS	IS	TS	RD	TC	TW	AC	AW	PC
BKT	**0.814**											
TKT	0.275	**0.843**										
PKT	0.458	0.482	**0.677**									
CS	0.390	0.458	0.478	**0.793**								
IS	0.185	0.068	0.104	0.196	**0.729**							
TS	0.204	0.284	0.351	0.106	0.021	**0.733**						
RD	0.404	0.295	0.314	0.298	0.017	0.175	**0.764**					
TC	0.124	0.295	0.230	0.100	0.149	0.017	0.122	**0.782**				
TW	0.413	0.508	0.414	0.333	0.028	0.394	0.212	0.209	**0.694**			
AC	0.258	0.331	0.477	0.351	0.009	0.171	0.255	0.285	0.417	**0.767**		
AW	0.344	0.564	0.611	0.411	0.045	0.264	0.341	0.270	0.567	0.533	**0.659**	
PC	0.131	0.044	0.120	0.014	0.055	0.067	0.146	0.172	0.195	0.048	0.098	**0.731**

注：对角线上的数值为 AVE 平方根，对应于表 6-10 的最后一列。

3. 二阶因子结构模型检验

使用 PLS-Graph 软件分别对三个二阶因子结构模型进行分析和检验，结果如图 5-2、图 5-3 和图 5-4 所示。首先是因变量跨项目知识转移的二阶因子结构模型，分析结果如图 5-2 所示。一阶因子业务领域知识跨项目转移、实施技术知识跨项目转移和项目管理知识跨项目转移对二阶因子跨项目知识转移的权重分别为 0.412、0.380 和 0.480，都大于高于临界值 0.3（Chin，1998），且显著性水平都非常高（$p<0.001$）。这些表明，跨项目知识转移的二阶因子测量模型具有合理的结构效度。而且，业务领域知识跨项目转移、实施技术知识跨项目转移和项目管理知识跨项目转移对跨项目知识转移的权重都相近，这说明业务领域知识、实施技术知识和项目管理知识都是 IT 服务企业跨项目转移的重要内容，缺一不可。

其次是知识源项目团队认知能力的二阶因子结构模型，分析结果如图 5-3 所示。一阶因子转移能力和转移意愿对二阶因子源项目团队认知能力的权重分别为 0.658 和 0.623，都大于临界值 0.3（Chin，1998），且显著性水平都非常高（$p<0.001$）。这些表明，源项目团队认知能力的二阶因子测量模型具有合理的结构效度。而且，转移能力和转移意愿对源项目团队认知能力的权重都相近，且都较高，这说明转移能力和转移意愿都是 IT 服务企业跨项目知识转移中源项目团队认知能力的重要构成要素。

第五章 IT服务企业跨项目知识转移影响因素的内在作用机理研究

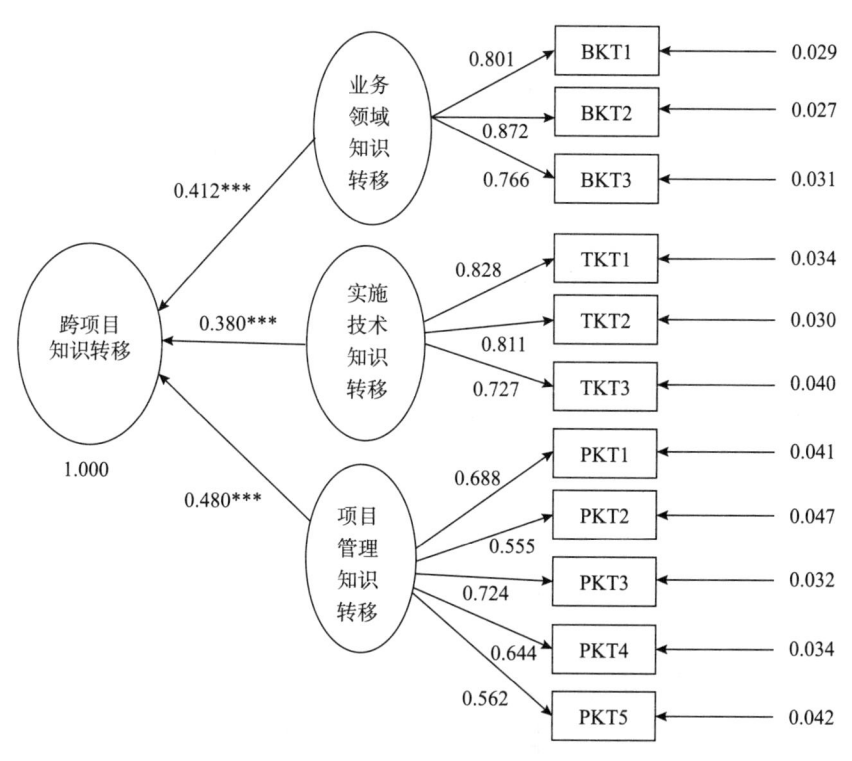

图 5-2 跨项目知识转移的二阶因子分析路径

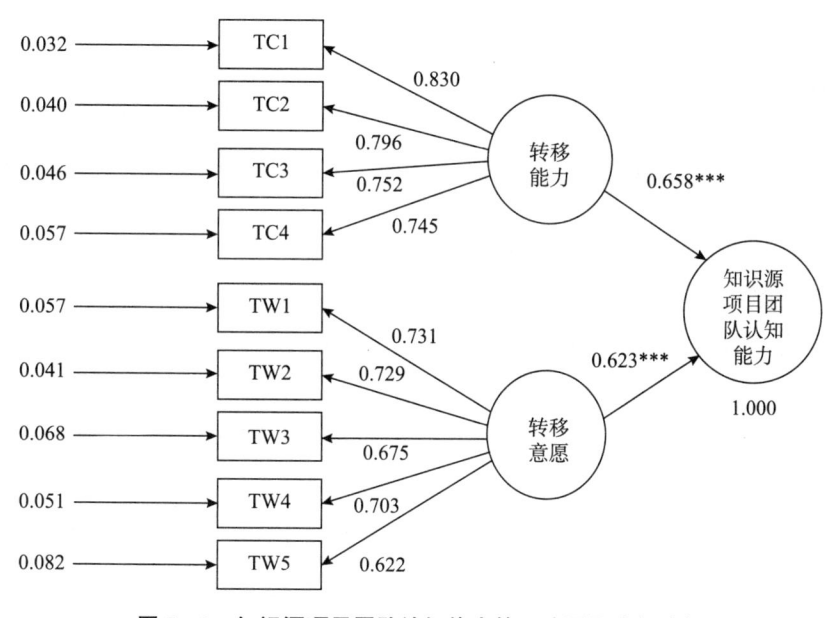

图 5-3 知识源项目团队认知能力的二阶因子分析路径

· 199 ·

最后，是接受方项目团队认知能力的二阶因子结构模型，分析结果如图 5-4 所示。一阶因子吸收能力和吸收意愿对二阶因子接受方项目团队认知能力的权重分别为 0.529 和 0.601，都大于临界值 0.3（Chin，1998），且显著性水平都非常高（$p<0.001$）。这些表明，接受方项目团队认知能力的二阶因子测量模型具有合理的结构效度。而且，吸收能力和吸收意愿对接受方项目团队认知能力的权重都相近，且都较高，这说明吸收能力和吸收意愿都是 IT 服务企业跨项目知识转移中接受方项目团队认知能力的重要构成要素。

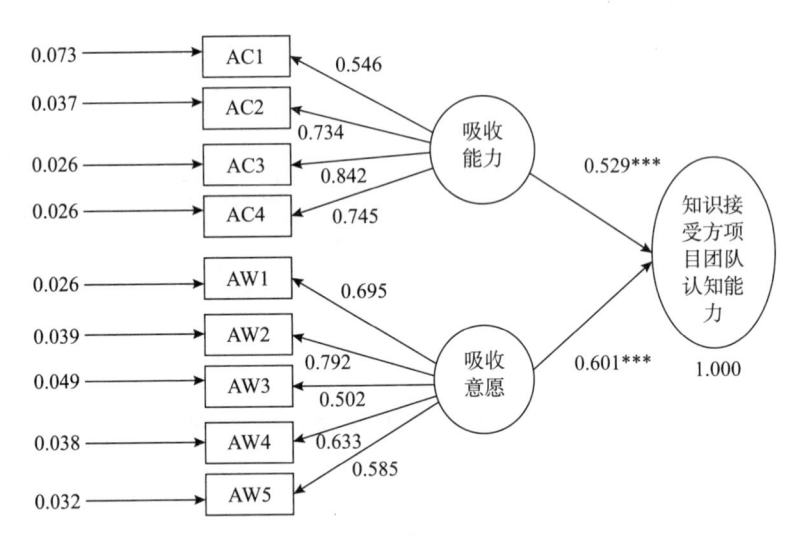

图 5-4 知识接受方项目团队认知能力的二阶因子分析路径

三、结构模型检验

这里采用 PLS 方法进行结构模型检验。PLS 是一种新型的多元统计分析方法，由伍德（S. Wold）和阿巴诺（C. Albano）等人于 1983 年首次提出。与最小二乘法（Ordinary Least Squares，OLS）等普通的多元回归方法相比，PLS 具有以下三个特点（王惠文，1999）。

（1）PLS 是一种多个因变量对多个自变量的回归建模方法，能够得到比对逐个因变量做多元回归更有效和更可靠的分析结论。

（2）PLS 可以较好地解决以往普通多元回归方法无法解决的问题。比如，PLS 可以较好地解决自变量间可能存在的多重共线性问题，但这一问题在普通多元回归方法应用中是一大限制；PLS 对样本数据的正态分布要求不高，但

LISREL 假设各观测变量独立，而且服从多元正态分布；PLS 对样本数量要求较低，甚至当样本数量小于变量个数时，这种方法仍然能够较好地进行数据信息的分解和筛选，提取对因变量解释性最强的综合变量，克服样本中无用信息的干扰，因而能够获得较为可靠的建模结果。

（3）PLS 可以实现多种数据分析方法的综合应用。PLS 集多元线性回归分析、典型相关分析和主成分分析的基本功能为一体，将建模预测类型的数据分析方法（以回归分析和判别分析为代表）和非建模预测类型的认识性数据分析方法（以主成分分析、聚类分析和相关分析为代表）有机地结合起来。❶ 因此，PLS 既能够使变量间的关系和结构显得更为直观和清晰，同时又可以对这些变量间的关系和结构给予更详细深入的实际解释，使内容分析更加丰富。

本书的研究变量较多，包括组织文化支持、组织制度支持、任务相似性和资源相依性、源项目团队认知、接受方项目团队认知和跨项目知识转移。这使得变量间的关系路径较多，研究模型较为复杂。正因为如此，变量间还可能会存在较强的相关性。还有，由于 IT 项目经理一般都较忙，寻找这些人作为受试者填写调查问卷存在较大的困难，因此我们只收集了 137 份有效问卷。也就是说，相对于研究变量数，测量题项总数也多，但本研究的样本量偏少，难以达到 LISREL 的"样本量至少为观测变量总数的 5 倍"这一基本要求（刘军，2008）。所以，我们无法使用 LISREL 方法进行数据处理，因而考虑采用 PLS 这一统计方法。

在本研究中，具有最多路径指向的潜变量是跨项目知识转移，共有 12 条路径指向这一变量。根据 Chin（1995）提出的使用 PLS 方法"所需要的样本量至少为研究模型中具有最多路径指向的潜变量的路径数的十倍"的标准，本研究所需的样本数至少为 120 份。而我们收集了 137 份有效的问卷，大于 120 份的理论要求，因而符合 PLS 方法的最低样本量要求。所以，本研究适合采用 PLS 方法进行数据处理与结果分析。

结构模型检验主要是对模型的路径系数和 R^2 值进行评估。路径系数显示

---

❶ 建模预测类型的数据分析方法的特点是，"在变量集合中有自变量和因变量之分，常常希望通过数据分析，找到因变量与自变量之间的函数关系，建立模型，用于预测。"非建模预测类型的认识性数据分析方法的主要特征是，"在原始数据中没有自变量和因变量之分，而是通过数据分析，可以简化数据结构，观察变量间的相关性或样本点的相似性"（王惠文，1999）。

自变量与因变量之间的关系强度，R^2 值则测量模型对因变量的解释能力。对于路径系数显著性的检测，我们使用 PLS – Graph 软件中的 Bootstrap 方法实现。针对本书的研究模型，PLS 检验结果如图 5 – 5 所示。

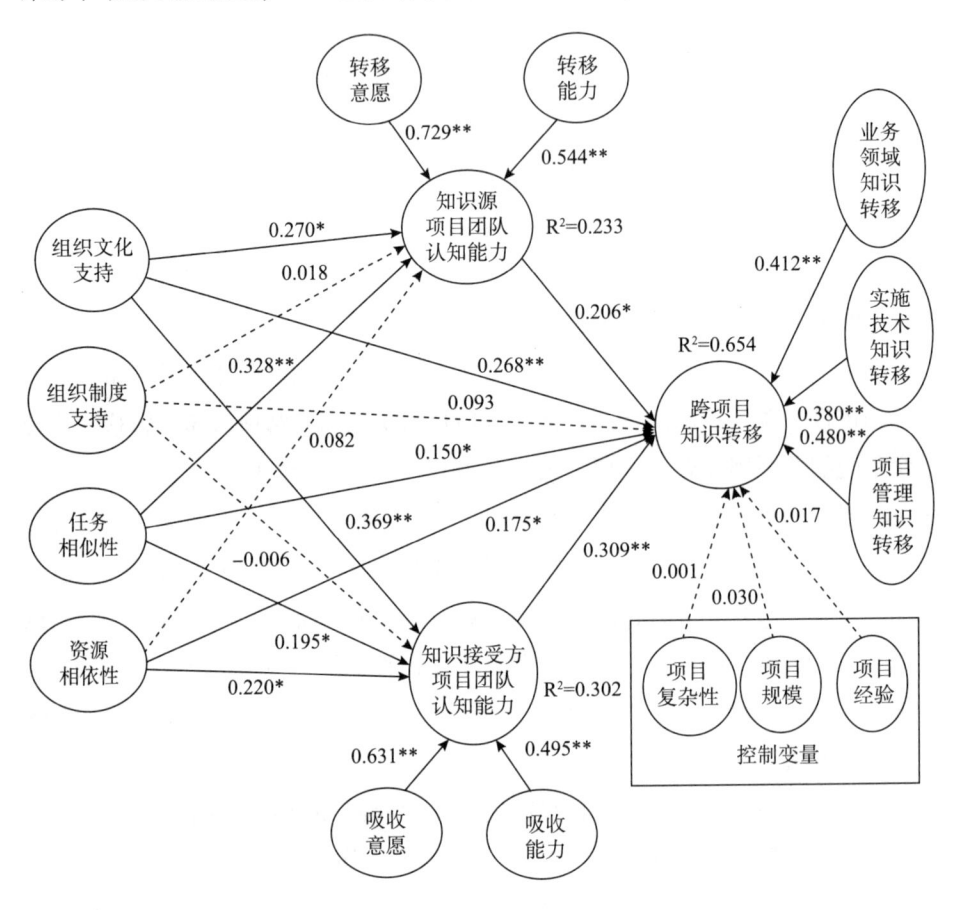

图 5 – 5　PLS 检验结果_全模型

注：$*p<0.10$，$**p<0.05$，$***p<0.01$（Two – tailed）；实线表示路径系数显著，虚线表示路径系数不显著。

图 5 – 5 中，在主体因素方面，知识源项目团队认知能力和知识接受方项目团队认知能力到跨项目知识转移的路径系数分别为 0.206 和 0.309，分别在 0.1 和 0.05 水平上显著。由此可知，跨项目知识转移与知识源项目团队认知能力和知识接受方项目团队认知能力显著正相关。因此，假设 H1 和 H2 成立。在组织情境方面，组织文化支持对跨项目知识转移（路径系数为 0.268，$p<$

0.05)、知识源项目团队认知能力（路径系数为 0.270，$p<0.1$）和知识接受方项目团队认知能力（路径系数为 0.369，$p<0.05$）都具有正向的影响关系。所以，本书提出的理论假设 H3a、H3b 和 H3c 均得到实证数据的支持。从中可以看出，组织文化支持既会直接影响跨项目知识转移，也会同时受到知识源项目团队认知能力和知识接受方项目团队认知能力的部分中介。也就是说，组织文化支持影响跨项目知识转移的总效应包括直接效应（0.268）和间接效应（$0.270 \times 0.206 + 0.369 \times 0.309 = 0.170$）。组织制度支持对跨项目知识转移（路径系数为 0.093）、知识源项目团队认知能力（路径系数为 0.018）和知识接受方项目团队认知能力（路径系数为 -0.006）都并无显著的影响作用。因此，本书提出的 H4a、H4b 和 H4c 均不成立。

在项目情境方面，任务相似性对跨项目知识转移（路径系数为 0.150，$p<0.1$）、知识源项目团队认知能力（路径系数为 0.328，$p<0.05$）和接受方项目团队认知能力（路径系数为 0.195，$p<0.1$）都具有显著的正相关关系。也就是说，理论假设 H5a、H5b 和 H5c 均成立。资源相依性对跨项目知识转移（路径系数为 0.175，$p<0.1$）和知识接受方项目团队认知能力（路径系数为 0.220，$p<0.1$）都有显著的正向影响关系，但对知识源项目团队认知能力（路径系数为 0.082）的影响关系并不显著。因此，理论假设 H6a 和 H6c 成立，而 H6b 不成立。可以看出，任务相似性对跨项目知识转移的影响关系会同时受到知识源项目团队认知能力和知识接受方项目团队认知能力的部分中介，其总效应包括直接效应（0.150）和间接效应（$0.328 \times 0.206 + 0.195 \times 0.309 = 0.128$）。同样地，资源相依性对跨项目知识转移的影响关系会受到接受方项目团队认知能力的部分中介，其总效应包括直接效应（0.175）和间接效应（$0.220 \times 0.309 = 0.068$）。

为了更好地理解转移情境通过影响项目团队认知进而影响跨项目知识转移的机制，我们尝试做了一个比较模型，如图 5-6 所示。在比较模型中，我们未考虑组织文化支持、组织制度支持、任务相似性和资源相依性对跨项目知识转移的直接影响作用，而是只考虑这些转移情境借助知识源项目团队认知能力和接受方项目团队认知能力对跨项目知识转移产生的间接影响作用。结果显示，组织文化支持和任务相似性对跨项目知识转移的影响作用仍然同时受到知识源项目团队认知能力和知识接受方项目团队认知能力的中介，资源相依性对跨项目知识转移的影响作用也一样受到知识接受方项目团队认知能力的中介，而组织制度支持还是没有对知识源项目团队认知能力和知识接受方项目团队认知能力产生影响作用。

不同的是，与图5-5的全模型相比，图5-6中的知识源项目团队认知能力和知识接受方项目团队认知能力对跨项目知识转移的正向影响作用明显变大，显著性水平也明显提高。这说明，知识源项目团队认知能力和知识接受方项目团队认知能力在跨项目知识转移中扮演着非常重要的角色。它们不仅对跨项目知识转移具有显著的影响效应，还会部分中介组织文化支持、任务相似性和资源相依性对跨项目知识转移的影响关系。这凸显了项目团队认知能力在有效的跨项目知识转移中的重要性，验证了社会认知理论强调主体认知能力重要性的观点——主体认知能力不仅会直接影响行为，还会中介环境对行为的影响关系。

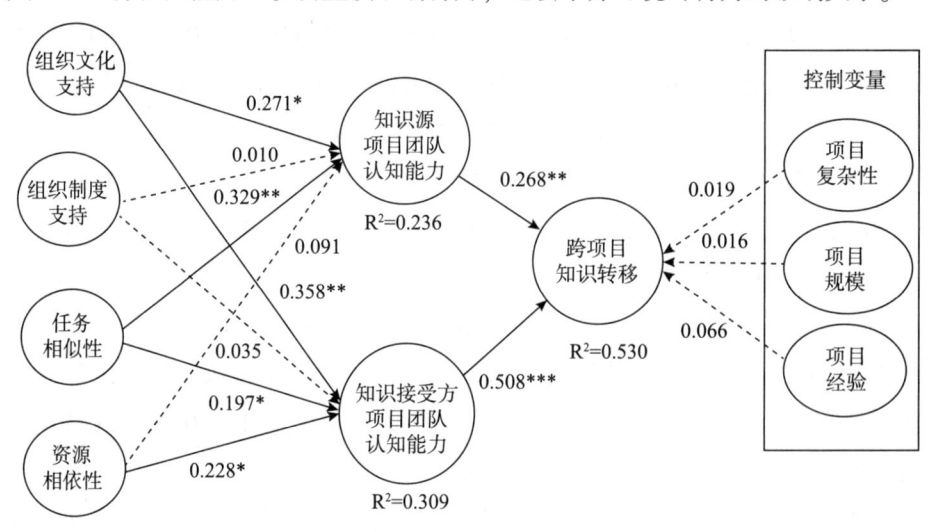

图 5-6　PLS 检验结果_比较模型 1

注：* $p<0.10$，** $p<0.05$，*** $p<0.01$（two-tailed）；实线表示路径系数显著，虚线表示路径系数不显著。

为了进一步解答组织制度支持是否真的不会对 IT 服务企业内部跨项目知识转移活动产生影响作用的问题，我们尝试引入两个新的二阶变量，包括组织情境和项目情境，将组织文化和组织制度支持视为组织情境的一阶变量，将任务相似性和资源相依性视为项目情境的一阶变量，验证情境因素、项目团队认知和跨项目知识转移三者之间的内在关系。结果如图5-7所示。可以看出，与组织文化支持对组织情境的路径关系一样,组织制度支持到组织情境的路径关系非常显著,但路径系数仅为前者的 1/3 左右。这说明,在 IT 服务企业跨项目知识转移活动中,组织制度支持其实是一个非常重要的因素,但目前所发挥的作用却相对有限。

此外,我们还观察了任务相似性和资源相依性到项目情境的路径系数及它们的显著性水平,可看出两个路径系数相近,也都非常显著。这说明任务相似性和资源相依性都是非常重要的项目情境,都会影响 IT 服务企业内部的跨项目知识转移活动。这一结论跟对图 5-5 和图 5-6 分析得到的结论相一致。还有,通过观察组织情境和项目情境这两个二阶变量与知识源项目团队认知能力、知识接受方项目团队认知能力和跨项目知识转移之间的关系及显著性水平发现,组织情境和项目情境都对跨项目知识转移既有直接影响效应,也有间接影响效应。在组织情境和项目情境对跨项目知识转移的间接影响路径中,知识源项目团队认知能力和知识接受方项目团队认知能力都发挥着非常重要的部分中介作用。这一结论鲜明地验证了社会认知理论的基本理论观点,即环境会直接影响行为,同时还会通过影响主体认知能力而间接影响行为。

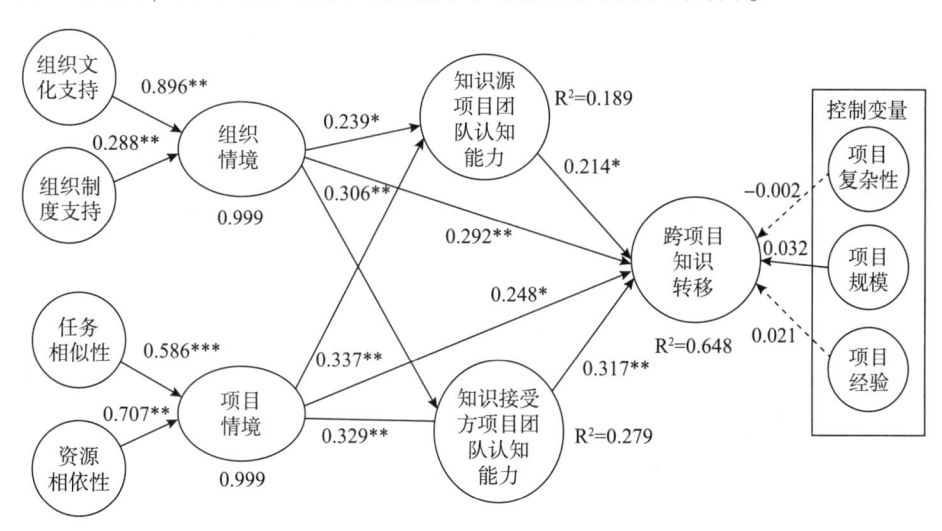

图 5-7 PLS 分析结果_比较模型 2

注: $*p<0.10$, $**p<0.05$, $***p<0.01$ (two-tailed);实线表示路径系数显著,虚线表示路径系数不显著。

还有,从图 5-5 可看到,整个模型(包括知识源项目团队认知能力、吸收意愿、组织文化支持、组织制度支持、任务相似性和资源相依性）共解释了跨项目知识转移约65%（$R^2=0.654$）的变异量，组织文化支持、组织制度支持、任务相似性和资源相依性共解释了知识源项目团队认知能力约23%（$R^2=0.233$）的变异量，以及解释了知识接受方项目团队认知能力约30%（$R^2=0.302$）的变异量。这说明，本研究选择的情境因素和主体因素是影响IT服务企业跨项目知识转移的重要因素。

此外，本研究中包含了三个控制变量，即项目规模、项目复杂性和项目经验。从图5-5到图5-7，这三个控制变量到跨项目知识转移的路径系数均不显著。

表5-17依据图5-5汇总了所有的假设检验结果。可看出本研究共有10个路径系数是显著的，其中有7个超过专家Chin（1998）建议的最小经验值0.2，因此，模型的拟合度是良好的。此外，表5-17还列出了各研究变量对跨项目知识转移的直接影响效应、间接影响效应以及总效应，足以看出这些变量对跨项目知识转移的影响作用大小及影响路径。

表5-17 假设检验结果

√[a]		假设	标准化路径系数（直接影响效应）	间接影响效应	总效应[b]
√	H1	知识源项目团队认知能力→跨项目知识转移	0.206*		0.206
√	H2	知识接受方项目团队认知能力→跨项目知识转移	0.309**		0.309
√	H3a	组织文化支持→跨项目知识转移	0.268**	0.170	0.438
√	H3b	组织文化支持→知识源项目团队认知能力	0.270*		
√	H3c	组织文化支持→知识接受方项目团队认知能力	0.369**		
	H4a	组织制度支持→跨项目知识转移	0.093		0.093
	H4b	组织制度支持→知识源项目团队认知能力	0.018		
	H4c	组织制度支持→知识接受方项目团队认知能力	-0.006		
√	H5a	任务相似性→跨项目知识转移	0.150*	0.128	0.278
√	H5b	任务相似性→知识源项目团队认知能力	0328**		
√	H5c	任务相似性→知识接受方项目团队认知能力	0.195		
√	H6a	资源相依性→跨项目知识转移	0.175*	0.068	0.243
	H6b	资源相依性→知识源项目团队认知能力	0.082		
√	H6c	资源相依性→知识接受方项目团队认知能力	0.220*		
		项目复杂性→跨项目知识转移	0.001		0.001
		项目规模→跨项目知识转移	0.030		0.030
		项目经验→跨项目知识转移	0.017		0.017

注：$*p<0.10$，$**p<0.05$，$***p<0.01$（two-tailed）；"√"表示假设得到支持；总效应=直接影响效应+间接影响效应。比如，组织文化支持对跨项目知识转移的总效应（0.438）等于它的直接影响效应（0.268）与间接影响效应（0.170）之和。所以，组织文化支持增加一个标准差，会使跨项目知识转移增加0.438个标准差。

第四节 实证结果分析

下面对上述假设检验结果进行详细的分析。

一、项目团队因素

由前面的假设检验结果知，知识源项目团队认知能力和知识接受方项目团队认知能力不仅与跨项目知识转移显著正相关（H1，H2），还会部分中介组织文化支持和任务相似性对跨项目知识转移的影响关系，知识接受方项目团队认知能力还会部分中介资源相依性对跨项目知识转移的影响作用。这些结论说明在IT服务企业内部，知识源项目团队认知能力和知识接受方项目团队认知能力在有效的跨项目知识转移活动中发挥着非常重要的作用。因此，采取相应的管理策略来激发知识源项目团队和知识接受方项目团队的转移知识和吸收知识的意愿，以及增强这两个团队的转移知识和吸收知识的能力，都将对跨项目知识转移有明显的促进作用。这些结论与社会认知理论强调主体认知重要性的理论观点相一致。

二、组织情境

（一）组织文化支持

组织文化支持对跨项目知识转移（H3a）、知识源项目团队认知能力（H3b）和知识接受方项目团队认知能力（H3c）都具有显著的正向影响关系。这些结论与已有研究中强调组织文化对于跨项目知识转移的重要性的观点相吻合。比如，Fitzek（1999）通过分析得到，组织文化是一个重要的组织因素，它不仅为跨项目知识转移提供了"软平台"，更为重要的是对转移主体产生的影响作用，如有助于激发跨项目学习的意愿和兴趣，提升知识创新能力等。Fitzek由此总结得出，跨项目知识转移的有效进行需要组织营造持续学习与能力提升、强调沟通、协调与合作的文化氛围，并认为这是组织开展跨项目知识转移的几大核心原则之一。Disterer（2002）也强调，成功的跨项目知识转移需要在 IT 企业内部营造鼓励跨项目学习的、提倡探索和容忍试错的、和谐开放的组织文化。也就是说，本书的研究结论证实了已有文献关于组织文化与跨项目知识转移之间关系的理论分析观点。

而且，与组织制度支持、任务相似性、资源相依性等其他情境因素相比，组织文化支持对跨项目知识转移（0.268）、对知识源项目团队认知能力（0.270）和知识接受方项目团队认知能力（0.369）的影响路径系数都是最高的。这进一步说明，组织文化支持在 IT 服务企业内部的跨项目知识转移活动中发挥着非常重要的作用，是跨项目知识转移的重要推动力量。因此，要有效地开展跨项目知识转移活动，使这一活动为 IT 项目工作服务，营造良好的组织文化是 IT 服务企业必须重视的首要因素。

（二）组织制度支持

从前面的假设检验结果可看出，组织制度支持对跨项目知识转移、知识源项目团队认知能力和知识接受方项目团队认知能力均无显著的影响作用。这一结论与现有文献得到的组织制度与知识转移之间关系的实证研究结论不一致。比如，Karlsen 和 Gottschalk（2004）通过大样本调研和检验得出，组织的制度、程序、规则等与 IT 项目知识转移效果正相关。Bosch – Sijtsema 和 Postma（2010）通过案例分析得出，契约制度对于项目组织知识转移都是非常有帮助的。

本研究得到组织制度支持对跨项目知识转移及项目团队认知能力没有影响作用的结论可能与多种因素有关。可能的因素之一是项目紧迫性，当知识源项目团队顶着时间压力在执行自己的项目任务时，他们就缺乏动力来转移和满足知识接受方项目方团队获取知识的需求。可能的因素之二是对其他项目知识有用性的感知，项目团队成员往往不认为从其他项目获取的知识对他们项目实施是有用的（Newell et al., 2006）。可能的因素之三是与跨项目知识转移的类型有关。对于以方法为导向、以知识复制和再用为特征的跨项目知识转移，精心设计项目知识管理流程、规则等会起到良好的促进作用（Duffield, Whitty, 2015）。也有实证研究表明，管理控制水平会影响编码化跨项目知识转移的决策，是该类知识转移的强有力的预测工具（Cacciatori et al., 2011）。但是，以问题为导向、以创造性学习为特征的跨项目知识整合需要依赖于灵活的组织协调机制才能得以有效开展，正规的控制聚焦方法只会抑制新想法的探索和转化（Eriksson，2013）。还有可能的原因是，中国IT服务企业跨项目知识转移的管理机制还不完善，如项目团队的转移意愿、吸收意愿和跨项目知识转移行为等方面还需要进一步的驱动和激励。

三、项目情境

（一）任务相似性

本研究的实证结论是，任务相似性与跨项目知识转移、知识源项目团队认知能力和知识接受方项目团队认知能力都具有显著的正相关关系，即理论假设H5a、H5b和H5c均成立。这些结论与已有文献的理论观点和本书的多案例分析结果相一致。在理论研究文献中，Björkegren（1999）指出，当两个项目的任务相似性越大，完成项目所需的技术、方法和其他知识的相通性就越大，跨项目知识转移成功的可能性就越大。Lewis等人（2005）也指出，项目间的任务相似性意味着不同项目所需要知识存在一定的相似性和相关性，是跨项目知识转移的一个前提因素，有助于驱动跨项目交流与学习活动频繁发生。

（二）资源相依性

由前面的假设检验结果知，资源相依性对知识源项目团队认知能力并无影响作用，但对跨项目知识转移和知识接受方项目团队认知能力都具有显著的正向影响关系，即我们提出的理论假设H6a和H6c成立，而H6b不成立。经分析，这主要与资源相依性的本质特征有关。在本研究中，资源相依性是一种互斥的资源相依性，即IT服务企业内部的知识源项目和知识接受方项目共享组织资源，分配给一个项目的资源与分配给另一个项目的资源是反向关系，一个项目分配到的资源量增加，就会导致另一个项目所分到的资源量的减少。其实，这种资源相依就是一种资源共享行为。

而学者们在研究公司内部业务单元之间的战略及资源共享程度的交互作用对业务单元绩效的影响关系问题时指出，在同一个组织内部，业务单元之间的资源共享有利也有弊（Porter，1985；Gupta，Govindarajan，1986；Govindarajan，Fisher，1990）。"利"体现在能产生综合的成本优势，即共享资源时所有业务单元完成业务所需要的成本低于各业务单元单独使用资源时所需要的总成本，也即产生经济学上所说的规模效应。"弊"体现在两个方面，一是增加资源使用协调成本，业务单元之间的资源共享度越高，由此带来的协调成本就越高；二是减少灵活性所导致的成本，即一个业务单元在使用资源之前必须咨询其他业务单元，这不利于响应敏捷竞争的要求，因而资源共享会限制灵活性。也就是说，资源相依性本身利弊兼具。同时，Gupta 和 Govindarajan（1986）认为，资源共享意味着其他业务单元经理的决策和行为会对本业务单元绩效有影响作用，因而可能会带来更多的利益。有学者也认为，资源共享与行为控制之间是正相关的（Vancil，1982）。据此推知，在 IT 服务企业内部，资源共享或资源相依使知识接受方项目团队能够与拥有更多知识和经验的知识源项目团队接触和交流，受后者更优决策和行为的影响，因而有可能获得知识增长和能力提升，并增强了跨项目学习的意愿。因此，资源相依对知识接受方项目团队认知有促进作用。

而资源相依性对知识源项目团队认知能力并无影响作用，一个可能的解释是 IT 项目间的资源相依或共享会使知识源项目团队在使用资源时增加了协调成本且降低了灵活性（Porter，1985；Gupta，Govindarajan，1986；Govindarajan，Fisher，1990）。这会影响知识源项目团队的项目实施效率和绩效，从而消极地影响其向资源共享团队转移知识的意愿和能力。Brown 等人（1998）就实证得出，高度的资源相依性会消极地影响决策制定效率以及项目的工作效率和绩效，他们认为，一种可能的原因是共享软硬件设施会产生有利结果，但共享人力资源或数据会阻碍项目实施和目标实现。由于资源有限，IT 服务企业内部多个 IT 项目共享资源是一种客观现实。因此，尽管资源相依对知识源项目团队认知能力没有显著的影响作用，但无形中为两个项目实施团队提供沟通桥梁，使得知识接受方项目团队有机会进行跨项目学习和获取知识，因而对知识接受方项目团队认知能力和跨项目知识转移活动都有显著的促进作用。

第六章 研究结论与讨论

第一节 研究结论

现有研究涉及的跨项目知识转移影响因素较为零散。为了对此问题做系统而深入的了解,本课题先采用小规模问卷调查与案例研究方法对中国 IT 服务企业跨项目知识转移的影响因素做初步探索,然后采用大规模问卷调查研究方法对中国 IT 服务企业跨项目知识转移影响因素的内在作用机理进行分析,得到的研究结论如下。

一、企业跨项目知识转移影响因素的初步探索结果

本课题在对中国 IT 服务企业跨项目知识转移的影响因素进行初步探索的过程中,通过小规模问卷调查研究得到,知识接受方项目团队的吸收能力、接受方团队知识治理努力、项目间相似性以及知识源项目的时间紧迫性对跨项目知识转移效果具有显著的影响关系,但知识源项目团队的转移能力、知识源项目团队的知识治理努力、知识源项目团队和知识接受方项目团队之间的关系以及知识接受方项目的时间紧迫性对跨项目知识转移的影响均不显著。针对这些定量检验结果,本课题进一步展开案例研究。通过定量研究和定性分析,综合得到以下研究结论。

(1)知识源项目的转移能力和知识接受方项目团队的吸收能力对跨项目知识转移效果产生不同的影响作用。其中,知识接受方项目团队的吸收能力决定了其有效吸收和应用知识的程度,一个重要的原因是吸收能力反映了知识接

受方处理信息的认知能力，而这一能力进一步促进知识接受方的知识再创造过程。

（2）知识源项目团队和知识接受方项目团队之间的关系可能是一种包括相互合作与竞争的双重关系。这种双重性关系使得项目团队之间的关系对跨项目知识转移的影响变得不确定和不显著。

（3）项目的相似性对跨项目知识转移效果产生正向影响，而且这种影响具有权变性，即项目相似性对跨项目知识转移的影响视所转移知识的类型而定。当所转移知识与业务或客户有关时，项目相似性就成为跨项目知识转移的一个显著的预测因素。

（4）知识源项目和知识接受方项目的紧迫性对跨项目知识转移效果产生不同的影响。知识源项目的紧迫性会削弱跨项目知识转移效果，但知识接受方项目的紧迫性并未促进跨项目知识转移效果。主要原因是在项目时间紧迫情况下，知识源项目团队会将更多时间用于完成项目任务，减少用于跨项目知识转移的时间和精力；而知识接受方项目团队会对是否进行知识跨项目转移进行评估，当他们认为知识源项目团队能够提供他们需要的、有用的知识，他们才会从中获取和学习新知识，否则他们可能倾向于依靠自己的经验和知识来解决问题。

（5）知识源项目团队和知识接受方项目团队各自的知识治理努力对跨项目知识转移效果产生不同影响的主要原因是，IT服务企业以绩效为导向，鼓励知识接受方项目团队从知识源项目获取有用的知识。这使得跨项目知识转移效果可能更多地得益于知识接受方项目团队的知识治理努力，而不是知识源项目团队的知识治理努力。

二、企业跨项目知识转移影响因素作用机理的研究结果

本课题在对中国IT服务企业跨项目知识转移影响因素作用机理的研究中，基于社会认知理论构建研究模型，并通过问卷调研方法对理论研究模型进行实证检验，主要得到以下几方面的研究结论。

1. 项目团队认知能力在跨项目知识转移中扮演的重要角色

受社会认知理论强调主体认知重要性思想的启发，本书研究了知识源项目团队认知能力和知识接受方项目团队认知能力在跨项目知识转移活动中所扮演

的角色。依据现有文献对团队认知和转移主体因素的相关研究成果，本书构建了知识源项目团队认知能力和知识接受方项目团队认知能力的构成型二阶因子结构模型。其中，知识源项目团队认知能力的两个一阶因子是该团队的转移能力和转移意愿，知识接受方项目团队认知能力的两个一阶因子是该团队的吸收能力和吸收意愿。经检验，这两个二阶因子结构模型具有合理的结构效度。

实证检验的结果是，知识源项目团队认知能力和知识接受方项目团队认知能力不仅对跨项目知识转移有显著的正向影响作用，还会部分中介组织文化支持和任务相似性对跨项目知识转移的影响关系，知识接受方项目团队认知能力也会部分中介资源相依性对跨项目知识转移的影响作用。这些结论验证了社会认知理论强调主体认知重要性的理论观点。这些结论说明，在IT服务企业内部，知识源项目团队认知能力和知识接受方项目团队认知能力在有效的跨项目知识转移活动中扮演着非常重要的角色。这给我们的启示是，采取相应的知识治理机制启发知识源项目团队认知能力和知识接受方项目团队认知能力是非常重要的，包括激发这两个项目团队转移知识和吸收知识的积极性和增强他们转移知识和吸收知识的能力，都将对跨项目知识转移有明显的促进作用。

2. 组织情境对跨项目知识转移的影响效应

鉴于组织情境对知识转移的重要性，本课题实证研究了组织文化支持和组织制度支持这两个组织情境对IT服务企业跨项目知识转移的影响关系。采用PLS统计工具对样本数据进行分析得到，组织文化支持对跨项目知识转移、知识源项目团队认知能力和知识接受方项目团队认知能力都具有显著的正向影响作用。这些结论与已有研究（Fitzek，1999；Disterer，2002）中强调组织文化对于跨项目知识转移的重要性的观点相一致。而且，与组织制度支持、任务相似性、资源相依性等其他情境因素相比，组织文化支持对跨项目知识转移、知识源项目团队认知能力和知识接受方项目团队认知能力的影响路径系数都是最高的。这些说明，组织文化支持在启发知识源项目团队认知能力和知识接受方项目团队认知能力方面起着非常重要的作用，包括有利于调动这两个项目团队参与跨项目知识转移的积极性以及提升他们的转移能力和吸收能力。同时，IT服务企业内部的组织文化支持也会直接促进跨项目知识转移活动。这给我们的启示是，IT服务企业要有效地开展跨项目知识转移活动，首要任务是营造鼓励跨项目学习的、提倡探索和容忍试错的以及和谐开放的组织文化。

但是，本课题研究却得出组织制度支持对跨项目知识转移、知识源项目团队认知能力和知识接受方项目团队认知能力都无影响作用的结论。为了进一步解答组织制度支持是否真的不会对 IT 服务企业内部跨项目知识转移活动产生影响作用的问题，本研究还尝试引入组织情境这一二阶变量，将组织文化支持和组织制度支持视为它的一阶变量，验证了组织情境、项目团队认知和跨项目知识转移三者之间的内在关系。结果是与组织文化支持对组织情境的路径关系一样，组织制度支持到组织情境的路径关系非常显著，只是其路径系数仅为前者的 1/3。这说明在 IT 服务企业跨项目知识转移活动中，组织制度支持其实是一个非常重要的因素，只是所发挥的作用相对有限。一个可能的原因是与现阶段国内 IT 服务企业开展跨项目知识转移活动的现状有关。此外，项目紧迫性、项目团队对外部知识有用性的感知以及跨项目转移知识的类型也是可能的影响因素。总体上看，本课题关于组织制度支持的研究结论给 IT 服务企业提出了一个现实的挑战，即如何采取相应的制度策略促进和优化跨项目知识转移活动，进而提升多项目实施的整体绩效。这是一个值得 IT 服务企业高层领导、项目经理等相关人员重视的问题。

3. 项目情境对跨项目知识转移的影响效应

以往文献对项目情境对 IT 项目知识转移的影响情况的关注并不多。因此，本课题重点考察能反映"跨项目"特征的任务相似性和资源相依性这两个项目情境 IT 服务企业跨项目知识转移的影响关系。研究得到，任务相似性与跨项目知识转移、知识源项目团队认知能力和知识接受方项目团队认知能力都显著正相关。这些结论与已有研究强调适度的任务相似性是跨项目知识转移有效进行的基础条件的理论分析论调（Björkegren，1999；Newell，College，2004；Lewis et al.，2005）相一致。这些结论也验证了社会认知理论中环境既会影响行为也会影响主体认知的观点。这说明任务相似性意味着两个项目实施所需要知识存在一定的关联性，作为一种环境条件是跨项目知识转移成功进行的关键要素之一。同时也给我们实践启示，即 IT 服务企业要有效地开展跨项目知识转移，需要事先识别和确认一个项目与另一个项目在任务上是否存在一定程度的相似性。当然，两个 IT 项目的任务完全相同的情况较为少见，因为不同客户的具体需求往往不一样。还有，如果两个 IT 项目的任务完全不同，如所服务业务领域和系统功能需求都不同，它们的实施团队之间显然无法进行跨项目知识转移。因此，在 IT 服务企业内部，两个项目在任务上完全相同和完全不同的情况不属于本研究讨论的范畴。

另外，本研究还实证得出，资源相依性对知识源项目团队认知能力无显著影响作用，而对跨项目知识转移和知识接受方项目团队认知能力都具有显著的正向影响关系。这与资源相依性的双重特征有关。本研究中的资源相依性是一种互斥的资源相依性，其本质含义是组织内部多个项目共享资源，一个项目分配到的资源量增加，就会导致另一个项目所分到的资源量的减少。资源相依性的这一特征对跨项目知识转移既有"利"，也有"弊"。"利"体现在，知识源项目与知识接受方项目的资源共享在为 IT 服务企业节省成本的同时，还无形中为这两个项目的实施团队提供了相互接触和交流的机会，因而有利于跨项目知识转移。同时，资源相依意味着知识接受方项目团队能够通过与拥有更多知识和经验的知识源项目团队接触和交流，有机会受源项目团队更优决策和行为的影响，因而有可能增长知识和提升能力，并增强跨项目学习的意愿。因此，资源相依性对启发知识接受方项目团队认知是有利的。"弊"体现在，资源相依会增加资源协调成本和降低资源使用的灵活性。这必然会影响知识源项目团队的项目实施效率和绩效，从而在某种程度上抑制该团队向其他项目团队转移知识的意愿和能力。也就是说，资源相依难以调动知识源项目团队的转移意愿，对其转移能力也无明显影响。因此，资源相依性不会对知识源项目团队认知产生显著的影响作用。

总之，以上这些研究结论说明，IT 服务企业可以通过营造良好的文化氛围、提高两个项目的任务相似性以及制定和完善正式组织制度来正向地影响知识源项目团队认知能力和知识接受方项目团队认知能力，包括增强这两个项目团队参与跨项目知识转移的意愿和能力，以促进跨项目知识转移。同时，IT 服务企业需要关注资源相依性问题，努力使这一因素在给企业带来综合成本优势的同时，尽量避免其可能带来的对跨项目知识转移进而项目实施绩效的阻碍作用。

第二节　理论贡献

本课题研究做出了一些重要的理论贡献，主要如下。

首先，本课题较系统地研究了 IT 服务企业跨项目知识转移的主要影响因素，拓展了已有研究。Scarbrough 等人（2004）指出，关于项目环境下知识共享的现有研究往往只关注单个项目的知识活动，很少关注跨项目知识共享行为。因此，对项目管理领域中现有研究甚少，但又变得日益重要的跨项目知识转移进行研究，就是我们的一个贡献。我们尤其关注项目情境下的独特因素，如项目相似性等具有"项目化"特征的因素。我们特别地检验了知识源项目团队和知识接受方项目团队的能力、两个项目团队之间的关系、项目任务情境以及项目团队情境对跨项目知识转移的影响。所以，我们的研究模型能为其他学者系统地理解跨项目知识转移的影响因素提供基础，也能为其他学者今后进一步在 IT 情境和非 IT 情境下的跨项目知识转移问题提供视角。

其次，本课题基于社会认知理论对项目团队认知、项目情境和组织情境对跨项目知识转移影响机理所做的研究，将大大深化跨项目知识转移影响因素的现有研究，并将拓展社会认知理论的应用。虽然社会认知理论已被不少学者应用于研究知识管理问题，但已有研究主要涉及个体层面的知识管理问题。另外，综观 IT/IS 领域及 IT/IS 领域有关知识转移影响因素的研究文献，大多数学者往往只关注转移主体和转移情境对知识转移的直接影响关系（Szulanski，1996；Gold et al.，2001；Wu，Kuo，2007），少数学者考察了转移情境在转移主体特征与知识转移之间所起的中介作用（Ko et al.，2005），但据我们所知，未有学者反过来研究转移主体特征在转移情境与知识转移间所起的中介作用。因此，本课题受团队作业研究成果（Stevens，Campion，1994；Marks et al.，2001）、社会认知理论的创始人班杜拉对团队效能感的研究成果（Bandura，1997），以及其他学者对共享心智模式研究成果（Cannon - Bowers et al.，1993；Mohammed，Klimoski，1994）的启发，尝试将社会认知理论应用于研究群体层面的跨项目知识转移问题。本课题基于社会认知理论，检验了组织情境和项目情境对跨项目知识转移的直接影响效应和通过知识源项目团队认知能力和知识接受方项目团队认知能力产生的间接影响效应。研究结果验证了社会认知理论关于环境既会直接影响行为，也会通过影响认知而间接影响行为的观点，很好地揭示了组织情境和项目情境对跨项目知识转移的影响路径。本课题从强调主体认知着手开展的跨项目知识转移影响因素研究，也能够鲜明地反映知识转移以人为本的核心思想，因而更具有实质性的意义。因此，本研究的尝试是对社会认知理论的一种拓展应用,将有助于丰富该理论在项目知识管理领域的应用研究,研究视角比较新颖。同时,本课题研究进一步深化了已有的跨项目知识转移影响因素研究成果。

最后,本课题实证研究的结果丰富了项目管理领域的已有研究成果。例如,我们的数据分析表明,知识源项目团队感知到时间紧迫性,但并没有打算在跨项目转移知识这一活动上花太多的时间,从而阻碍了知识转移过程。这一研究发现与 Newell 和 Edelman（2008）的研究结果是一致的。进一步,我们的数据分析还发现,知识接受方项目团队感知的时间紧迫性并不会显著地影响他们参与跨项目知识转移活动的意愿,因为时间紧迫性的影响取决于知识接受方项目团队对所转移知识的有用性的感知。在本研究中,类似的研究发现有助于丰富跨项目知识转移的已有理论研究成果。

此外,本课题研究的另一贡献是,揭示了一些值得今后继续研究的一些重要的项目知识管理议题。比如,我们发现,因为知识源项目团队和知识接受方项目团队之间的关系可能是合作关系,也可能是竞争关系,所以它对跨项目知识转移效果的影响是不确定的。这将促使我们进一步探索不同性质（合作或竞争）的知识源项目团队和知识接受方项目团队之间关系各对跨项目知识转移效果产生什么样的影响,而跨项目知识转移活动反过来对两个项目团队之间的关系有什么样的影响。同样,知识源项目团队和知识接受方项目团队的知识治理努力产生的不同影响作用将激发我们深入研究跨项目知识转移的治理机制。

第三节 实践意义

本课题的数据分析结果为 IT 服务企业项目知识管理提供了新视角。一方面,对跨项目知识转移主要影响因素的实证分析结果有助于项目型组织的项目知识管理者及相关人员对这些因素形成较全面的理解。另一方面,本课题从知识源项目团队和知识接受方项目团队两个角度分析某些因素对跨项目知识转移效果的不同影响作用,这能启发项目型组织的项目知识管理者及相关人员根据不同项目团队的情况而采取有针对性的策略,以使提升跨项目知识转移效果的行为做到"有的放矢"。例如，由于知识接受方项目团队的吸收能力对跨项目知识转移效果有着积极的影响作用，IT服务企业应该分配更多的资源去开发知识接受方项目团队的吸收能力，如提供个性化的技能培训、为知识接受方成员的沟通创造更多的机会等。虽然我们的数据分析表明，知识接受方项目团队的知识治理努力与跨项目知识转移效果显著正相关，但是，为促进跨项目知识转移活动的有效进行，IT项目管理者如何强化知识源项目团队的知识治理努力是很重要的。这些知识治理努力可以包括设计制度来激励和评估项目人员知识共享努力、设置标准和模板来管理知识编码与表达的过程等。随着时间的推移，知识源项目团队成员将形成转移知识的习惯，融入跨项目知识共享的文化氛围，并自觉主动地共享知识。

本课题研究的数据分析揭示了知识源项目团队与知识接受方项目团队之间的关系是一种复杂的双重关系，即合作与竞争并存。当两个项目同时竞争一种公司资源，则会阻碍这两个项目团队之间的知识转移实践。然而，资源相依性能使每个项目最大限度地利用资源，如对知识专家这一关键资源的充分利用，并有可能从知识转移中获益。在这些情况下，项目管理办公室可以充当一个桥梁，协调和连接知识源项目团队和知识接受方项目团队，以支持跨项目知识转移（Pemsel，Wiewiora，2013）。我们的研究结果还表明，IT服务项目管理者应妥善管理知识源项目和知识接受方项目之间的合作与竞争的双重关系，协调知识源项目和知识接受方项目之间的资源配置与使用，减少乃至克服发生在这两个项目的实施团队之间的资源配置冲突。

本研究的另一个重要发现是项目相似性对跨项目知识转移效果的影响取决于所转移知识的类型。当所转移知识与客户相关时，如业务流程和操作的知识，知识源项目与知识接受方项目之间的行业相似性就成为一个跨项目知识转移的显著的预测因素。这意味着，在实施跨项目知识转移的相关举措时，IT项目管理者和项目团队应该更加注重进行知识转移的两个项目的客户业务领域的相似性，而不是工具或技术上的相似性。在此方面，Pemsel和Wiewiora（2013）的研究结果显示，组织应强化项目管理办公室的能力，包括了解项目管理者需求的能力和作为中间人来安排、设法促进项目间知识转移的能力。

我们的问卷调查数据统计分析结果还证明，知识源项目的紧迫性对跨项目知识转移有着负面的影响。换句话说，知识源项目团队的时间紧迫感阻碍了该项目团队将知识转移到其他项目的意愿。为激发知识源项目团队的参与意愿,项目组织应制定和实施一定的治理机制,如建立合理的项目计划、为跨项目知识共享实践制定激励制度。

此外,本课题研究结果还对 IT 服务企业不同角色的管理者各有一定的启发作用。

1. 对高层管理者的启示

首先,高层管理者应增强对跨项目知识转移的重视程度。对于知识密集型的 IT 服务企业,跨项目知识转移是企业知识积累和提高项目绩效的一个有效途径。但是,我们通过实地访谈发现,国内大多数的 IT 服务企业都不同程度地存在以下问题:当某个关键项目成员离开时,其所掌握的经验和知识随之流失;当其他项目中曾经出现过的问题再次出现时,当前项目往往投入大量的重复劳动探索解决方案;当项目成员打开企业知识库时,发现里面存储的大多是简单的项目产品知识(如 ERP 系统使用手册),而不是具有重要借鉴作用的项目实施过程知识;等等。这些问题的实质是 IT 服务企业未做好跨项目知识转移工作。本课题基于问卷调研的实证研究部分得出的关于组织制度支持的结论进一步验证了这一点。即组织制度支持是对跨项目知识转移活动产生积极影响的一个重要的组织情境,但因现阶段国内 IT 服务企业对此活动的重视程度不够,基本上未制定相关的正式制度以促进此活动的开展,使得组织制度支持未发挥应有的作用。因此,要使跨项目知识转移有效地进行,并有利于提高项目绩效和促进企业知识的积累与再用,IT 服务企业的高层管理者应增强对跨项目知识转移的重视程度,并以实际行动给予支持。

其次,高层管理者应采取相应的治理策略来推动跨项目知识转移活动。根据本研究的结论可以推知,现阶段国内大多数的 IT 服务企业内部跨项目知识转移的开展主要依靠良好的文化氛围来推动,组织制度支持却未发挥应有的作用。这些结论给 IT 服务企业高层管理者的有益启示是,要使跨项目知识转移有效地发挥作用,应在组织的文化、制度等方面给予必要的支持。比如,鼓励营造开放式的、支持型的项目组织文化,强调跨项目学习与知识共享的重要性,提倡内部有用知识的积累与再用;鼓励营造开放性的跨项目学习的良好文化氛围;持有组织结构扁平化的观念,突出项目团队的重要地位,使项目团队可以实现在知识驱动下的工作互动,从而促进知识在项目团队间的转移更为顺畅；努力驱动与跨项目知识转移相关制度的制定与执行，如奖惩制度、考核制度、接口制度；等等。

最后，高层管理者应重视以人为本的知识治理思路。本课题的研究结论显示，知识源项目团队认知能力和知识接受方项目团队认知能力既对跨项目知识转移具有显著的直接影响作用，也会部分中介组织情境和项目情境对跨项目知识转移的影响。这说明项目团队认知因素在跨项目知识转移活动中扮演重要的角色，是影响此活动成功的一个关键要素。而且，IT项目团队是典型的知识型团队，团队成员对工作、环境、制度约束、成就等方面的要求较为复杂和个性化。这些分析结果提醒IT服务企业的高层管理者，在文化、制度、资源支持、战略领导等方面采取策略来推动跨项目知识转移时，要重视以人为本的思想，力图使知识治理机制的使用能有利于提高项目团队参与跨项目知识转移的认知水平，从而发挥IT项目团队及其成员的聪明才智。因此，如何采取有效的知识治理策略促进跨项目知识转移，进而提高项目绩效，是IT服务企业高层领导面临的一个重要挑战。

2. 对项目经理的启示

项目经理应通过一定的项目管理策略来促进跨项目知识转移活动。这些策略体现在以下几个方面。首先，任务相似性主要包括两个项目在业务功能需求及所需信息技术知识方面的相似程度，它意味着这两个项目所需要知识存在一定的关联性。本研究的实证结论是，任务相似性与知识源项目团队认知能力、知识接受方项目团队认知能力以及跨项目知识转移都显著正相关。这给出的启示是，知识接受方项目经理在寻找外部知识资源时，可根据任务相似性，寻找与本项目有着业务相似和技术相似的项目作为知识源项目进行合作，以便获得关联性较大、匹配度较高的有用知识。

其次，项目经理应规划好项目资源使用情况。本课题研究的实证结论是，知识源项目与知识接受方项目的资源相依性对知识源项目团队认知能力没有显著的影响作用。这很可能是资源相依而导致的两个项目团队在资源使用产生冲突的结果。这给我们的启示是，项目经理应对项目重要性、项目资源需求以及组织资源的可获得性等有充分的了解和认识，应在项目正式开始之前做好资源特别是像核心技术实施顾问这样的关键资源的使用规划工作，以避免自己项目团队在关键时刻（如项目里程碑节点或关键过程）与潜在的知识源项目争夺资源，避免出现因资源使用冲突而阻碍跨项目知识转移与学习的现象。

再次，项目经理应努力营造开放式的支持型的跨项目交流文化。因为跨项目知识转移活动跨项目边界，而项目成员往往倾向于在团队内部交流经验和探讨问题，较少会主动地去向其他项目团队获取经验知识或问题解决方案。因此，项目经理应鼓励项目成员经常与组织内部的源项目团队或接受方项目团队沟通。比如，对于知识源项目经理而言，应积极支持跨项目知识转移活动，安排相关专家协助知识接受方项目团队实施项目或为知识接受方项目团队提供培训；应向项目团队强调跨项目转移知识是一种互惠活动，向知识接受方项目团队转移知识也将对自己团队有益；等等。对于知识接受方项目经理而言，应鼓励项目成员在碰到项目问题时多向有经验的源项目团队请教；鼓励项目成员利用聚餐、闲暇交流等机会与源项目团队交流，从中学习新知识、甚至激发创新灵感；应鼓励项目成员利用机会参与项目经验交流会；当项目团队碰到项目实施难题时，项目经理应努力想办法争取知识源项目团队的帮助和支持；等等。良好的项目团队氛围是跨项目知识转移有效进行的重要基础，有利于增强知识源项目团队认知能力和知识接受方项目认知能力，从而促进跨项目知识转移。

最后，项目经理应提供一定的激励和保障措施。对于源项目团队而言，向外部的接受方项目团队提供知识（包括现场指导或培训等）往往需要占用一定的时间甚至影响项目实施工作，因此，知识源项目经理应将项目成员的这一跨项目转移知识的行为视为工作内容的一部分，并将其纳入绩效考核范畴，以示对项目成员参与跨项目知识转移的一种鼓励和保障。对知识接受方项目团队而言，经理应充分利用跨项目知识转移这一渠道为项目成员提供能够学习新知识的机会，如允许项目成员参加公司层面的项目经验交流会、为项目团队争取参加培训机会等。这是因为我们通过多案例访谈得知，核心技术人员一般都有强烈的求知欲望和成长需求。当有项目成员通过跨项目学习而对项目绩效有突出贡献时，知识接受方项目经理应当提供相应的物质激励或精神激励。项目经理提供的激励和保障措施是增强知识源项目团队认知能力和知识接受方项目团队认知能力的重要因素，对跨项目知识转移活动有促进作用。

3. 对项目管理办公室的启示

项目管理办公室是项目组织内部负责对项目实施提供资源支持和管理支持

的部门。具体而言，项目管理办公室通过合理分配资源、安排和提供培训、整理项目文档并将其标准化、提供项目行政管理支持等，促进组织内部多个项目高效而有序地进行。当组织开展跨项目知识转移活动时，项目管理办公室的这些职能必然也会产生一定的影响作用。因此，结合本课题的研究结论和项目管理办公室的功能，我们认为，在IT服务企业内部，项目管理办公室可在以下三个方面进行努力，为跨项目知识转移提供必要的支持。

首先，项目管理办公室应做好多项目间的资源分配与协调工作，努力为跨项目知识转移的有效进行排除障碍。本研究的实证结果表明，在IT服务企业内部，适度的资源相依性对知识接受方项目团队认知能力和跨项目知识转移都有显著的正向影响作用，而对知识源项目团队认知能力并无影响作用。因此，IT项目管理办公室应根据已有的资源条件，同时结合IT项目的优先级别及轻重缓急，合理分配资源，包括安排和配置合适的人力资源和软硬件资源，尽量避免可能存在的并行项目在资源使用方面的冲突，为跨项目知识转移的有效进行提供良好的环境。

其次，项目管理办公室应做好项目间协调管理、跨项目培训安排、文档标准化等工作，努力为跨项目知识转移的有效进行提供直接而有力的支持。跨项目知识转移的常见方式或活动是面对面沟通（如培训）和文档传递，而这些活动是项目管理办公室职责的一部分。因此，为了推动和促进跨项目知识转移活动，IT项目管理办公室应根据需要及时更新交流计划，统一协调各项目间的沟通管理，努力使各项目实施团队之间能够顺畅交流；由于项目管理办公室负责安排和提供项目培训，此部门应有意识地将这一职能导向有利于转移促进跨项目知识转移的方向，如协助安排跨项目的经理培训、技能培训、一对一指导等；项目管理办公室应及时地跟踪和记录项目实施进展，系统地收集和保存其中产生的经验、教训、文档模板等相关的项目知识，如项目变更处理方法、项目风险评估及控制方法、项目实施的成功经验和失败教训、项目管理的标准和方法等，以为其他项目提供有用的通用性知识。

最后，项目管理办公室应有意识地营造跨项目交流与学习的文化氛围和协助制定相关的正式制度，努力促成跨项目知识转移活动。在文化氛围营造方面，IT项目管理办公室应鼓励和支持项目团队在企业内部开展知识和经验的跨项目交流活动，促进形成良好的跨项目合作氛围，并努力使这种氛围在企业或项目部门得到有效传承。在正式制度制定方面，IT 项目管理办公室应提醒、协助公司或部门的高层领导制定有关的正式制度，如跨项目团队交流的激励制度、跨项目培训制度、基于跨项目交流的绩效考核制度等，以促进跨项目知识转移活动。

第四节 研究局限

我们实证研究了 IT 服务企业跨项目知识转移的影响因素，并对项目层面的知识治理举措提出有益的见解。然而，我们研究结果的普适性可能会受到以下几方面问题的限制。

首先，样本量有限的问题。在初步探索部分，由于配对的 IT 服务项目的数据收集存在很大的困难，我们只能采用所收集到的有效的 30 组配对的样本数据进行定量的模型检验。如果能获得更多的数据样本，那么，基于问卷调查数据的定量实证检验结果将更为有效。在影响因素作用机理研究部分，虽然本课题进行大样本调研，但 IT 从业者一般非常忙碌、工作压力大，项目经理、技术骨干等项目组核心成员经常加班加点，使得问卷发放与数据收集相对困难，样本量相对有限。这可能会在一定程度上导致本研究的一些系数显著性不够强。

其次，测量工具可能存在的问题。在影响因素作用机理研究部分，鉴于配对数据难以收集，本课题只基于知识接受方项目团队收集样本数据。也就是说，本研究只设计一份问卷，上面包含关于知识源项目及其团队和接受方项目及其团队的测量题项，且只邀请接受方项目经理进行填答。尽管本研究已证明单一数据来源带来的共同方法偏差不足以阻碍大样本实证检验，但如果能够让知识接受方项目经理找到匹配的知识源项目经理填答关于知识源项目团队的测量问题以及像控制变量、组织情境、项目情境等能共同理解的变量，并与知识接受方项目经理填答的问卷放一起进行交叉验证，本书的研究质量可能会得到进一步的改善。

再次，调研对象分布不均衡的问题。考虑到目前国内大多数 IT 服务企业的跨项目知识转移活动的开展并不到位，在收集样本数据时，本研究都未对

IT 服务企业做严格的限制，也未对填答者所在的企业加以控制，最后得到的调查样本也来自全国各地，且各地区的样本量分布极不均匀。如果能够对受调查企业做相应的限制，或许本研究结论的实践应用会更有针对性。

最后，由于本项研究都是基于中国 IT 服务企业这一情境而展开实证调研的，因此，本课题的研究发现是否能应用于其他国家和行业情境时，还需验证。

第五节　研究展望

在本课题研究的基础上，下面提出几个值得今后继续研究的重要的方向。

首先，本课题的研究证实，知识接受方项目团队的知识治理努力对跨项目知识转移效果的影响是显著正相关，但知识源项目团队的知识治理努力的影响却不显著。进一步，组织文化支持和组织制度支持这两种治理努力对知识源项目团队认知能力、知识接受方项目团队认知能力和跨项目知识转移产生不同的影响作用。因为项目是一种临时性的组织形式，所以，以项目为基础的知识转移管理仍将是一个具有挑战性的、复杂的过程。Bakker 等人（2011）在对组织间项目学习进行研究之后就得出一个结论，即项目知识转移的成功实施不能只聚焦于某一种组织因素，针对项目知识转移的复杂特性，应考虑多个维度的管理方法。我们的实证调研结果不仅证实了同一组织内部项目间知识转移的复杂性，也识别和检验了影响跨项目知识转移的多维度因素（包括项目任务情境和项目团队情境等项目因素）。特别是本课题的实证研究得到在很大程度上，这些因素对跨项目知识转移的影响因项目位置（知识源项目或知识接受方项目）而不同。项目型组织和项目经理如果能同时考虑复杂的跨项目知识转移活动的多个维度的影响因素，并注意项目情境下知识的来源项目和接受方项目，他们将能够更好地管理跨项目知识转移的复杂性。因此，项目型组织如何建立涉及知识源项目团队和知识接受方项目团队的多维度的治理制度，以支持跨项目知识转移，值得未来做深入的研究。

其次，项目间关系的管理是与跨项目知识转移有关的另一个值得考虑的重要问题。本课题的实证研究揭示了知识源项目团队和知识接受方项目团队之间的关系具有合作与竞争并存的双重特征,这种特征使得两个项目团队间的关系对跨项目知识转移效果的影响变得不确定。此外,以往研究发现,项目经理在跨项目知识转移过程中扮演着重要的角色,因为他们处于 IT 项目网络的中心位置(Petter, Vaishnavi, 2008; Petter, Randolph, 2009)。因此,探索项目经理如何利用在 IT 项目网络中的中心位置优势来管理项目间关系,进而促进跨项目知识转移的开展,依然是一个有趣的、值得研究的问题。

再次,本课题研究表明,资源相依性会影响项目团队之间的协作,进而影响项目团队认知能力和跨项目知识转移的开展。而项目成员之间的有效协作和知识共享经常受到跨越不同学科和跨越项目成员个人知识领域带来的知识边界的挑战(Carlile, 2004)。为此,项目型组织如何通过任命边界负责人员(如项目联络人)促进跨项目知识转移与沟通的问题仍值得进一步考察(Ratcheva, 2009; Levina, Vaast, 2005)。

最后,本课题研究了项目紧迫性等项目情境因素对项目团队认知能力和跨项目知识转移的影响作用。与之相关的另一个研究问题,即项目情境因素如何调节项目团队认知能力与跨项目知识转移之间的关系,也是值得探讨的。

参考文献

[1] ABRAHAM T, BEATH C, BULLEN C et al. IT workforce trends: implications for IS programs [J]. Communications of the AIS, 2006, 17 (1): 1147-1170.

[2] AIKEN M, HAGE J. Organizational interdependence and intra-organizational structure [J]. American Sociological Review, 1968, 33 (6): 912-930.

[3] AJMAL M, HELO P, Kekäle T. Critical factors for knowledge management in project business [J]. Journal of Knowledge Management, 2010, 14 (1): 156-168.

[4] AJMAL M M, KOSKINEN K U. Knowledge transfer in project-based organizations: an organizational culture perspective [J]. Project Management Journal, 2008, 39 (1): 7-15.

[5] ALAVI M, LEIDNER D E. Knowledge Management system: issues, challenges, and benefits [J]. Communications of the AIS, 1999, 1 (7): 1-37.

[6] ALAVI M, LEIDNER D E. Review: knowledge management and knowledge management systems: conceptual foundation and research issues [J]. MIS Quarterly, 2001, 25 (1): 107-136.

[7] ALBINO V, GARAVELLI A C, SCHIUMA G. Knowledge transfer and inter-firm relationships in industrial districts: the role of the leader firm [J]. Technovation, 1998 (1): 53-63.

[8] ALLEN T J. Sources of ideas and their effectiveness inparallel R&D projects [J]. Working Paper (Sloan School of Management), 1965: 130-165.

[9] AMIT R, SCHOEMAKER P J. H. Strategic assets and organizational rents [J]. Strategic Management Journal, 1993, 14 (1): 33-46.

[10] ANDERSSON U, BUCKLEY P, DELLESTRAND H. In the right place at the right time: the influence of knowledge governance tools on knowledge transfer and utilization in MNEs [J]. Global Strategy Journal, 2015, 5 (1): 27-47.

参考文献

[11] ANTONELLI C. The Business governance of localized knowledge: an information economics approach for the economics of knowledge [J]. Industry and Innovation, 2006, 13 (3): 227 – 261.

[12] ANTONI M, NILSSON – WITELL L, DAHLGAARD J J. Inter – project improvement in product development [J]. International Journal of Quality & Reliability Management, 2005, 22 (9): 876 – 893.

[13] ANTONI M I. Inter – project learning – a quality perspective [D]. Licentiate thesis, Institute of Technology, Linköping, Sweden, 2000.

[14] AOSHIMA Y. Transfer of system knowledge across generations in new product development empirical observations from Japanese automobile development [J]. Industrial Relations, 2002, 41 (4): 605 – 628.

[15] ARGOTE L, INGRAM P. Knowledge transfer: a basis for competitive advantage in firms [J]. Organizational Behavior and Human Decision Processes, 2000, 82 (1): 150 – 169.

[16] ASTLEY W G, ZAJAC E J. Intraorganizational power and organizational design: reconciling rational and coalitional models of organization [J]. Organization Science, 1991, 2 (4): 399 – 411.

[17] BAGOZZI R P, PHILLIPS L W. Representing and testing organizational theories: a historical construal [J]. Administrative Science Quarterly, 1982, 23 (3): 459 – 489.

[18] BAGOZZI R P, YI T. On the evaluation of structural equation models [J]. Journal of the Academy of Marketing Science, 1988, 16 (1): 74 – 94.

[19] BAKKER R M, CAMBRÉ B, KORLAAR L, et al. Managing the project learning paradox: a set – theoretic approach toward project knowledge transfer [J]. International Journal of Project Management, 2011 (29): 494 – 503.

[20] BALDWIN A. The role of an "ability" construct in a theory of behavior [G] //MC CLELLAND D, BALDWIN A, BRONFENBRENNER U, STRODTBECK F. (Eds) Talent and Society: new perspectives in identification of talent. New York: Van Nostrand Reinhold, 1959, 195 – 234.

[21] BANDURA A. Social cognitive theory: an agentic perspective [J]. Annual review of psychology, 2001 (52): 1 – 26.

[22] BANDURA A. Social foundations of thought and action [M]. Englewood Cliffs, NJ: Prentic – Hall, 1986.

[23] BANDURA A. Social learning theory [M]. Englewood Cliffs, N J: Prentic – Hall, 1977.

[24] BANDURA A. The self system in reciprocal determinism [J]. The American Psychologist, 1978, 33 (4): 344 – 358.

[25] BANDURA A, SCHUNK D H. Cultivating competence, self – efficacy, and intrinsic interest through proximal self – motivation [J]. Journal of Personality and Social Psychology, 1981, 41 (3): 586 – 598.

[26] BANDURA A. Self – efficacy: The exercise of control [J]. Encyclopedia of human behavior, 1997 (4): 71 – 81.

[27] BARNEY J B. Firm resources and sustained competitive advantage [J]. Journal of Management, 1991, 17 (1): 99 – 120.

[28] BARNEY J B. Strategic factor markets: expectations, luck, and business strategy [J]. Management Science, 1986, 32 (10): 1231 – 1241.

[29] BARTSCH V, EBERS M, MAURER I. Learning in project – based organizations: the role of project teams' social capital for overcoming barriers to learning [J]. International Journal of Project Management, 2013, 31 (2): 239 – 251.

[30] BASSELIER G, REICH B H, BENBASAT I. Information technology competence of business managers: a definition and research model [J]. Journal of Management Information Systems, 2003, 17 (4): 159 – 182.

[31] BERG B L. Qualitative research methods for the social sciences [M]. Boston: Allyn and Bacon, 2001.

[32] BJÖRKEGREN C. Learning for the next project: bearers and barriers in knowledge transfer within an organisation [D]. Linköping, Sweden: Institute for Management of Innovation and Technology, Linköping University, 1999.

[33] BLACKBURN S. The project manager and the project – network [J]. International Journal of Project Management, 2002 (3): 199 – 204.

[34] BOCK G W, ZMUD R W, KIM Y G. Behavioral intention formation in knowledge – sharing: examining the roles of extrinsic motivators, social – psychological forces, and climate [J]. MIS Quarterly, 2005, 29 (1): 87 – 111.

[35] BOH W F. Mechanisms for sharing knowledge in project – based organizations [J]. Information and Organization, 2007 (17): 27 – 58.

[36] BOSCH – SIJTSEMA P M, POSTMA T J B M. Governance factors enabling knowledge transfer in interorganisational development projects [J]. Technology Analysis & Strategic Management, 2010, 22 (5): 593 – 608.

[37] BRAUNER E, BECKER A. Beyond knowledge sharing: the management of transactive knowledge systems [J]. Knowledge and Process Management, 2006, 13 (1): 62-71.

[38] BROWN M M, O'TOOLE L J, BRUDNEY J L. Implementing information technology in government: an empirical assessment of the role of local partnerships [J]. Journal of Public Administration, 1998, 8 (4): 499-525.

[39] BROWN T C. The effect of verbal self-guidance training on collective efficacy and team performance [J]. Personnel Psychology, 2003, 56 (4): 935-964.

[40] BURGESS D. What motivates employees to transfer knowledge outside their work unit [J]. Journal of Business Communication, 2005, 42 (4): 324-348.

[41] BUSSEY K, BANDURA A. Social cognitive theory of gender development and differentiation [J]. Psychological Review, 1999, 106 (4): 676-713.

[42] CACCIATORI E. Memory objects in project environments: Storing, retrieving and adapting learning in project-based firms [J]. Research Policy, 2008, 37 (9): 1591-1601.

[43] CACCIATORI E, TAMOSCHUS D, GRABHER G. Knowledge transfer across projects: codification in creative, high-tech and engineering industries [J]. Management Learning, 2012, 43 (3): 309-331.

[44] CAMPBELL D T, FISKE D W. Convergent and discriminant validation by the multitrait-multimethod matrix [J]. Psychological Bulletin, 1959, 56 (2): 81-105.

[45] CANNON-BOWERS J, SALAS E, CONVERSE S. Shared mental models in expert team decision making [G] //Individual and group decision making: current issues, hillsdale. NJ: Erlbaum, 1993: 221-246.

[46] CAO W, XU L, LIANG L, et al. The impact of team task and job engagement on the transfer of tacit knowledge in e-business virtual teams [J]. Information Technology & Management, 2012, 13 (4): 333-340.

[47] CARLILE P R. Transferring, translating, and transforming: an integrative framework for managing knowledge across boundaries [J]. Organization Science, 2004, 15 (5): 555-568.

[48] CARRILLO P M, ROBINSON H S, AL-GHASSANI A M, et al. Knowledge management in construction: drivers, resources and barriers [J]. Project Management Journal, 2004, 35 (1): 46-56.

[49] CHAN C L, JIANG J J, KLEIN G. Team task skills as a facilitator for application and development skills [J]. IEEE Transactions on Engineering Management, 2008, 55 (3): 434-441.

[50] CHAN R, ROSEMANN M R. Managing knowledge in enterprise systems [J]. Journal of

Systems and Information Technology, 2001, 5 (2): 37 - 54.

[51] CHEN C J, HSIAO Y C, CHU M A. Transfer mechanisms and knowledge transfer: the cooperative competency perspective [J]. Journal of Business Research, 2014, 67 (12): 2531 - 2541.

[52] CHEN M L, LIN C P. Assessing the effects of cultural intelligence on team knowledge sharing from a socio - cognitive perspective [J]. Human Resource Management, 2013, 52 (5): 675 - 695.

[53] CHENG P, CHOI C J, ELDOMIATY T I. Governance structures of socially complex knowledge flows: exchange, entitlement and gifts [J]. The Social Science Journal, 2006 (43): 653 - 657.

[54] CHIN W W. Partial Least squares is to LISREL as principal components analysis is to common factor analysis [J]. Technology Studies, 1995, 2 (2): 315 - 319.

[55] CHIN W W. The partial least squares approach for structural equation modeling [G] // Modern methods for business research. Mahwah, NJ, US: Lawrence Erlbaum Associates Publishers Marcoulides, 1998: 295 - 336.

[56] CHIRAWATTANAKIJ S, VATHANOPHAS RACTHAM V. Enhancing knowledge adoption with recipients' characteristics [J]. Journal of Management Development, 2016, 35 (1): 38 - 57.

[57] CHIU C M. Understanding knowledge sharing in virtual communities: an integration of social capital and social cognitive theories [J]. Decision Support Systems, 2006, 42 (3): 1872 - 1888.

[58] CHOI B, LEE H. An empirical investigation of KM styles and their effect on corporate performance [J]. Information & Management, 2003, 40 (5): 403 - 417.

[59] CHUA L L, PAN S L. Knowledge transfer and organizational learning in IS offshore sourcing [J]. Omega, 2008, 36 (2): 267 - 281.

[60] CHURCHILL G A. A paradigm for developing better measures of marketing constructs [J]. Journal of Marketing Research, 1979, 16 (2): 64 - 73.

[61] CHURCHILL G A, PETER J P. Research design effects on the reliability of rating scales: a meta - analysis [J]. Journal of Marketing Research, 1984, 21 (4): 360 - 375.

[62] COHEN W M, LEVINTHAL D A. Absorptive capacity: a new perspective on learning and innovation [J]. Administrative Science Quarterly, Special Issue: Technology, Organizations, and Innovation, 1990, 35 (1): 128 - 152.

[63] COMPEAU D R, HIGGINS C A. Computer self - efficacy development of a measure and ini-

tial Test [J]. MIS Quarterly, 1995, 19 (2): 189-211.

[64] COMPEAU D R, HIGGINS C A. Social cognitive theory and individual reactions to computing technology: a longitudinal study [J]. MIS Quarterly, 1999, 23 (2): 145-158.

[65] CUMMINGS J. Work groups and knowledge sharing in a global organization [Z]. Carnegie Mellon University Pittsburgh, PA, unpublished dissertation, 2001.

[66] CUMMINGS J, TENG B. Transferring R&D knowledge: the key factors affecting knowledge transfer success [J]. Journal of Engineering and Technology Management, 2003, 20 (1-2): 39-68.

[67] DARR E D, KURTZBERG T. An investigation of dimensions of knowledge transfer [J]. Organizational Behavior and Human Decision Processes, 2000 (82): 28-44.

[68] DAVENPORT T H, PRUSAK L. Working knowledge: how organizations manage what they know [M]. Boston: Harvard Business School Press, 1998.

[69] DAVEY B. Think aloud: modeling the cognitive processes of reading comprehension [J]. Journal of Reading, 1983, 27 (1): 44-47.

[70] DESOUZA K C, EVARISTO J R. Project management offices: a case of knowledge-based archetypes [J]. International Journal of Information Management, 2006 (5): 414-423.

[71] DISTERER G. Management of project knowledge and experiences [J]. Journal of Knowledge Management, 2002, 6 (5): 512-520.

[72] DIXON N M. Common knowledge: how companies thrive by sharing what they know [M]. Boston: Harvard Business School Press, 2000.

[73] DUFFIELD S, WHITTY S J. Developing a systemic lessons learned knowledge model for organisational learning through projects [J]. International Journal of Project Management, 2015 (33): 311-324.

[74] EISENHARDT K M. Better stories and better constructs: the case for rigor and comparative logic [J]. Academy of Management Review, 1991, 16 (3): 620-627.

[75] EISENHARDT K M. Building theories from case study research [J]. Academy of Management Review, 1989, 14 (4): 532-550.

[76] EMERSON R M. Power-dependence relations [J]. American Sociological Review, 1962, 27 (2): 31-41.

[77] ENBERG C. Enabling knowledge integration in coopetitive R&D projects: the management of conflicting logics [J]. International Journal of Project Management, 2012, 30 (7): 771-780.

[78] ENGWALL M. No project is an island: linking projects to history and context [J]. Research Policy, 2003 (32): 789-808.

[79] ERIKSSON P E. Exploration and exploitation in project-based organizations: development and diffusion of knowledge at different organizational levels in construction companies [J]. International Journal of Project Management, 2013 (31): 333-341.

[80] ESKEROD P, SKRIVER H J. Organizational culture restraining in-house knowledge transfer between project managers: a case Study [J]. Project Management Journal, 2007, 38 (1): 110-122.

[81] FAN E T, GRUENFELD D H. When needs outweigh desires: the effects of resource interdependence and reward interdependence on group problem solving [J]. Basic and Applied Social Psychology, 1998, 20 (1): 45-56.

[82] FEY C F, DENISON D R. Organizational culture and effectiveness: can American theory be applied in Russia [J]. Organization Science, 2003, 14 (6): 686-706.

[83] FISCHER K W. A theory of cognitive development: the control and construction of hierarchies of skills [J]. Psychological Review, 1980, 87 (6): 477-531.

[84] FITZEK D. Knowledge management in inter-project learning: a systematic attempt of integration [D]. Sweden: Linköping University, 1999.

[85] FORNELL C, BOOKSTEIN F L. Two structural equation models: LISREL and PLS applied to consumer exit-voice theory [J]. Journal of Marketing Research, 1982, 19 (4): 440-452.

[86] FORNELL C, LARCKER D F. Evaluating structural equation models with unobservable variables and measurement error [J]. Journal of Marketing Research, 1981, 18 (1): 39-50.

[87] FRANK A G, RIBEIRO J L D, ECHEVESTE M E. Factors influencing knowledge transfer between NPD teams: a taxonomic analysis based on a sociotechnical approach [J]. R&D Management, 2015, 45 (1): 1-22.

[88] GAGNE R M. Essentials of Learning for Instruction [M]. New York: Holt, Rinehart and Winston, 1974.

[89] GEFEN D, STRAUB D W, BOUDREAU M C. Structural equation modeling and regression: guidelines for research practice [J]. Communications of the Association for Information Systems, 2000, 4 (7): 1-70.

[90] GOH S C. Managing effective knowledge transfer: an integrative framework and some practice implications [J]. Journal of knowledge management, 2002, 6 (1): 23-30.

[91] GOLD A H, MALHOTRA A, SEGARS A. Knowledge management: an organizational capabilities perspective [J]. Journal of Management Information Systems, 2001, 18 (1): 185-213.

[92] GOLES T, HAWK S, KAISER K M. Information technology workforce skills: the software and IT services provider perspective [J]. Information Systems Frontiers, 2008, 10 (2): 179-194.

[93] GOROVAIA N, WINDSPERGER J. Determinants of knowledge transfer strategy in franchising: integrating knowledge-based and relational governance perspectives [J]. Service Industries Journal, 2013, 33 (12): 1117-1134.

[94] GOVINDARAJAN V, FISHER J. Strategy, control systems, and resource sharing: effects on business-unit performance [J]. The Academy of Management Journal, 1990, 33 (2): 259-285.

[95] GOYETTE S, CASSIVI L, COURCHESNE M, et al. Knowledge transfer mechanisms in an ERP post-implementation stage [C]. CENTERIS 2014 - Conference on Enterprise Information Systems /Proj MAN 2014 - International Conference on Project Management / HCIST 2014 - International Conference on Health and Social Care Information Systems and Technologies, Procedia Technology, 2014 (16): 430-439.

[96] GRANDORI A. Neither hierarchy nor identity: knowledge governance mechanisms and the theory of the firm [J]. Journal of Management and Governance, 2001, 5 (3-4): 381-399.

[97] GRANT R M. Toward a knowledge-based theory of the firm [J]. Strategic Management Journal, 1996, 17 (Winter Special Issue): 109-122.

[98] GUPTA A K, GOVINDARAJAN V. Resource sharing among sbus: strategic antecedents and administrative implications [J]. Academy of Management Journal, 1986, 29 (4): 695-714.

[99] GUPTA A K, GOVINDARAJAN V. Knowledge flows within multinational corporations [J]. Strategic Management Journal, 2000, 21 (4): 473-496.

[100] HAINES M N, GOODHUE D L. Implementation partner involvement and knowledge transfer in the context of ERP implementations [J]. International Journal of Human-Computer Interaction, 2003 (16): 23-38.

[101] HAMEL G. Competition for competence and interpartner learning within international strategic alliances [J]. Strategic management journal, 1991, 12 (S1): 83-103.

[102] HAMMAMI H, AMARA N, LANDRY R. Organizational climate and its influence on

brokers' knowledge transfer activities: a structural equation modeling [J]. International Journal of Information Management, 2013 (33): 105-118.

[103] HANISCH B, LINDNER F, MUELLER A, et al. Knowledge management in project environments [J]. Journal of Knowledge Management, 2009, 13 (4): 148-160.

[104] HANSEN M T, NOHRIA N, TIEMEY T. What's your strategy for managing knowledge [J]. Harvard Business Review, 1999, 77 (2): 106-117.

[105] HO V T, ANG S, STRAUB D. When subordinates become IT contractors: persistent managerial expectations in IT outsourcing [J]. Information Systems Research, 2003, 14 (1): 66-86.

[106] HOLZMANN V. A meta-analysis of brokering knowledge in project management [J]. International Journal of Project Management, 2013 (1): 2-13.

[107] HONG P, DOLL W F, NAHM A Y, et al. Kowledge sharing in integrated product development [J]. European Joumal of Innovation Management, 2004, 7 (2): 102-112.

[108] HSIEH H F, SHANNON S E. Three approaches to qualitative content analysis [J]. Qualitative Health Research, 2005, 15 (9): 1277-1288.

[109] HSU I C. Enhancing employee tendencies to share knowledge-case studies of nine companies in Taiwan [J]. International Journal of Information Management, 2006, 26 (4): 326-338.

[110] INKPEN A C, CURRALL S C. The co-evolution of trust, control, and learning in joint ventures [J]. Organization Science, 2004, 15 (5): 586-599.

[111] IYENGAR K, SWEENEY J R, MONTEALEGRE R. Information technology use as a learning mechanism: the impact of it use on knowledge transfer effectiveness, absorptive capacity, and franchisee performance [J]. MIS Quarterly, 2015, 39 (3): 615-641.

[112] JEWELS T, UNDERWOOD A, FORD M. Determining the constructs for a survey instrument to examine knowledge sharing behavior in IT project environments [C]. Proceedings of the Ninth Pacific Asia Conference on Information Systems, 2005.

[113] JICK T D. Mixing qualitative and quantitative methods: triangulation in action [J]. Administration Science Quarterly, 1979, 24 (4): 602-610.

[114] JOHNSON D W, JOHNSON R T. New developments in social interdependence theory [J]. Genetic, Social, and General Psychology Monographs, 2005, 131 (4): 285-358.

[115] JOSHI K D, SARKER S. Examining the role of knowledge, source, recipient, relational, and situational context on knowledge transfer among face-to-face ISD team [C]. Proceedings of the 39th Hawaii International Conference on System Sciences, 2006.

[116] JOSHI K D, SARKER S, SARKER S. Knowledge transfer among face-to-face information

systems development team members: examining the role of knowledge, source, and relational context [C]. Proceedings of the 37th Hawaii International Conference on System Sciences, 2004.

[117] JOSHI K D, SARKER S. Knowledge transfer within information systems development teams examining the role of knowledge source attributes [J]. Decision Support Systems, 2007, 43 (2): 322 - 335.

[118] KAISER H F. An index of factorial simplicity [J]. Psychometrika, 1974, 39 (1): 31 - 36.

[119] KANE A, ARGOTE L, LEVINE J. Knowledge transfer between groups via personnel rotation: effects of social identity and knowledge quality [J]. Organizational Behavior and Human Decision Processes, 2005, 96 (1): 56 - 71.

[120] KANG J, RHEE M, KANG K H. Revisiting knowledge transfer: effects of knowledge characteristics on organizational effort for knowledge transfer [J]. Expert Systems with Applications, 2010, 37 (12): 8155 - 8160.

[121] KANG K, HAHN J. Learning and forgetting curves in software development: does type of knowledge matter [C]. Proceedings of 2009 International Conferences on Information Systems, 2009: 1 - 16.

[122] KARLSEN J T, GOTTSCHALK P. Factors affecting knowledge transfer in IT projects [J]. Engineering Management Journal, 2004, 16 (1): 3 - 10.

[123] KATZ R, ALLEN T J. Investigating the not invented here syndrome: a look at the performance, tenure and communication patterns of 50 R&D project groups [J]. R&D Management, 1982, 12 (1): 7 - 19.

[124] KHEDHAOURIA A, JAMAL A. Sourcing knowledge for innovation: knowledge reuse and creation in project teams [J]. Journal of Knowledge Management, 2015, 19 (5): 932 - 948.

[125] KNUDSEN M T, ZEDTWITZ M. Transferring capacity: the flipside of absorptive capacity [C]. the DRUID Summer Conference, 2003.

[126] KO D G. The mediating role of knowledge transfer and the effects of client - consultant mutual trust on the performance of enterprise implementation projects [J]. Information & Management, 2014, 51 (5): 541 - 550.

[127] KO D G, KIRSCH L J, KING W R. Antecedents of knowledge transfer from consultants to clients in enterprise system implementations [J]. MIS Quarterly, 2005, 29 (1): 59 - 85.

[128] KOSTOVA T. Transnational transfer of strategic organizational practices: a contextual per-

spective [J]. Academy of Management Review, 1999, 24 (2): 308 – 324.

[129] KRAUSS R M, FUSSELL S R. Mutual knowledge and communicative effectiveness [G] // Intellectual teamwork: social and technological foundations of cooperative work. Hillsdale: Erlbaum, 1990: 111 – 145.

[130] KULKARNI U R, RAVINDRAN S, FREEZE R. A knowledge management success model: theoretical development and empirical validation [J]. Journal of Management Information Systems, 2006, 23 (3): 309 – 347.

[131] LANDAETA R E. Evaluating benefits and challenges of knowledge transfer across projects [J]. Engineering Management Journal, 2008, 20 (1): 29 – 38.

[132] LANG M, DEFLORIN P, DIETL H, et al. The impact of complexity on knowledge transfer in manufacturing networks [J]. Production & Operations Management, 2014, 23 (11): 1886 – 1898.

[133] LAWRENCE P, LORSCH J. Differentiation and integration in complex organizations [J]. Administrative Science Quarterly, 1967 (12): 1 – 30.

[134] LEE T W, MITCHELL T R, SABYLINSKI C J. Qualitative research in organizational and vocational psychology: 1979 – 1999 [J]. Journal of Vocational Behavior, 1999, 55 (1): 161 – 187.

[135] LESEURE M J, BROOKES N J. Knowledge management benchmarks for project management [J]. Journal of Knowledge Management, 2004, 8 (1): 103 – 116.

[136] LEVINA N, VAAST E. The emergence of boundary spanning competence in practice: implications for implementation and use of information systems [J]. MIS Quarterly, 2005, 29 (2): 335 – 363.

[137] LEWIS K, LANGE D, GILLIS L. Transactive memory systems, learning, and learning transfer [J]. Organization Science, 2005, 16 (6): 581 – 598.

[138] LI S T, TSAI M H, LIN C. Building a taxonomy of a firm's knowledge assets: a perspective of durability and profitability [J]. Journal of Information Science, 2010, 36 (1): 36 – 56.

[139] LIEBERMAN M B, MONTGOMERY D B. First – mover (dis) advantages: retrospective and link with the resource – based view [J]. Strategic Management Journal, 1988, 19 (12): 1111 – 1125.

[140] LEONARD – BARTON D. Core capabilities and core rigidities: a paradox in managing new product development [J]. Strategic Management Journal, 1992, 13 (S1): 111 – 125.

[141] LIN H F, LEE G G. Perceptions of senior managers toward knowledge – sharing behaviour

[J]. Management Decision, 2004, 42 (1): 108 – 125.

[142] LIN T, HUANG C. Understanding knowledge management system usage antecedents: an integration of social cognitive theory and task technology fit [J]. Information & Management, 2008, 45 (6): 410 – 417.

[143] LINDNER F, WALD A. Success factors of knowledge management in temporary [J]. International Journal of Project Management, 2011, 29 (7): 877 – 888.

[144] LOO R. Working towards best practices in project management: a Canadian study [J]. International Journal of Project Management, 2002, 20 (2): 93 – 98.

[145] LUI S S, NGO H Y, HON A H Y. Coercive strategy in interfirm cooperation: mediating roles of interpersonal and inter – organizational trust [J]. Journal of Business Research, 2005, 59 (4): 466 – 474.

[146] MAIER N. Problem solving and creativity: in individuals and groups [M]. Brooks Cole, Belmont, CA, 1970.

[147] MAINGA W. An examination of the nature and type of organizational learning infrastructure that supports inter – project learning in swedish consultancy firms [J]. International Review of Business Research Papers, 2010, 6 (3): 129 – 156.

[148] MANNING S. Embedding projects in multiple contexts – a structuration perspective [J]. International Journal of Project Management, 2008 (26): 30 – 37.

[149] MARABELLI M, NEWELL S. Organizational learning and absorptive capacity in managing ERP implementation projects [C]. In Proceedings of the 30th International Conference on Information Systems, 2009, Paper 136, Phoenix, Arizona.

[150] MARKS M A, MATHIEU J E, ZACCARO S J. A temporally based framework and taxonomy of team processes [J]. The Academy of Management Review, 2001, 26 (3): 356 – 376.

[151] MARTIN P Y, TURNER B A. Grounded theory and organizational research [J]. Journal of Applied Behavioral Science, 1986, 22 (2): 141 – 157.

[152] MARTIN X, SALOMON R. Knowledge transfer capacity and its implications for the theory of the multinational corporation [J]. Journal of International Business Studies, 2003 (34): 356 – 373.

[153] MC DERMOTT R, O'DELL C. Overcoming cultural barriers to sharing knowledge [J]. Journal of Knowledge Management, 2001, 5 (1): 76 – 85.

[154] MENON T, PFEFFER J. Valuing internal vs. external knowledge: explaining the preference for outsiders [J]. Management Science, 2003, 49 (4): 497 – 513.

[155] MEO P D, PLUTINO D, QUATTRONE G, et al. A team building and team update system in a projectised organization scenario [J]. International Journal of Data Mining Modelling & Management, 2010, 2 (1): 22 – 74.

[156] MILES M B, HUBERMAN A M. Qualitative data analysis: an expanded sourcebook [M]. Sage: Thousand Oaks, 1994.

[157] MINBAEVA D B, MICHAILOVA S. Knowledge transfer and expatriation in multinational corporations: the role of disseminative capacity [J]. Employee Relations, 2004, 26 (6): 663 – 679.

[158] MINBAEVA D, PEDERSEN T, BJORKMAN I, et al. MNC knowledge transfer, subsidiary absorptive capacity and HRM [J]. Journal of International Business Studies, 2014, 45 (1): 38 – 51.

[159] MINGERS J. Combining IS research methods: towards a pluralist methodology [J]. Information Systems Research, 2001, 12 (3): 240 – 259.

[160] MOHAMMED S, KLIMOSKI R. Team mental model: construct or metaphor? [J]. Journal of Management, 1994, 20 (2): 403 – 437.

[161] MOORE G C, BENBASAT I. Development of an instrument to measure the perceptions of adopting an information technology innovation [J]. Information Systems Research, 1991, 2 (3): 192 – 222.

[162] MOSKALIUK J, BERTRAM J, CRESS U. Impact of virtual training environments on the acquisition and transfer of knowledge, cyberpsychology [J]. Behavior & Social Networking, 2013, 16 (3): 210 – 214.

[163] MUTHUSAMY S K, WHITE M A. Learning and knowledge transfer in strategic alliances: a social exchange view [J]. Organization Studies, 2005, 26 (3): 415 – 441.

[164] NAMBISAN S, WANG Y M. Web technology adoption and knowledge barriers [J]. Journal of Organisational Computing and Electronic Commerce, 2000, 10 (2): 129 – 147.

[165] NEISSER U. Cognitive psychology [M]. New York: Appleton Century Crofts, 1967.

[166] NELSON K M, COOPRIDER J G. The contribution of shared knowledge to IS group performance [J]. MIS Quarterly, 1996, 20 (4): 409 – 432.

[167] NELSON R R, WINTER S G. An evolutionary theory of economic change [M]. Harvard University Press, 1982.

[168] NEWELL S, BRESNEN M, EDELMAN L, et al. Sharing knowledge across projects: limits to ICT – led project review practices [J]. Management Learning, 2006, 37 (2):

167 - 185.

[169] NEWELL S, COLLEGE B. Enhancing cross - project learning [J]. Engineering Management Journal, 2004, 16 (1): 12 - 19.

[170] NEWELL S, EDELMAN L F. Developing a dynamic project learning and cross - project learning capability: synthesizing two perspectives [J]. Information Systems Journal, 2008, 18 (6): 567 - 591.

[171] NICKERSON J A, ZENGER T R. A knowledge - based theory of the firm: the problem - solving perspective [J]. Organization Science, 2004, 15 (6): 617 - 632.

[172] NOBEOKA K, CUSUMANO M A. Multi - project management: inter - project interdependency and organizational coordination in new product development [A]. Working paper, Sloan School of Management, Massachusetts Institute of Technology, 1994.

[173] NOBEOKA K. Inter - project learning in new product development [J]. Academy of Management Journal, 1995, 38 (4): 432 - 436.

[174] NONAKA I. A dynamic theory of organizational knowledge creation [J]. Organization Science, 1994, 5 (1): 14 - 37.

[175] NONAKA I, KROGH G, VOELPEL S. Organizational knowledge creation theory: evolutionary paths and future advances [J]. Organization Studies, 2006, 27 (8): 1179 - 1208.

[176] OECD. The knowledge - based economy [M/OL]. http: //www. oecd. org/dataoecd/51/8/1913021pdf.

[177] OSTERLOH M, FREY B S. Motivation, knowledge transfer, and organizational forms [J]. Organization Science, 2000, 11 (5): 538 - 550.

[178] PAK Y S, PARK Y R. A framework of knowledge transfer in cross - borer joint ventures: an empirical test of the korean context [J]. Management International Review, 2004, 44 (4): 417 - 434.

[179] PAN S L, NEWELL S, HUANG J C, et al. Knowledge integration as a key problem in an ERP implementation [C]. Twenty - Second International Conference on Information Systems, 2001.

[180] PANDEY S C, DUTTA A. Role of knowledge infrastructure capabilities in knowledge management [J]. Journal of Knowledge Management, 2013, 17 (3): 435 - 453.

[181] PARK C W, IM G, KEIL M. Overcoming the mum effect in IT project reporting: impacts of fault responsibility and time urgency [J]. Journal of the Association for Information Systems (JAIS), 2008, 9 (7): 409 - 431.

[182] PARK J G, LEE J. Knowledge sharing in information systems development projects: explicating the role of dependence and trust [J]. International Journal of Project Management, 2014, 32 (1): 153–165.

[183] PAROLIA N, JIANG J J, KLEIN G, et al. The contribution of resource interdependence to IT program performance: a social interdependence perspective [J]. International Journal of Project Management, 2011, 29 (3): 313–324.

[184] PEMSEL S, MÜLLER R. The governance of knowledge in project–based organizations [J]. International Journal of Project Management, 2012, 30 (8): 865–876.

[185] PEMSEL S, WIEWIORA A. Project management office a knowledge broker in project–based organisations [J]. International Journal of Project Management, 2013 (1): 31–42.

[186] PENROSE E T. The theory of the growth of the firm [M]. New York: John Wiley & Sons, 1959.

[187] PETLT T A. A behavioral theory of management [J]. Academy of Management Journal, 1967, 10 (4): 341–350.

[188] PETTER S, RANDOLPH A B. Developing soft skills to manage user expectations in IT projects: knowledge reuse among IT project managers [J]. Project Management Journal, 2009, 40 (4): 45–59.

[189] PETTER S, VAISHNAVI V. Facilitating experience reuse among software project managers [J]. Information Sciences, 2008 (178): 1783–1802.

[190] PFEFFER J, SALANCIK G R. The external control of organizations: a resource dependence perspective [M]. New York: Harper and Row, 1978.

[191] PODSAKOFF P M, ORGAN D W. Self–reports in organizational research: problems and prospects [J]. Journal of Management, 1986, 12 (4): 531–544.

[192] PORTER M. Competitive strategy [M]. Free Press: New York, 1980.

[193] PORTER M E. Competitive advantage: creating and sustaining superior performance [M]. New York: Free Press, 1985.

[194] PRAHALAD C K, HAMEL G. The core competence of the corporation [J]. Harvard Business Review, 1990 (3): 79–91.

[195] PRUSAK L. Knowledge in organizations [M]. Boston: Butterworth–Heinemann, MA, 1997.

[196] RAINE–EUDY R. Using sturctural equation modeling to test for differential reliability and

validity: an empirical demonstration [J]. Structural Equation Modeling, 2000, 7 (1): 124 – 141.

[197] RANSLEY D L, ROGERS J L. A consensus on best R&D practices [J]. Research – Technology Management, 1994, 37 (3 – 4): 19 – 26.

[198] RATCHEVA V. Integrating diverse knowledge through boundary spanning processes: the case of multidisciplinary project teams [J]. International Journal of Project Management, 2009, 27 (3): 206 – 215.

[199] RAVICHANDRAN T. Organizational assimilation of complex technologies: an empirical study of component – based software development [J]. IEEE Transactions on Engineering Management, 2005, 52 (2): 249 – 268.

[200] RENZL B. Trust in management and knowledge sharing: the mediating effects of fear and knowledge documentation [J]. Omega, 2008, 36 (2): 206 – 220.

[201] RINGLE C M. Gütemaße für den Partial – least – squares – Ansatz zur Bestimmung von Kausalmodellen [J]. Inst Für Industriebetriebslehre Und Organisation Arbeitsbereich Industrielles Management, 2004 (16): 1 – 32.

[202] ROBERTS B. Pick employees' brains [J]. HR Magazine, 2000, 45 (2): 115 – 120.

[203] ROBERTS T L, CHENEY P, SWEENEY P. Project characteristics and group communication: an investigation [J]. IEEE Transactions on Professional Communication, 2002, 45 (2): 84 – 98.

[204] ROBERTS T L, CHENEY P, SWEENEY P, et al. The effects of information technology project complexity on group interaction [J]. Journal of Management Information Systems, 2005, 21 (3): 223 – 247.

[205] ROSEMANN M, CHAN R. Structuring and modeling knowledge in the context of enterprise resource planning [C]. the 4th Pacific Asia Conference on Information Systems, Hong Kong, Publishing Technology Center, the Hong Kong University of Science and Technology, 2000.

[206] RUS I, LINDVALL M. Guest editors' introduction: knowledge management in software engineering [J]. IEEE Software, 2002, 19 (3): 26 – 38.

[207] RUSTAGI S, KING W R, KIRSCH L J. Predictors of formal control usage in IT outsourcing partnerships [J]. Information Systems Research, 2008, 19 (2): 126 – 143.

[208] RYU S, HO S H, HAN I. Knowledge sharing behavior of physicians in hospitals [J]. Expert Systems with Applications, 2003, 25 (1): 113 – 122.

[209] SARKER S, NICHOLSON D B, JOSHI D. Knowledge transfer in virtual systems development teams: an exploratory study of four key enablers [J]. Transactions on Professional Communication, 2005, 48 (2): 201 - 218.

[210] SCARBROUGH H, BRESNEN M, EDELMAN L, et al. The processes of project - based learning: an exploratory study [J]. Management Learning, 2004, 35 (4): 491 - 506.

[211] SCARINGELLA L, BURTSCHELL F. The challenges of radical innovation in Iran: knowledge transfer and absorptive capacity highlights-evidence from a joint venture in the construction sector [J]. Technological Forecasting & Social Change, 2015.

[212] SCHEIN E H. Organizational culture [J]. American psychologist, 1990, 45 (2): 109 - 119.

[213] SCHINDLER M, EPPLER M J. Harvesting project knowledge: a review of project learning methods and success factors [J]. International Journal of Project Management, 2003, 21 (3): 219 - 228.

[214] SENGE P. The Fifth Discipline [M]. London: Century Books, 1993.

[215] SETHI V, KING W R. Development of measures to assess the extent to which an information technology application provides competitive advantage [J]. Management Science, 1994, 40 (12): 1601 - 1627.

[216] SHI Z, KUNNATHUR A S, RAGU - NATHAN T S. IS outsourcing management competence dimensions: instrument development and relationship exploration [J]. Information & Management, 2005, 42 (6): 901 - 919.

[217] SIMONIN B L. Ambiguity and the process of knowledge transfer in strategic alliances [J]. Strategic management journal, 1999, 20 (7): 595 - 623.

[218] SIMONIN B L. An empirical investigation of the process of knowledge transfer in international strategic alliances [J]. Journal of International Business Studies, 2004, 35 (5): 407 - 427.

[219] SINGLEY M K, ANDERSON J R. The transfer of cognitive skill [M]. Cambridge, MA: Harvard University Press, 1989.

[220] SLAUGHTER S A, KIRSCH L J. The effectiveness of knowledge transfer portfolios in software process improvement: a field study [J]. Information Systems Research, 2006, 17 (3): 301 - 320.

[221] SODERQUIST K E, PRASTACOS G P. Knowledge transfer in NPD projects: lessons from 12 global corporations [C]. The third European Conference on Organizational Knowledge,

Learning and Capabilities, Athens, 2002.

[222] SPENDER J C. Making knowledge the basis of a dynamic theory of the firm [J]. Strategic Management Journal, 1996, 17 (Winter): 45 – 62.

[223] SPILERMAN S. Raising academic motivation in lower class adolescents: a convergence of two research traditions [J]. Sociology of Education, 1971, 44 (1): 103 – 118.

[224] STEMLER S. An overview of content analysis, practical assessment [J]. Research & Evaluation, 2001, 7 (17): 1 – 6.

[225] STEVENS M J, M A. The knowledge, skill, and ability requirements for teamwork: implications for human resource management [J]. Journal of Management, 1994, 20 (2): 503 – 530.

[226] STRAUSS A, CORBIN J. Basics of qualitative research: techniques and procedures for developing grounded theory [M]. 2nd ed. CA: Sage Thousand Oaks, 1998.

[227] SUBBA NARASIMHA P N. Strategy in turbulent environments: the role of dynamic competence [J]. Managerial and Decision Economics, 2001 (22): 201 – 212.

[228] SZULANSKI G. Exploring internal stickiness: impediments to the transfer of best practice within the firm [J]. Strategic management journal, 1996, 17 (Winter Special Issue): 27 – 43.

[229] SZULANSKI G. The process of knowledge transfer: a diachronic analysis of stickiness [J]. Organizational Behavior and Human Decision Processes, 2000, 82 (1): 9 – 27.

[230] TABACHNICK B G, FIDELL L S. Using multivariate statistics [M]. 5th Ed. Boston, MA: Allyn and Bacon, 2007.

[231] TANRIVERDI H. Performance effects of information technology synergies in multi – business firms [J]. MIS Quarterly, 2006, 30 (1): 57 – 77.

[232] TANRIVERDI H, IACONO S C. Diffusion of telemedicine: a knowledge barrier perspective [J]. Telemedicine Journal, 1999, 5 (3): 223 – 244.

[233] TANRIVERDI H, VENKATRAMAN N. Knowledge relatedness and the performance of multibusiness firms [J]. Strategic Management Journal, 2005, 26 (2): 97 – 119.

[234] TATIKONDA M V, MONTOYA – WEISS M M. Integrating operations and marketing perspectives of product innovation: the influence of organizational process factors and capabilities on development performance [J]. Management Sciences, 2001, 47 (1): 151 – 172.

[235] TATIKONDA M V, ROSENTHAL S R. Successful execution of product development projects: balancing firmness and flexibility in the innovation process [J]. Journal of Opera-

tions Management, 2000, 18 (4): 401 -425.

[236] TEECE D J, PISANO G, SHUEN A. Dynamic capabilities and strategic management [J]. Strategic Management Journal, 1997, 18 (7): 509 -533.

[237] TEERAJETGUL W, CHAREONNGAM C, WETHYAVIVORN P. Key knowledge factors in Thai construction practice [J]. International Journal of Project Management, 2009 (27): 833 -839.

[238] TEO T S H, BHATTACHERJEE A. Knowledge transfer and utilization in IT outsourcing partnerships: a preliminary model of antecedents and outcomes [J]. Information & Management, 2014, 51 (2): 177 -186.

[239] TESCH D, SOBOL M. G, KLEIN G, et al. User and developer common knowledge: effect on the success of information system development projects [J]. International Journal of Project Management, 2009 (27): 657 -664.

[240] BETZ S, OBERWEIS A, STEPHAN R. Knowledge transfer in offshore outsourcing software development projects: an analysis of the challenges and solutions from German clients [J]. Expert Systems, 2014, 31 (3): 282 -297.

[241] TESCH D, SOBOL M G, KLEIN G, et al. User and developer common knowledge: effect on the success of information system development projects [J]. International Journal of Project Management, 2009, 27 (7): 657 -664.

[242] THOMPSON J D. Organizations in action [M]. New York: McGraw -Hill, 1967.

[243] TIMBRELL G, ANDREWS N, GABLE G. Impediments to inter -firm transfer of best practice: in an enterprise systems context [C]. AMCIS 2001 Proceedings, 2001: 211.

[244] TIWANA A. An empirical study of the effect of knowledge integration on software development performance [J]. Information and Software Technology, 2004, 46 (13): 899 -906.

[245] TRICE H M, BEYER J M. The cultures of work organizations [M]. Englewood Cliffs, NJ: Prentice -Hall, 1993.

[246] TSAI M T, CHENG N C. Programmer perceptions of knowledge -sharing behavior under social cognitive theory [J]. Expert Systems with Applications, 2010, 37 (12): 8479 -8485.

[247] TSANG W K A. Preliminary typology of learning in international strategic alliances [J]. Journal of World Business, 1999, 34 (3): 211 -229.

[248] VANCIL R F. IBM Corporation: background note [G] //Implementing strategy: the role of top management. Boston: Division of Research, Harvard Graduate School of Business Ad-

ministration, 1982: 37-50.

[249] VERMA D, SINHA K K. Toward a theory of project interdependencies in high tech R&D environments [J]. Journal of Operations Management, 2002, 20 (5): 451-468.

[250] WALUMBWA F O, LAWLER J J, AVOLIO B J, et al. Transformational leadership and work-related attitudes: The moderating effects of collective and self-efficacy across cultures [J]. Journal of Leadership and Organizational Studies, 2005, 11 (2): 2-16.

[251] WATSON S, HEWETT K. A multi-theoretical model of knowledge transfer in organizations: determinants of knowledge contribution and knowledge reuse [J]. Journal of Management Studies, 2006, 43 (2): 141-173.

[252] WERNERFELT B. A resource-based view of the firm [J]. Strategic Management Journal, 1984, 5 (2): 171-180.

[253] WHEELER B C. NEBIC: a dynamic capabilities theory for assessing net-enablement [J]. Information Systems Research, 2002, 13 (2): 125-146.

[254] WHYTE G, SAKS A M, HOOK S. When success breeds failure: the role of self-efficacy in escalating commitment to a losing course of action [J]. Journal of Organizational Behavior, 1997, 18 (5): 415-432.

[255] WIEWIORA A, TRIGUNARSYAH B, MURPHY G, et al. Organizational culture and willingness to share knowledge: a competing values perspective in Australian context [J]. International Journal of Project Management, 2013, 31 (8): 1163-1174.

[256] WIEWIORA A, TRIGUNARSYAH1 B, MURPHY G, et al. The impact of unique characteristics of projects and project-based organizations on knowledge transfer [C]. 10th European Conference on Knowledge Management, 2009.

[257] WILLIAMS C. Transfer in context: replication and adaptation in knowledge transfer relationships [J]. Strategic Management Journal, 2007, 28 (9): 867-889.

[258] WILLIAMS R. Universal solutions or local contingencies? Tensions and contradictions in the mutual shaping of technology and work organization [G] //Innovation, organizational change and technology. London: ITB Press, 1997: 170-185.

[259] WILLIAMS T. How do organisations learn lessons from projects [J]. Transactions in Engineering Management, 2008, 55 (2): 248-266.

[260] WOOD R, BANDURA A. Impact of conceptions of ability on self-regulatory mechanisms and complex decision making [J]. Journal of Personality and Social Psychology, 1989, 56 (3): 407-415.

[261] WU J, KUO C. Developing cross – project and corporate learning capabilities via knowledge management infrastructures: case study of a major construction firm in Taiwan [J]. The Journal of Behavioral Science, 2007, 2 (1): 84 – 108.

[262] XIA W, LEE G. Complexity of information systems development projects: conceptualization and measurement development [J]. Journal of Management Information Systems, 2005, 22 (1): 45 – 83.

[263] XU Q, MA Q. Determinants of ERP implementation knowledge transfer [J]. Information & Management, 2008, 45 (8): 528 – 539.

[264] YAN A, GRAY B. Bargaining power, management control, and performance in United States – China jointventures: a comparative case study [J]. Academy of Management Journal, 1994, 37 (6): 1478 – 1517.

[265] YIN R K. Case study research: design and methods [M]. 3rd ed. Sage Publications, 2003.

[266] YIN R K. Case study research: design and methods [M]. Sage Publications Inc, Thousand Oaks, California, 2009.

[267] YOO K. Development of transactive memory systems and collective mind in virtual teams [J]. The International Journal of Organizational Analysis, 2001, 9 (2): 187 – 208.

[268] ZANDER U, KOGUT B. Knowledge and the speed of the transfer and imitation of organizational capabilities: an empirical test [J]. Organization Science, 1995, 6 (1): 76 – 92.

[269] ZEDTWITZ M V. Organizational learning through post – project reviews in R&D [J]. R&D Management, 2002, 32 (3): 255 – 268.

[270] ZHANG Y, HILTZ S R. Factors that influence online relationship development in a knowledge sharing community [C]. Proceedings of the Ninth American Conference on Information Systems, 2003: 410 – 417.

[271] ZHAO D L, ZUO M Y. Cross – project knowledge transfer in an IT service enterprise: connotation, types and features [C]. 2011 2nd International Conference on Management Science and Engineering, August 24 – 25, 2011a.

[272] ZHAO D L, ZUO M Y. Knowledge transferred across projects and its characteristics in an IT service enterprise [C]. 2011 International Conference of Information Technology, Computer Engineeing and Management Sciences, September 24 – 25, 2011b.

[273] ZHAO D L, ZUO M Y, DENG X F. (Nancy). Examining the influencing factors of cross – project knowledge transfer: an empirical study of IT service firms [C]. Proceedings of 2011

International Conferences on Information Systems, 2011.

[274] ZIMMERMANN A, RAVISHANKAR M N. Knowledge transfer in IT offshoring relationships: the roles of social capital, efficacy and outcome expectations [J]. Information Systems Journal, 2014, 24 (2): 167 - 202.

[275] [美] 斯蒂芬·P. 罗宾斯. 组织行为学 [M]. 北京: 中国人民大学出版社, 2008.

[276] [日] 竹内弘高, 野中郁次郎. 知识创造的螺旋: 知识管理理论与案例研究 [M]. 李萌, 译. 北京: 知识产权出版社, 2005.

[277] 陈怀超, 范建红, 牛冲槐. 制度距离对中国跨国公司知识转移效果的影响研究: 国际经验和社会资本的调节效应 [J]. 科学学研究, 2014 (4): 593 - 603.

[278] 陈明, 周健明. 企业文化、知识整合机制对企业间知识转移绩效的影响研究 [J]. 科学学研究, 2009, 27 (4): 580 - 587.

[279] 陈文波, 曾庆丰, 宋培建, 等. 基于知识视角的组织信息技术吸收研究 [J]. 科学学与科学技术管理, 2010 (5): 81 - 86.

[280] 陈晓萍, 徐淑英, 樊景立. 组织与管理研究的实证方法 [M]. 北京: 北京大学出版社, 2008.

[281] 邓春平, 李晓燕, 潘绵臻. 组织惰性下控制影响知识转移的压力与认同机制——离岸 IT 服务外包中的案例研究 [J]. 科学学与科学技术管理, 2015, 36 (7): 38 - 48.

[282] 邓春平, 毛基业. 控制、吸收能力与知识转移——基于离岸 IT 服务外包业的实证研究 [J]. 管理评论, 2012 (2): 131 - 139, 176.

[283] 邓春平. 离岸软件外包中的知识转移实证研究 [D]. 北京: 中国人民大学, 2008.

[284] 董小英. 企业信息化过程中的知识转移: 联想集团案例分析 [J]. 中外管理导报, 2002 (11): 28 - 35.

[285] 杜红, 李从东, 李晓宇. 面向 ERP 实施的知识转移体系研究 [J]. 管理工程学报, 2005, 9 (2): 110 - 113.

[286] 杜丽虹, 吴先明. 吸收能力、制度环境与跨国公司逆向知识转移——基于中国海外投资企业的问卷调研 [J]. 科学学研究, 2013, 31 (4): 584, 596 - 604.

[287] 杜亚丽. 跨层次视角下项目社会资本对知识转移的影响——以工程咨询项目为例 [J]. 东北财经大学学报, 2015 (3): 16 - 19.

[288] 杜亚丽. 社会资本对工程咨询项目绩效的影响——项目间知识转移的中介作用 [D]. 大连: 东北财经大学, 2012.

[289] 樊钱涛, 王大成. 研发项目中隐性知识传递效果的影响机制研究 [J]. 科研管理, 2009, 30 (2): 47 - 56.

[290] 高永刚. 面向项目的知识共享及其综合评价研究 [D]. 天津：天津大学, 2005.

[291] 古继宝, 张英, 管凯. 知识密集型企业项目组间知识转移博弈分析 [J]. 科学学研究, 2006, 24 (12)：590-594.

[292] 关涛. 知识特性对跨国公司选择知识转移工具的影响 [J]. 科研管理, 2012, 33 (5)：79-85, 94.

[293] 张睿, 于渤. 技术联盟知识转移影响因素实证研究 [J]. 科学学研究, 2008, 26 (5)：2014-1030.

[294] 郭宝贤, 张玲玲. IT 系统运维中的知识转移研究 [J]. 科学管理研究, 2009, 27 (1)：62-66.

[295] 韩明华. 知识源企业转移能力对知识转移作用机制的仿真研究：产业集群环境下的分析 [J]. 情报科学, 2013 (5)：118-122.

[296] 何永刚. 信息系统开发过程中知识转移研究 [D]. 上海：复旦大学, 2007.

[297] 胡玲, 金占明. 战略管理知识特征对在华子公司绩效的影响研究 [J]. 科研管理, 2012 (4)：93-101.

[298] 邝宁华. 知识型企业的管理模式和团队间知识共享研究 [D]. 西安：西安电子科技大学, 2004.

[299] 李靖华, 庞学卿. 组织文化 知识转移与新服务开发绩效：城市商业银行案例 [J]. 管理工程学报, 2011, 25 (4)：163-171.

[300] 李维安. 探求知识管理的制度基础：知识治理 [J]. 南开管理评论, 2007 (3).

[301] 李晓燕, 基于心理契约视角的 IT 外包项目控制机制：一项两阶段实证研究 [D]. 北京：中国人民大学, 2010.

[302] 李晓宇. 面向 ERP 系统实施的知识管理体系研究 [J]. 科学管理研究, 2004, 22 (1)：78-80.

[303] 李勇. IT 外包中的知识转移机制研究 [J]. 图书情报工作, 2009, 53 (4)：124-127.

[304] 廖成林, 袁艺. 基于社会认知理论的企业内知识分享行为研究 [J]. 科技进步与对策, 2009, 26 (3)：137-139.

[305] 林东清. 知识管理理论与实务 [M]. 北京：电子工业出版社, 2005.

[306] 刘静琳, 李桂君. 项目间知识共享：量表与模型 [J]. 中国管理科学, 2010, 18 (11)：665-670.

[307] 刘军. 管理研究方法：原理与应用 [M]. 北京：中国人民大学出版社, 2008.

[308] 刘咏梅, 王琦, 彭连刚. 中国知识管理研究现状综述与趋势分析 [J]. 研究与发展管理, 2009, 21 (2)：31-38.

[309] 卢新元, 周茜, 高沛然, 等. 基于激励机制与知识联盟的 IT 外包中知识转移风险规避模型 [J]. 情报科学, 2013, 31 (5): 113-117.

[310] 罗珉. 组织间关系理论最新研究视角探析 [J]. 外国经济与管理, 2007, 29 (1): 25-32.

[311] 毛基业, 李晓燕. 理论在案例研究中的作用——中国企业管理案例论坛 (2009) 综述与范文分析 [J]. 管理世界, 2010 (2): 106-113, 140.

[312] 毛基业, 张霞. 案例研究方法的规范性及现状评估——中国企业管理案例论坛 (2007) 综述 [J]. 管理世界, 2008 (4): 115-121.

[313] 祁红梅, 黄瑞华. 影响知识转移绩效的组织情境因素及动机机制实证研究 [J]. 研究与发展管理, 2008, 20 (2): 58-63.

[314] 邱皓政, 林碧芳. 结构方程模型的原理与应用 [M]. 北京: 中国轻工业出版社, 2009.

[315] 任志安. 超越知识管理: 知识治理理论的概念、框架及应用 [J]. 科研管理, 2007 (1).

[316] 舒宗瑛. 基于物元模糊模型的图书馆知识转移评价研究 [J]. 情报科学, 2012 (7): 1044-1047.

[317] 疏礼兵. 技术创新视角下企业研发团队内部知识转移影响因素的实证分析 [J]. 科学学与科学技术管理, 2007 (7): 108-114.

[318] 疏礼兵. 团队内部知识转移的过程机制与影响因素研究——以企业研发团队为例 [D]. 杭州: 浙江大学, 2006.

[319] 谭大鹏, 霍国庆, 王能元, 等. 知识转移及其相关概念辨析 [J]. 图书情报工作, 2005, 49 (2): 7-10, 143.

[320] 唐辉, 赵富强, 陈耘. 基于中介效应的心理资本与知识转移的影响机理研究 [J]. 当代经济管理, 2012, 34 (11): 34-38.

[321] 唐宁玉, 王重鸣. 虚拟团队学习效能研究: 社会认知因素的影响 [J]. 心理科学, 2007, 30 (1): 227-231.

[322] 童亮. 基于跨组织合作联结的复杂产品系统创新知识管理机制研究 [D]. 浙江: 浙江大学, 2006.

[323] 王炳富, 刘芳. 知识互补能力对创新集群知识转移综合能力影响的研究 [J]. 统计与决策, 2012 (23): 48-51.

[324] 王惠文. 偏最小二乘回归方法及其应用 [M]. 北京: 国防工业出版社, 1999.

[325] 王健友. 知识治理的起源与理论脉络梳理 [J]. 外国经济与管理, 2007 (6).

[326] 王岚, 王凯. 基于认知模式的企业集群知识转移研究 [J]. 科学学与科学技术管理, 2008 (2): 119-122, 132.

[327] 王能民,杨彤,汪应洛.项目环境中知识转移的策略研究 [J].科学学与科学技术管理,2006(3):68-74.

[328] 王彦博,和金生.创新导向型项目之间的知识共享研究 [J].电子科技大学学报:社科版,2010,12(1):30-34.

[329] 魏道江,李慧民,康承业.项目型组织内部知识共享的系统动力学仿真研究 [J].情报理论与实践,2014,37(9):79-85.

[330] 吴涛.项目导向、组织学习和竞争优势——新旧项目间知识继承研究 [J].科技管理研究,2012(7):164-167.

[331] 徐进,朱菁.国内外知识情境研究综述 [J].情报杂志,2009,28(3):23-26,30.

[332] 徐青,ERP实施知识转移影响因素实证研究 [D].杭州:浙江大学,2006.

[333] 薛求知,关涛.跨国公司知识转移:知识特性与转移工具研究 [J].管理科学学报,2006,9(6):64-72.

[334] 杨东红,陈永风,刘宏伟,等.基于三角模糊数的企业知识转移能力评价 [J].辽宁工程技术大学学报:社会科学版,2015,17(6):608-612.

[335] 姚树俊,郭娜.IT外包知识转移风险对企业创新绩效影响机理研究 [J].科学管理研究,2015,33(3):76-79.

[336] 叶舒航,郭东强,葛虹.转型企业外部知识转移影响因素研究——基于元分析方法 [J].科学学研究,2014,32(6):909-918,926.

[337] 尹洁,李锋,葛世伦,等.ERP实施顾问向关键用户知识转移影响因素研究——基于制造企业的实证分析 [J].科学学研究,2011,29(1):112-120.

[338] 尤天慧,李飞飞.组织知识转移能力评价方法及提升策略 [J].科技进步与对策,2010(14):121-124.

[339] 余艳.建设项目知识转移过程及影响因素研究 [D].上海:上海大学,2011.

[340] 张爱卿.当代组织行为学——理论与实践 [M].北京:人民邮电出版社,2006.

[341] 赵大丽,周军杰,左美云.IT服务企业跨项目知识转移的影响因素研究 [J].管理案例研究与评论,2011,4(6):415-431.

[342] 周浩,龙立荣.共同方法偏差的统计检验与控制方法 [J].心理科学进展,2004,12(6):942-950.

[343] 周密,赵文红,宋红媛.基于知识特性的知识距离对知识转移影响研究 [J].科学学研究,2015(7):1059-1068.

[344] 周文霞,郭桂萍.自我效能感:概念、理论和应用 [J].人民大学学报,2006,1(1):91-94.

[345] 朱晋伟, 胡万梅. 外派人员、沟通满意度与知识转移能力——基于在华跨国公司的实证研究 [J]. 华东经济管理, 2015, 29 (6): 180-184.

[346] 朱亚丽, 孙元, 狄瑞波. 网络特性、知识缄默性对企业间知识转移效果的影响: 基于网络特性调节效应的实证分析 [J]. 科研管理, 2012, 33 (9): 107-115.

[347] 左美云, 赵大丽, 刘雅丽. 知识转移方式的规范分析: 过程、方式和治理 [J]. 信息系统学报, 清华大学出版社, 2011 (7): 22-36.

[348] 左美云, 许珂, 陈禹. 企业知识管理的内容框架研究 [J]. 中国人民大学学报, 2003 (5): 69-76.

[349] 左美云. 企业信息化主体间的六类知识转移 [J]. 计算机系统应用, 2004 (8): 72-74.

附　录

一、IT 服务企业跨项目知识转移影响因素的访谈提纲

1. 请您简要谈谈公司在同时进行多个项目时，不同项目的实施团队之间相互交流和学习的大致情况。

2. 不同项目的实施团队之间是否会经常交流项目管理方面的知识和经验？

3. 在做项目的过程中，不同项目实施团队之间主要探讨和交流哪些方面的知识和经验？如业务领域方面或技术实施方面的知识和经验？

4. 您认为哪些因素会影响不同项目实施团队之间的知识和经验交流？比如，项目团队的能力？项目团队的积极性？

5. 您认为公司或项目部门的组织管理因素会对不同项目实施团队之间的知识和经验交流产生影响吗？如果会，这些因素主要有哪些？它们如何影响项目团队间的经验交流？

6. 您认为项目方面的因素会影响不同项目实施团队之间的知识和经验交流吗？如果会，主要有哪些？这些因素对项目团队之间的交流有什么影响？

7. 您觉得对不同项目实施团队之间的经验交流和相互学习活动会起促进作用的因素主要有哪些？会带来困难或阻碍的因素又主要有哪些？

8. 您认为，为更好地促进不同项目实施团队之间的经验交流和知识共享，可以或有必要采用的管理措施有哪些？

9. 您认为，不同项目实施团队之间的知识交流和经验共享对公司的知识积累、团队能力提供以及项目实施工作及绩效等各方面有什么样的影响？

二、IT 服务企业内部跨项目知识转移影响因素初步探索调查问卷 A

×××经理：

您好！在项目实施过程中，不同项目之间可能存在相互交流和学习知识的现象。本问卷调查的是您参与的某个项目向本公司同步进行的另一个项目转移知识的相关情况。您在填写此问卷时，只需回忆您所在项目团队向另一个项目团队转移知识的实际情况，不用考虑您所在项目团队向另一个项目团队学习知识的相关情况。问卷填写无须记名，答案没有对错之分。所有数据和信息仅供学术研究之用，绝不对外公开。请您根据对团队转移知识整体情况（而不是个人转移知识的行为）的回忆放心填答。

感谢您的鼎力支持！

请您先填写问卷套数：第＿＿＿＿＿＿套

以下问卷中，每一条语句后面的数字反映了所描述情况的不同程度。请根据您所在项目团队向另一个项目团队（以下简称"对方团队"）转移知识的真实情况，从这五个数字中选择最接近的一个。

您所在的项目：

A. 已经结项；B. 正在进行

您所在的项目与对方项目是：

A. 两个独立的项目；B. 一个大项目下的两个子项目

A.

题项标号	相比较，您所在的项目与对方项目的：	非常不同意	不同意	一般	同意	非常同意
PS1	1）服务对象都来自相同的产业部门	1	2	3	4	5
PS2	2）实施内容都是类似的功能模块	1	2	3	4	5
PS3	3）所采用的实施工具（如软件开发工具或测试工具）相同	1	2	3	4	5
PS4	4）实施步骤相同	1	2	3	4	5

B.

题项标号	在执行项目任务时,您所在的项目团队:	非常不同意	不同意	一般	同意	非常同意
STU1	1) 感觉项目工期很紧	1	2	3	4	5
STU2	2) 完成项目任务的时间压力很大	1	2	3	4	5
STU3	3) 必须快速解决实施过程中碰到的问题	1	2	3	4	5
STU4	4) 必须在既定的时间内完成每一项任务	1	2	3	4	5

C.

题项标号	在向对方团队转移知识时,您所在的项目团队:	非常不同意	不同意	一般	同意	非常同意
STC1	1) 能够识别出自己团队所拥有知识的价值	1	2	3	4	5
STC2	2) 能够感知到对知识接受方项目团队所需要的知识是什么	1	2	3	4	5
STC3	3) 能够识别自己团队所转移的知识在什么条件下适用	1	2	3	4	5
STC4	4) 能够使用便于知识接受方项目团队获取和吸收的方式(书面文字、图表、面对面沟通等)转移知识	1	2	3	4	5

D.

题项标号	在项目实施过程中,您所在的项目团队:	非常不同意	不同意	一般	同意	非常同意
R1	1) 与对方项目团队彼此很熟悉	1	2	3	4	5
R2	2) 愿意与对方团队交流	1	2	3	4	5
R3	3) 与对方项目团队相互信任	1	2	3	4	5

E.

题项标号	在项目实施过程中,您所在的项目团队采取了以下策略:	非常不同意	不同意	一般	同意	非常同意
SMC1	1)有专人负责跨项目知识转移事项	1	2	3	4	5
SMC2	2)所执行的团队制度有利于向对方团队转移知识	1	2	3	4	5
SMC3	3)团队成员都积极向对方团队转移知识	1	2	3	4	5
SMC4	4)所采用的团队结构有利于向对方团队转移知识	1	2	3	4	5
SMC5	5)项目经理支持团队成员向对方团队转移知识	1	2	3	4	5

F. 其他

1. 根据您的经验,影响您所在项目团队向对方团队转移知识的最主要因素有哪些?

2. 根据您的经验,在您所在项目团队向对方团队转移知识的过程中,最难的事情是什么?

3. 除了以上问题,您还有其他宝贵意见:＿＿＿＿＿＿＿＿＿＿＿＿＿＿＿＿＿＿

为了辅助分析,我们设计了以下信息,请您填写:

1. 您的性别:＿＿＿＿＿

   A. 男;B. 女

2. 您的年龄:＿＿＿＿＿

   A. 30 岁以下;B. 31～40 岁;C. 41～50 岁;D. 51 岁以上

3. 您的学历:＿＿＿＿＿

   A. 专科;B. 本科;C. 硕士研究生;D. 博士研究生;E. 其他

4. 您的专业背景:＿＿＿＿＿

   A. IT 相关专业;B. 管理相关专业;C. 其他

5. 您在现有职位工作了多长时间?＿＿＿＿＿

   A. 3 年以内;B. 3～5 年;C. 6～10 年;D. 11～15 年;E. 15 年以上

6. 您所参与的项目是＿＿＿＿＿

   A. ERP 项目;B. OA 项目;C. SCM 项目;D. CRM 项目;E. 系统集成项目;

   F. 商务智能项目;G. 电子政务项目;H. 其他＿＿＿＿＿

7. 您所参与项目的合同金额为＿＿＿＿＿

   A. 50 万元以下;B. 51 万～100 万元;C. 101 万～500 万元;D. 501 万～1000 万元;

E. 1000 万元以上

8. 您所参与项目持续的时间为_____

A. 3 个月内；B. 3~6 个月；C. 6~12 个月；D. 一年以上

9. 您所在项目团队的人员总共有_____

A. 10 人以下；B. 11~20 人；C. 21~30 人；D. 31~40 人；E. 41~50 人；

F. 50 人以上

问卷完。再次感谢您对我们调研工作的支持！

三、IT 服务企业内部跨项目知识转移影响因素初步探索调查问卷 B

×××经理：

您好！在项目实施过程中，不同项目之间可能存在相互交流和学习知识的现象。本问卷调查的是您参与的某个项目向本公司同步进行的另一个项目学习知识的相关情况。您在填写此问卷时，只需回忆您所在项目团队向另一个项目团队学习知识的实际情况，不用考虑您所在项目团队向另一个项目团队转移知识的相关情况。问卷填写无须记名，答案没有对错之分。所有数据和信息仅供学术研究之用，绝不对外公开。请您根据对团队学习知识整体情况（而不是个人学习知识的行为）的回忆放心填答。

感谢您的鼎力支持！

请您先填写问卷套数：第_____套

您所在的项目_____

A. 已经结项；B. 正在进行

您所在的项目与对方项目是_____

A. 两个独立的项目；B. 一个大项目下的两个子项目

以下问卷中，每一条语句后面的数字反映了您对该陈述的同意程度。请根据您所在项目团队向另一个项目团队（以下简称"对方团队"）学习知识的真实情况，从这五个数字中选择最接近的一个。

A.

题项标号	相比较，您所在的项目与对方项目的：	非常不同意	不同意	一般	同意	非常同意
RS1	1）服务对象都来自相同的产业部门	1	2	3	4	5
RS2	2）实施内容都是类似的功能模块	1	2	3	4	5

续表

题项标号	相比较，您所在的项目与对方项目的：	非常不同意	不同意	一般	同意	非常同意
RS3	3）所采用的实施工具（如软件开发工具或测试工具）相同	1	2	3	4	5
RS4	4）实施步骤相同	1	2	3	4	5

B.

题项标号	在执行项目任务时，您所在的项目团队：	非常不同意	不同意	一般	同意	非常同意
RTU1	1）感觉项目工期很紧	1	2	3	4	5
RTU2	2）完成项目任务的时间压力很大	1	2	3	4	5
RTU3	3）必须快速解决实施过程中碰到的问题	1	2	3	4	5
RTU4	4）必须在既定的时间内完成每一项任务	1	2	3	4	5

C.

题项标号	在向对方团队学习知识时，您所在的项目团队：	非常不同意	不同意	一般	同意	非常同意
RAC1	1）能够理解对方团队转移过来的知识	1	2	3	4	5
RAC2	2）能够明白对方团队所转移知识的用途	1	2	3	4	5
RAC3	3）能够运用对方团队转移过来的知识解决相关的问题	1	2	3	4	5
RAC4	4）能够在对方团队所转移知识的基础上产生新知识	1	2	3	4	5

D.

题项标号	在项目实施过程中，您所在的项目团队：	非常不同意	不同意	一般	同意	非常同意
R1	1）与对方项目团队彼此很熟悉	1	2	3	4	5
R2	2）愿意与对方团队交流	1	2	3	4	5
R3	3）与对方项目团队相互信任	1	2	3	4	5

E.

题项标号	在项目实施过程中，您所在的项目团队采取了以下策略：	非常不同意	不同意	一般	同意	非常同意
RMC1	1) 有专人负责跨项目知识转移事项	1	2	3	4	5
RMC2	2) 所执行的团队制度有利于向对方团队学习知识	1	2	3	4	5
RMC3	3) 团队成员都积极向对方团队学习知识	1	2	3	4	5
RMC4	4) 所采用的团队结构有利于向对方团队学习知识	1	2	3	4	5
RMC5	5) 项目经理支持团队成员向对方团队学习知识	1	2	3	4	5

F.

题项标号	向对方团队学习知识有利于您所在的项目团队：	非常不同意	不同意	一般	同意	非常同意
ECKT1	1) 提出有创新性的问题解决方案	1	2	3	4	5
ECKT2	2) 比较快地完成项目任务	1	2	3	4	5
ECKT3	3) 有效地完成项目目标	1	2	3	4	5
ECKT4	4) 提升项目业务价值	1	2	3	4	5
ECKT5	5) 有效地控制项目实施成本	1	2	3	4	5
ECKT6	6) 有助于更好地满足顾客要求	1	2	3	4	5

对于向对方团队学习知识的整体效果，我们团队总体上感到：

□非常满意；□满意；□一般；□不满意；□非常不满意

G. 其他

1. 根据您的经验，影响您所在项目团队向对方团队学习知识的最主要因素有哪些？

2. 根据您的经验，在您所在项目团队向对方项目团队学习知识的过程中，最难的事情是什么？

3. 除了以上问题，您还有其他宝贵意见：_____

为了辅助分析，我们设计了以下基本信息，请您填写：

1. 您的性别：_____

  A. 男；B. 女

2. 您的年龄：_____

  A. 30 岁以下；B. 31～40 岁；C. 41～50 岁；D. 51 岁以上

3. 您的学历：_____

   A. 专科；B. 本科；C. 硕士研究生；D. 博士研究生；E. 其他

4. 您的专业背景：_____

   A. IT 相关专业；B. 管理相关专业；C. 其他

5. 您在现有职位工作了多长时间？_____

   A. 3 年以内；B. 3~5 年；C. 6~10 年；D. 11~15 年；E. 15 年以上

6. 您所参与的项目是_____

   A. ERP 项目；B. OA 项目；C. SCM 项目；D. CRM 项目；E. 系统集成项目；

   F. 商务智能项目；G. 电子政务项目；H. 其他_____

7. 您所参与项目的合同金额为_____

   A. 50 万元以下；B. 51 万~100 万元；C. 101 万~500 万元；D. 501 万~1000 万元；

   E. 1000 万元以上

8. 您所参与项目持续的时间为_____

   A. 3 个月内；B. 3~6 个月；C. 6~12 个月；D. 一年以上

9. 您所在项目团队的人员总共有_____

   A. 10 人以下；B. 11~20 人；C. 21~30 人；D. 31~40 人；E. 41~50 人；

   F. 50 人以上

问卷完。再次感谢您对我们调研工作的支持！

四、IT 服务企业内部跨项目知识转移影响因素内在作用机理调查问卷

尊敬的×××经理：

您好！

在项目进行过程中，不同项目团队之间可能存在相互交流经验和知识的情况。其中，知识发送方团队为向对方团队传递知识和经验的团队，知识接受方团队为向对方团队学习知识和经验的团队。请选取您负责实施的一个 IT 项目，回顾您团队与同时进行的另一个项目的实施团队之间知识交流的情况。以您的项目团队为知识接受方团队，对方项目团队为知识发送方团队，请您根据实际情况填写本问卷。

问卷填写无须记名，本次调研数据仅供学术研究之用。

注意事项：

1. 您的项目与对方项目是两个不同的独立项目，而非同一个大项目下面的两个子项目；

2. 您的项目与对方项目存在相似性，故两个团队之间存在经验和知识交流；

3. 您的项目与对方项目的实施时间有交叉，可以都是正在进行的，也可都是已经结束的；

4. 您团队与对方项目团队是两个不同的团队，但可能会共用人员、工具等资源；

5. 考察对象是您团队和对方项目团队之间（而非个人之间）的经验知识交流情况。

感谢您的鼎力支持！

第一部分：企业内部两个项目团队间知识交流的情况

以下问卷中，每一条语句后面的数字反映了您对该陈述的认可程度。请根据您的项目团队与对方项目团队相互交流经验和知识的真实情况，从这五个数字中选择最接近的一个。

A.

您团队与对方团队所实施的项目	非常不同意	不同意	一般	同意	非常同意
1. 服务的业务领域相近	1	2	3	4	5
2. 功能需求相近	1	2	3	4	5
3. 实施过程相似	1	2	3	4	5
4. 需要的信息技术知识相通	1	2	3	4	5

B.

在项目进行过程中，您团队与对方项目团队	非常不同意	不同意	一般	同意	非常同意
1. 共享数据	1	2	3	4	5
2. 共享过程信息	1	2	3	4	5
3. 共用软硬件设施	1	2	3	4	5
4. 有人员交叉	1	2	3	4	5

C.

在项目进行过程中，当向对方项目团队提出知识需求时，您团队感觉到	非常不同意	不同意	一般	同意	非常同意
1. 他们能够准确地理解您团队的知识需求	1	2	3	4	5
2. 他们能够采取适当方式给您团队提供知识	1	2	3	4	5
3. 他们能够将所提供的知识表达清楚	1	2	3	4	5
4. 他们能够给您团队提供有用的知识及相关材料	1	2	3	4	5

D.

在项目进行过程中，当向对方项目团队提出知识需求时，您团队感觉到	非常不同意	不同意	一般	同意	非常同意
1. 他们愿意给您团队提供培训	1	2	3	4	5
2. 他们愿意派人到现场指导您团队工作	1	2	3	4	5
3. 他们愿意参与您团队的讨论会	1	2	3	4	5
4. 他们会耐心地回复您团队的咨询	1	2	3	4	5
5. 他们愿意给您团队提供所需的知识及相关材料	1	2	3	4	5

E.

对方项目团队提供的经验和知识，您团队	非常不同意	不同意	一般	同意	非常同意
1. 能够从中识别出有用的知识	1	2	3	4	5
2. 能够有效地理解	1	2	3	4	5
3. 能够将其用于解决实际问题	1	2	3	4	5
4. 能够在此基础上提出更好的解决方案	1	2	3	4	5

F.

在项目实施过程中，您团队	非常不同意	不同意	一般	同意	非常同意
1. 重视同对方项目团队交流以获取所需的经验和知识	1	2	3	4	5
2. 把对方项目团队提供的经验和知识视为学习资源	1	2	3	4	5
3. 愿意跟对方项目团队讨论碰到的项目问题	1	2	3	4	5
4. 愿意投入精力消化对方项目团队提供的经验和知识	1	2	3	4	5
5. 积极地运用对方项目团队提供的经验和知识	1	2	3	4	5

G.

在项目实施过程中	非常不同意	不同意	一般	同意	非常同意
1. 公司鼓励项目团队间交流	1	2	3	4	5
2. 公司鼓励项目团队间的问题探讨	1	2	3	4	5
3. 公司经常开展跨项目经验交流活动	1	2	3	4	5
4. 公司强调项目团队间交流对于完成项目是重要的	1	2	3	4	5
5. 项目团队间交流的氛围浓厚	1	2	3	4	5

H.

在项目实施过程中	非常不同意	不同意	一般	同意	非常同意
1. 公司有专人负责项目团队间的合作与交流	1	2	3	4	5
2. 公司有明确制度激励项目团队间交流	1	2	3	4	5
3. 公司有规范程序指导项目团队间交流	1	2	3	4	5
4. 公司有明确制度考核项目团队间交流的效果	1	2	3	4	5
5. 您感受到公司的制度会对项目团队间交流有促进作用	1	2	3	4	5

I.

通过与对方项目团队的交流，您团队学到了	非常不同意	不同意	一般	同意	非常同意
1. 业务模式知识	1	2	3	4	5
2. 业务流程知识	1	2	3	4	5
3. 业务环境知识（如商业惯例、行业政策等）	1	2	3	4	5

J.

通过与对方项目团队的交流，您团队学到了	非常不同意	不同意	一般	同意	非常同意
1. 项目技术知识	1	2	3	4	5
2. 项目开发技能	1	2	3	4	5
3. 解决业务问题的技术方案	1	2	3	4	5

K.

通过与对方项目团队的交流,您团队学到了	非常不同意	不同意	一般	同意	非常同意
1. 项目质量控制方法	1	2	3	4	5
2. 项目成本估算与控制方法	1	2	3	4	5
3. 项目进度估算与控制方法	1	2	3	4	5
4. 项目风险评估与控制方法	1	2	3	4	5
5. 项目沟通管理方式与技巧	1	2	3	4	5

其他：

L. 根据您的经验，影响您团队跟对方项目团队经验交流和学习的最主要因素有哪些？

M. 根据您的经验，在您团队跟对方项目团队交流和学习经验知识的过程中，最难的事情是什么？

N. 除了以上问题，您还有哪些意见和建议？

第二部分：基本信息

1. 您的性别：_____

   A. 男；B. 女

2. 您的年龄：_____

   A. 30 岁以下；B. 31～40 岁；C. 41～50 岁；D. 51 岁以上

3. 您的学历：_____

   A. 专科；B. 本科；C. 硕士研究生；D. 博士研究生；E. 其他

4. 您的教育专业背景：_____

   A. IT 相关专业；B. 管理相关专业；C. 其他

5. 您已经在 IT 领域工作了多长时间？_____

   A. 3 年以内；B. 3～5 年；C. 6～10 年；D. 11～15 年；E. 15 年以上

6. 您在现有职位工作了多长时间？_____

   A. 3 年以内；B. 3～5 年；C. 6～10 年；D. 11～15 年；E. 15 年以上

7. 您所参与的项目是_____

   A. ERP 项目；B. OA 项目；C. SCM 项目；D. CRM 项目；E. 系统集成项目；

   F. 商务智能项目；G. 电子政务项目；H. 其他_____

8. 您所参与项目的合同金额为_____

   A. 50 万元以下；B. 51 万～100 万元；C. 101 万～500 万元；D. 501 万～1000 万元；

E. 1000 万元以上

9. 您所参与项目持续的时间为 _____

  A. 3 个月内；B. 3~6 个月；C. 6~12 个月；D. 一年以上

10. 您的项目团队总共有 _____

  A. 10 人以下；B. 11~20 人；C. 21~30 人；D. 31~40 人；E. 41~50 人；

  F. 50 人以上

问卷完。再次感谢您对我们调研工作的鼎力支持！